中国中小企业
2015蓝皮书

——混合所有制：中小企业发展的机遇与选择

The Blue Book
of Small and Medium Enterprises in China
Mixed Economy Opportunities and Choices SMEs Faced

主　编　李子彬　刘迎秋
副主编　李鲁阳　吕风勇　董　涛

中国发展出版社
CHINA DEVELOPMENT PRESS

图书在版编目（CIP）数据

中国中小企业2015蓝皮书——混合所有制：中小企业发展的机遇与选择/李子彬，刘迎秋主编.—北京：中国发展出版社，2015.9

ISBN 978-7-5177-0399-0

Ⅰ.①中…　Ⅱ.①李…　②刘迎秋　Ⅲ.①中小企业—概况—中国—2015
Ⅳ.①F279.243

中国版本图书馆CIP数据核字（2015）第215473号

书　　　名：中国中小企业2015蓝皮书——混合所有制：中小企业发展的机遇与选择
主　　　编：李子彬　刘迎秋
出 版 发 行：中国发展出版社
（北京市西城区百万庄大街16号8层　100037）
标 准 书 号：ISBN 978-7-5177-0399-0
经　销　者：各地新华书店
印　刷　者：北京市密东印刷有限公司
开　　　本：889mm×1194mm　1/16
印　　　张：14.25
字　　　数：311千字
版　　　次：2015年9月第1版
印　　　次：2015年9月第1次印刷
定　　　价：80.00元

联 系 电 话：（010）68990630　68990692
购 书 热 线：（010）68990682　68990686
网 络 订 购：http://zgfzcbs.tmall.com//
网 购 电 话：（010）88333349　68990639
本 社 网 址：http://www.develpress.com.cn
电 子 邮 件：bianjibu16@vip.sohu.com

序　言

时间过得真快，又到了出版蓝皮书的时候了。在这里，我想就当前的国际、国内经济形势，以及国家宏观政策下一步的走向与大家分享一下我的思考。

5 月 25 日，《人民日报》头版头条刊登了一篇经济报道，引题是“本报独家专访权威人士，解析当前我国经济大势”，主标题是“正视困难，保持定力，前景光明”。这是一篇带纲领性特征的文献，可以解读出中央的宏观管理思路已经出现重大转折，是新常态下政府宏观调控的“定调”文章。报道篇幅不长，权威人士的讲话五千字左右，文风很新颖，“短、实、快、准”，很有个人特色，包括讲话的风格、语言的特色，一看就是大人物。结合这篇报道，加上我以前阅读的一些资料和文章，我想再次解读一下“新常态”。

一、经济增长速度回落，一季度 GDP 增长 7%，这是一个“让人不难受”的速度，既有“面子”也有“里子”

从经济指标看，上半年 GDP 增长 7%，城镇新增就业 714 万人，全国居民人均收入同比增长 7.6%，CPI 上涨 1.3%。我国经济下行压力不小，但并未出现跳崖式的急速下滑。现在看来，社会就业还保持平稳，年化计算约为 1400 万人，城乡居民收入增长较快，物价平稳。我个人多年的体会，物价上涨在 2% ~3% 是比较好的状态，超过 3% 就稍微有点通胀，超过 10% 通胀就是很高了，物价指数是 0 也不是好事。“有活干，有钱挣”，人民群众能够对当前增长态势充分理解，这是中国经济发展最大的底气。只要就业不出现问题，人民群众收入每年递增，物价不飞涨，也没有通缩，我国经济再困难三到五年，这个坎就迈过去了。这个期间经济结构调整、技术创新上都会有一些明显的进步。所以，要高度重视应对经济下行压力，但也不必惊慌失措。

风险防控对于经济持续健康增长意义重大，对以高杠杆和泡沫化为主要特征的各类风险要引起高度警惕。高杠杆企业主要来自产能过剩行业、房地产业、部分国有企业。要高度关注这些行业和地方政府债务增长的情况。中央已经对化解过剩产能做出全面部署，楼市正面临痛苦的去库存化阶段。要抓住市场调整的有利时机，建立房地产市场健康发展的长效机制。

在这些行业的企业家要特别注意，过剩产能是必须逐步化解的，化解方式也有很多，但过剩产能并不都是落后的产能。过剩产能有一批是优势产能，经济技术指标在国内外都是先进的，所以不是一律的都要淘汰，确实要把能耗高、质量差、污染重的过剩产能关掉。关掉过剩产能不能急于求成，但是也不能裹足不前。有两个要点，一是要妥善安排好下岗工人的生活；二是要把下岗工人的再就业培训做好。

房地产的泡沫是巨大的，我前两年就跟大家说，不要只看北上广深四个大城市的房地产走势，这有特殊性，这四个城市的房地产价格非但没有下跌，房地产投资、销售量也还有5%左右的增长。对于在其他城市的房地产商而言，这个时候要抓紧去库存化，今后不可能还出现过去十年房地产的“黄金时期”。外国的工薪阶层购一套房的费用，是年工资的3～5倍；中国的工薪阶层购一套房的费用则是年工资的20～50倍。这么高的价格，那么多空置、闲置的房子，泡沫巨大。这里面潜藏着巨大的财政风险和金融风险，中央清楚这个现状，所以还不能让房地产泡沫很快破裂，出台了一些积极的、有利于去库存化的政策。如果房地产商不理解当前的形势，以为还将出现一个房地产业的高峰，那就愚蠢了。

二、无论从国内还是从全球看，总需求收缩的局面短期内很难改变，靠熬是熬不过去的，要积极面对

（一）全球经济深度调整，经济增长乏力

受2008年下半年发生的金融危机影响，到现在世界经济也没有完全恢复过来。主要体现在：一是美、欧、日主要发达经济体的经济走势分化。2014年欧元区和欧盟国内生产总值分别增长0.9%和1.4%；2014年日本国内生产总值同比下降0.1%；相比之下，美国经济恢复的最好，2014年美国国内生产总值增长了2.4%，这是自2010年以来经济增速的最佳结果，但是在经济恢复的过程中也是磕磕碰碰，今年一季度，美国经济增长几乎停滞，企业投资及外贸出口表现低迷，GDP年率增速仅0.2%，所以美国经济恢复的基础也并不是很扎实。二是金砖国家经济增长低迷。2014年俄罗斯国内生产总值仅增长0.6%；巴西国内生产总值增长0.1%；南非国内生产总值增长1.5%；唯独印度经济向好，2014年全年增长7.3%，今年一季度增长7.5%，印度的经济总量相当于中国的五分之一，有7.5%左右的增长还是很不错的；中国经济增长7%。三是新兴经济体的国家经济困难较大，增速较低。2014年韩国国内生产总值增长3.3%；墨西哥国内生产总值增长2.1%。纵观全球，中国经济还有7%的增速，印度今年可能会有7.5%的增速，美国经济恢复好的话会有2%～3%的速度，其他经济体普遍都是低速增长。这种全球低迷的经济态势会造成什么结果呢？就是全球总需求收缩，

世界贸易量大幅下滑，贸易保护主义抬头。所以中国的进出口贸易额增速，由2010年的34.7%、2011年的22.5%，骤降到2012年的6.2%、2013年的7.6%、2014年的2.3%，今年上半年进出口贸易同比下降6.9%，其中，出口增长0.9%，进口下降15.5%。

（二）我国经济发展的总需求也在收缩

具体表现在五个方面：

第一，城市空间扩张规模和城镇化速度下降。2000年我国城市建成区面积是2.24万平方公里，2013年是4.79万平方公里，这13年新增的城市建成区面积超过了1949～2000年这51年城市建成区面积的总和。1978～2013年，我国城镇常住人口由1.7亿人增加到7.3亿人，城镇化率从17.9%提升到53.7%，城市的数量由193个增加到658个，建制镇从2173个增长到20113个。城市的急剧扩张，扩大了工业品的需求，这是不言而喻的。建新城需求是多方面的，包括人口的增加，对消费品需求迅速增加，城市基础设施也大大地增加。过去地方政府债务有18万亿元，其中70%都是用于城市的基础设施建设，现在不可能再以那么高的速度增长了。

第二，汽车进入家庭增速放缓。2000～2010年汽车的销售量年均增长31%，2000年汽车销售量是60万辆，此后十年“井喷式”的增长，到了2014年销售量1237万辆，增长了20.6倍，平均每100个家庭有24辆车。但是2011～2013年，年平均汽车销售量增长7.8%，比前十年回落了24个百分点，去年汽车销售量增长只有3.1%，今年也差不多。因为汽车消费对其他工业品的带动性很强，所以汽车进入家庭的增速放缓会引起整个工业增长速度的放缓。

第三，房地产泡沫抑制其对制造业的支撑作用。房地产行业的链条很长，包括建材、钢铁、水泥、家具、家电、家纺，等等。现在各个城市房地产空置率都特别高，一方面大量的房子卖不出去，另一方面房价太高，需要住房的人买不起。很多城市出现了所谓的“鬼城”，一到晚上，房子一片一片都黑着灯，一栋楼也就亮几个灯。这个问题很普遍，哪个城市都有。黑灯就这几个原因：一是房子还没卖出去；二是有人买了多套房，买房不是住，而是炒房挣钱。银行、地方政府、房地产商三家共同推高了房地产价格，结果剥夺了普通人改革开放三十年来积攒的财富。中国400个富翁中有165个是房地产商，40个巨富中有19个是房地产商，前10个超级富豪中有5个是房地产商。

第四，基础设施投资减速。2000年以来，高速公路、铁路、港口、机场的建设迅速扩张，截至2014年底，中国高速公路的通车总里程已达11.195万公里，现有的高速公路建设已经进入后期，主要是完善公路网，进入车辆较少的一些偏线和冷线；港口的吞吐量已经过剩；机场建设的重点也是向二、三线城市发展。唯有高铁，在国家宏观战略的推动下，还处于高速发展时期。

第五，外贸形势逆转。中国的外贸出口前十年年均增长20.9%，从2000年出口2237.4亿美元增长到2010年出口14960.0亿美元，增长了5.68倍。金融危机以后全球经济正处在总需求收缩的局面，不再可能有外贸增长20%的速度。国家领导人也在努力扩展国际市场，采取很多措施提振外贸，如构建“一带一路”战略、建立自由贸易区，等等，但是因为总需求收缩的局面，从全球来看很难逆转，外贸出口形势也就大概是这个水平。

（三）走出困境，化危为机，归根结底要靠创新，靠调结构、转方式，着力提高经济质量和效益；调结构、转方式等不得、熬不得，也等不来、熬不起，只能主动调、主动转

搞技术创新是一个巨大的系统工程，技术创新、结构调整、产业升级，许多方面都需要支持条件。结构调整需要金融体系的调整，中国当前金融体系里缺少股权融资。中国的证券市场不仅要有A股市场、中小企业板、创业板市场，尤其需要类似“纳斯达克”那样的市场。否则，科技创新型的小企业没有办法快速成长。创新驱动需要大批的创新型人才，所以改革中国的教育制度势在必行。中国这么多年的改革，我觉得教育制度改革、科技制度改革是最慢的，长时间没有什么大动作。金融体系改革也是比较缓慢的，尽管它发展很快，但是从体制机制的改革方面也是比较慢的。著名的“钱学森之问”：“为什么我们的学校总是培养不出世界级顶尖人才?”是教育出了问题，教育单位行政化。有限的教育资源向“985”、“211”工程倾斜，学校没有自主教育权，教材都是统一的，考试都是固定模式的。

创新和产业升级都需要钱，所以财税政策要支持。另外，创新需要有法律制度的支撑，保护知识产权；需要科技体制的支撑；需要一个创新光荣的社会氛围，创新人才应该得到奖励，创新企业应该得到政策鼓励，等等。

三、无论从国内还是从全球看，总需求收缩的局面短期内很难改变，靠熬是熬不过去的，应该把过去两年的“总供给收缩”的政策思路转变为“总需求扩张”

（一）消费是经济发展的原动力，是基础，是前提

一方面要适当调整工资，增加收入，要完善社保制度。扩大消费，首先是城乡居民口袋里有钱可花，而且要没有后顾之忧，敢花钱。要立足于国情挖掘消费潜力。

①在城镇化推进过程中，大量人口由农村流向城市，这些人的消费需求是巨大的。包括由农村户口转为城市户口的一亿人，城市里面进行棚户区改造的一亿人，还有就近城镇化的一亿农村人口，“三个一亿人”蕴藏着巨大的消费需求。

②加强精准扶贫，增加数千万贫困人口的收入。到2020年中国要全面建成小康社会，但是现在还有大约七千万贫困人口。要加强精准扶贫，采取多种办法把这些人的

生活水平提上来。增加这些贫困人口的收入，几乎可以全部转化为购买力。

③到2025年，我国中等收入人口将会达到近六亿，要针对收入较高的人群提高消费品质量和社会化服务水平。一些有眼光的企业家，争先把“大健康事业”作为他们企业的战略部署，这是正确的。六亿多中等收入人口，多大的消费需求市场！这些人和低收入人群的消费结构是不一样的。

总之，关键是我们要有令人心动的有效供给，有让人家心安的产品质量，没有这两条就没有办法扩大消费。

大家会注意到，现在中国人到境外旅游，一个重要目标就是采购。名表、名包、化妆品成为中国人抢购的对象。“权威人士”说，要注意到境外消费产生的负面效应。因而很可能近期在国内要增加“免税区”，增加进口商品供应，通过降低关税或免税，留住宝贵的消费资源，形成巨大的增长动力。几千亿元、上万亿元的钱都花到境外去了，为什么就不能留在国内花呢?

（二）发挥投资对经济增长的关键作用

“发挥投资对经济增长的关键性作用”这句话在政府工作报告里面讲有一年了，但是国内一直有不同的声音。过去四万亿元投资造成了不少后遗症，所以就有一些人全盘否定四万亿元投资。其实四万亿元投资积极作用大于负面作用，那时候来势凶猛的金融危机，如果没有果断的四万亿元投资，中国经济一下子就降下来了，这四万亿元投资起码稳住了当时的经济形势。当然，由于提出四万亿元投资项目时间比较仓促，难免会有一些垃圾项目夹在里面，造成一些后遗症。比如说建了很多公园、大型广场、办公楼，这些项目有投入，没有产出。

所以说，这就要求投资本身具有可持续性。“投什么”和“钱从哪里来”这两个问题很关键。首先要选好项目，力求有市场，有长期回报。其次是资金来源，能不能把储蓄转化为有效投资是支撑稳增长的关键。目前居民储蓄率很高，现在有将近46万亿元的储蓄，这些海量资金无处可去，人们难以获得可持续的财产性收入；而另一方面，实体经济和重大建设项目又缺乏资金。所以财税、金融、投融资体制改革必须整体推进，特别是要打通投融资渠道，挖掘民间资金潜力，让更多储蓄转化为投资。

把巨大的储蓄转化为有效投资，这是中央新的重大的战略决策，近半年来股市的增长肯定和这个有关系。前两三个月，《人民日报》和新华社对股市都发表利好的文章，股票指数从2000点一下子涨到5200点。但是股市如果不能稳定增长，危害就大了，要是从5000点跌回2000点，就会有一批人倒霉，有跳楼的，所以一定要防止出现这种局面。谁敢说股市就完全是市场化的东西，没有政府政策的一些影响？全世界没有哪个股票市场是完全市场化的、不受政府管控或政策调控影响的。我国股票市场发育晚，时间短，不成熟。中国第一只股票是1980年12月在深圳发行的，一个星期之后上海证交所发行股票。我们这些年对股市研究的还很不够。

当然，“把更多储蓄转化为投资”不是完全指“炒股票”，也包括把储蓄投入到资本市场。所以企业家们，搞投资的朋友们，需要好好研究，“如何把储蓄转化为投资”这个重要课题。老百姓想投资，搞不清楚往哪儿投，需要你们指一条“明路”，往什么地方投能赚钱，又有利于国家的结构调整、经济发展。投资者赚钱了，老百姓也赚钱了，企业也发展了。未来几年就有巨大的机会，因为中央政策定下来了，要发挥投资对稳增长的关键作用，而且特别强调“能不能把巨额的储蓄转化为有效投资”，希望大家都能认真思考这个决策。200人看一本书，会有200个不同的体会。每个人的知识架构不同、悟性不同，读同一本书的收获是不同的。所以即便是大家都读了权威人士的讲话，因为每个人的悟性不同，所处的工作角度不同，经历不同，效果肯定就会不同。但是一定会有一些人悟出来大道理，乘势而上。从国家角度来说会加快结构调整，提高创新速度，从企业角度来看会有一个大发展的时期。

（三）创新驱动，要有“功成不必在我”的劲头

有些投资二三年就可见效，有些投资需要更长时间才能大见成效，不要寻求短期政绩。深圳90年代初期开始转型，1994年12月提出大力发展高新技术产业，优化经济结构。现在才有了深圳高质量的经济结构，以高新技术产业和现代金融业为主要支柱，特别是形成了整个社会创新的文化、创新的环境。所以深圳才有华为、中兴、华大基因、大疆无人机、腾讯、光启新材料、超多维公司，等等，这些公司都是世界一流的。鼓励创新，推动产业升级，优化经济结构，推动经济转型，后几届政府会大大受益。要重视创新驱动的作用，一个是技术创新，一个是事业创新，即创业。要激发全社会拥抱创时代。

四、结构调整是政府宏观调控的中心工作

结构调整是新常态的本质特征，等不得、熬不得，也等不来、熬不起。经济发展总是波浪式前进、螺旋式上升。我们要扭住结构调整不放松，不必太纠结于GDP的一两个百分点的起落。要主动调、主动转，早调早转就主动，晚调晚转必然被动。调结构调什么呢？调结构一个重要前提就是需求结构要改善，然后才是产业结构、产品结构、商业模式、企业组织结构调整等，都需要进行较大幅度的调整。所以未来几年，中国的产业重组力度一定很大，产业重组之后才会有更强的竞争力、更高的效益。地方政府也要主动调整结构，谁能主动调整，中央就会支持谁，予以财政和金融方面的实际支持。我们的副会长单位、常务理事单位，绝大多数都是高质量的中小企业，都是比较优秀的企业家，你们见面一定要多交流，有思想碰撞，就会增加合作机会，这也是未来的趋势。国家层面，一季度的结构调整中，服务业跑出了加速度，电子信息产业、高技术产业、现代服务业相对强劲。从企业看，凡是主动适应新常态，注重调整结构、需求分析、创新驱动、努力走向产业中高端的，发展势头都不错。而技术含

量低、产品缺特色、调整不及时的企业，生产经营普遍困难，有的已经停产、半停产。

总之，5 月 25 日《人民日报》头版头条刊登的“本报独家专访权威人士”的经济报道具有转折点的意义，是党中央、国务院领导新常态时期的纲领性的文件，指明了“稳预期”的前途。既看到光明前景，又要正视眼下的困难。一方面坚定信心，顶住压力；另一方面积极应对，抓住机遇，持续推进经济结构战略性调整。

这个讲话发表在《人民日报》上，是对全国人民的一次思想动员。因为这个讲话不是正式文件，所以可以更充分地展示个人观点，更能放得开，也便于各方面都能深入地讨论和解析。这是中央领导智慧的展示，也是一种崭新的施政方式。

李子彬

2015 年 8 月 12 日

目　录

绪 论

混合所有制经济的本质、条件与实现

- 混合所有制经济的本质是股份制
- 混合所有制是生产力发展的内在要求和市场经济发展的必然选择
- 发展混合所有制经济需要满足一定的前提条件
- 如何更好地发展混合所有制经济

党的十八届三中全会做出的《中共中央关于全面深化改革若干重大问题的决定》（以下简称《决定》）提出，“国有资本、集体资本、非公有资本等交叉持股、相互融合的混合所有制经济，是基本经济制度的重要实现形式”，并指出混合所有制经济“有利于各种所有制资本取长补短、相互促进、共同发展”。《决定》的这一表述，既充分肯定了混合所有制经济在巩固和完善社会主义经济制度中的重要地位，又充分说明了发展混合所有制经济对于完善社会主义市场经济体制、促进我国经济发展所具有的重要作用。深刻分析和揭示混合所有制经济的本质，厘清和说明发展混合所有制经济的必要前提与条件，论证和阐明促进混合所有制经济健康发展的实现途径，对于全面落实《决定》提出的积极发展混合所有制经济战略要求，营造更加有利于各类所有制经济平等竞争、混合发展的市场环境，促进我国经济持续健康发展，具有非常重要的理论价值和现实意义。

一 混合所有制经济的本质是股份制

改革开放后我国社会主义市场经济实践表明，单一的国有制、单一的公有制、单一的私有制，都已经不能适应现代生产力发展的要求，不能适应现代信息社会发展的要求，不能适应现代生产方式发展的要求了。如今，整个地球已经开始成为一个地球村，几乎所有“村民”都已经通过信息技术连成了“一体”。传统的经济“孤岛”已经成为过去。联合合作、共生共赢，已经成为人类的共同价值取向和共同选择。在所有制关系上，这种联合与共赢集中表现为“混合”。不同所有制经济的“混合”，既是不同产权关系优化组合并由此走向成熟的一个重要表现，又是不同产权关系优化组合并由此更好促进稀缺资源优化配置的必然选择。

在混合所有制经济发展上，我们的认识是不断提高的。例如，党的十五大虽然首次将社会主义基本经济制度的基本内涵明确表述为“公有制经济为主体、多种所有制经济共同发展”，但这个表述并未确切指明“共同发展”的实现形式。此后的实践经验表明，仅仅强调“公有制经济为主体”条件下的“共同发展”，仍然不能确定公有制经济与其他所有制经济的具体组合方式。因为，“共同发展”既可以是指公有制经济与非公有制经济在相互分离或割裂状态下的发展，也可以是指公有制经济与非公有制经济在相互交织或混合状态下的发展。虽然党的十五大报告提到了“混合所有制”这个概念，但并未做任何展开。

从这个角度看，党的十五大关于社会主义基本经济制度实现形式的表述是存在历史局限的。

党的十八届三中全会做出的《决定》则在总结过去成功实践经验、继承过去主要理论成就基础上，首次分析和明确指出了混合所有制经济是我国基本经济制度的重要实现形式，公有制经济与其他所有制经济的混合、而非分割或对立是混合所有制经济发展的内在要求，混合所有制经济关系的本质是股份制。

混合所有制是代表不同产权主体利益关系的持股权的交叉融合制度。处于同一混合所有制经济体中的不同持股权，无论它原本属于公有制还是属于私有制，此时它都是同一经济体的实有股本。因此，所谓混合所有制，本质上就是股份制。但我们这里所谓的股份制，是一种广义上的股份制，即从资本组合形式角度而言、而非从企业组织结构角度而言的股份制。处于混合所有制经济体内的国有资本和民营资本，是共生、共存、共赢、共发展的利益共同体。处于同一混合所有制经济体内的不同资本能否实现共生、共存、共赢、共发展，关键在于同一混合所有制经济体中的不同资本是否能够实现同股、同权和同酬。比如，在同一个混合所有制经济体内，如果国有资本和民营资本分别持有50%的股份，那么，两种资本在此经济体中的决策权和收益分享权也必须是相同的。如果在运营过程中国有股份的决策和收益分享权大于非国有股份，就意味着出现了同股不同权、同股不同酬，也即意味着同股不同决策权和不同收入益分享权。其结果，不仅会伤及该混合所有制经济体的正常发展，甚至还会导致该经济体最终走向衰败、解体或完全破产。

以上分析表明，混合所有制和混合所有制经济，本质就是股份制和股份制经济。因此，凡是适合于股份制的原则，大都适用于混合所有制和混合所有制经济。如果用其他理念、方法和原则来解释和看待混合所有制和混合所有制经济，甚至认为混合所有制经济就是不管产权界限是否清晰的所有制关系“大杂烩”，说发展混合所有制经济就如同把各种不同颜色的水倒进同一口大缸，然后“搅和”一下，让它们“混合起来”，此时的经济就是“混合所有制经济”，那是不确切和有损于混合所有制经济的应有发展的。

二　混合所有制是生产力发展的内在要求和市场经济发展的必然选择

积极发展混合所有制经济，不仅是国有企业改革的方向，而且是全社会企业发展的方向。

1. 混合所有制经济是经济发展到一定阶段的内在要求和有效产权组织实现形式

传统的资本主义社会是以私人产权为基础的经济形态，但是，随着生产力的发展，实际经济生活中便产生了私人产权实现协同与融合的要求，从而促成了股份制这样一种产权组织形式的产生。现代股份制经济，说到底就是我们所说的混合所有制经济，它的发生和发展最终均源于社会生产力的发展。按已故著名经济学萨缪尔森所说，混合经济是人类社会发展的必然趋势。而从微观分析角度看，混合所有制所表示的是一个企业（公司）所能够容纳的多种产权组合方式与治理机制安排。从我国经济发展角度看，混合所有制经济相较于单一的公有制经济或私有制经济，是一种更能适应现代生产力发展内在要求，更能够综合不同所有制关系及其比较优势，更能够实现不同产权整合与协作、制衡与激励、约束与发展，更能够最大限度释放生产力和推动生产力的持续健康发展的产权组合和经济组织方式。

2. 积极发展混合所有制经济是在我国现阶段生产力和生产关系的处理和生产方式构建上的全新目标选择

我国社会主义市场经济体制持续健康发展的基本经济形态归宿和主体实现方式是混合所有制，而不是单一的公有制或单一的私有制。混合所有制经济既是公有制为主体、多种经济成分共同发展的基本经济制度的内在本质关系的具体体现，又是这一本质关系的外在实现形式。在这样一种经济形态下，有些领域或企业可以是公有股权为主的，有些领域或企业则可以是公有股权不占主体甚至是从属性的；有些行业或企业可以是国有股权主导的，有些行业或企业则可以是国有股权不占主导甚至是从属性的。但是，无论其是否占主体或是否处于主导地位，均必须遵守同一个基本原则即“同股同权”。权利的平等，是利益共同体得以持续健康发展的首要前提，也是微观生产力和社会生产力持续健康发展的首要前提，混合所有制关系提供的恰恰是这种基础和前提。

3. 混合所有制经济的发展不可能是行政性的，必须是市场化的

积极发展混合所有制经济，是我国现代生产力发展的内在要求，是我国生产关系不断发展和不断完善的必然产物。在这个过程中，政府能够发挥的作用，一是制定和监督规则的实施，二是动用法律的和经济的手段加以积极引导和正确推动。发展混合所有制经济的主体是企业，包括国有企业和民营企业以及其合资或外资企业，遵循的是国家有关法律和政策法规，实现的是不同企业间的自主选择与产权优化组合。在这一过程中，任何形式的行政命令和干预都是不适合于混合所有制经济的构建与发展的。

4. 混合所有制经济的发展过程本质上也不是谁吃掉谁的过程和关系

如前所述，在经济形态及其内涵上，混合所有制经济体内的股权是平等的、同股同权的。而在经济实践和企业组织过程中，混合所有制经济的发展过程又必然是产权的合作、股权的融合即不同参与主体的优势互补、取长补短和能力叠加的过程与关系。现代产权制度和运行机制是混合所有制经济发展的内在逻辑。“混合”的实质，说到底，就是不同股权的多元化融合。我们也正是从这个意义上才肯定地说混合所有制经济本质上就是股份制经济。

当前，在我国积极引导和促进混合所有制经济发展过程中，出现了很多中小微民营企业“怕吃掉”、“被共产”的担心。出现这种情况，发生这类现象，需要引起高度关注。世界各国经济发展的实践以及我国改革开放后 30 多年，特别是近 20 多年我国社会主义市场经济体制建设与发展实践均表明，中小微民营企业在市场供给、劳动就业、技术创新、市场发展等许多方面均具有不可替代的作用，必须继续支持鼓励和积极发展。从这个角度看，任何把发展混合所有制视为是对中小微民营企业剥夺的看法、做法或企图，都是错误的。通过发展混合所有制经济，激励和激发更多市场主体的发展活力和创造能力，形成更高的市场参与度和市场健康发展推动力，是积极发展混合所有制经济基本目的和根本要求。离开了这个基本目的和根本要求，混合所有制的发展就迷失了方向，甚至会重演传统资本主义社会曾经反复出现的“大鱼吃小鱼”等企业吞并和权力剥夺等现象。这是在我国混合所有制经济发展过程中必须给予密切关注和需要及时发现和予以纠正的。

党的十八届三中全会做出的全面深化改革的《决定》，正是站在这样一种角度和高度深刻分析和明确做出了我国要积极发展混合所有制经济的战略安排，从而为进一步完善我国所有制结构、改善我国社会生产关系、调整我国生产方式、促进我国生产力发展、健全我国社会主义市场经济体制指明了方向。

三　发展混合所有制经济需要满足一定的前提条件

混合所有制经济本质上是一种股份制经济，但又是一种具有特定内涵的股份制经济。对企业进行股份制改造，相对于发展混合所有制经济来说，其实是一件比较简单的事情，只要引入不同性质的产权、确立不同持股主体关系即可得到实现。而要发展混合所有制经济、切实实现其“特定内涵”，使同一混合所有制经济体内部的不同股权同股同权同酬，不仅是一个复杂的过程，而且需要满足一定的前提条件。

1. 发展混合所有制经济需要有强有力的法治保障

市场经济本质是一种契约经济。在现实经济生活中，契约的履行需要有强有力的法治保障。混合所有制经济的发展必须遵从市场经济的规则。不同所有制性质的资本在一个企业组织中的融合，必须按照事先约定，同股同权，产权主体具有平等的经济地位。只有这样，不同产权主体事先确认的市场契约才能够得到不折不扣的贯彻与执行，混合所有制经济才能够得到顺利发展。如果在这个过程中，参与到混合所有制经济发展过程中来的国有资本，凭借其拥有的特殊地位、垄断能力和行政特许以及规模优势，等等，再加上企业所具有的“天然政府背景”和政府可能的不当参与，事先确定的产权平等融合的市场契约就无法得到严格遵守，混合所有制经济就不可能得到应有发展。这就是说，强有力的法治保障是发展混合所有制经济的必要条件和重要前提。

2. 发展混合所有制需要处理好企业主体和政府引导的关系

积极发展混合所有制经济，主体是企业。在混合所有制经济发展过程中，政府的基本功能和作用是正确引导。在我国，由于政府承担着较多的社会经济管理职能，这种职能的发挥往往要通过对国有经济的干预和对民营经济的引导来实现。由于国有经济部门和企业的直接所有者是代表社会的政府，因此，政府具有凭借其国有产权代理人关系对国有经济部门进行一定程度的直接干预。但是，如果这种干预超出某种限度，不仅会损害国有经济部门的正常生产经营，甚至还因此伤害同一混合所有制经济体中的其他产权主体的正当权益，此时的政府干预就会演变成为过度干预，从而违背市场经济发展的客观规律，损害混合所有制经济的应有发展。因此，减少政府对混合所有经济主体行为的不必要干预，避免政府对混合所有制经济主体行为的不当干预，政府工作的重点是通过符合市场经济发展内在规律要求的各种规制对混合所有制经济发展实行监管、调节与引导。

3. 发展混合所有制经济需要以市场主体拥有平等竞争地位为前提

市场是天生的平等派。因此，在混合所有制经济发展过程中，积极营造不同市场主体平等竞争的市场环境，保证市场规则的公平性和执行的公正性，既是市场经济持续健康发展的必要的先决性条件，也是混合所有制经济持续健康发展的必要前提和基础性条件。在我国现阶段，明确这样一个前提和条件尤其必要。因为，在我国现阶段，国有经济部门控制着大量优质资源，国有企业在很多行业还拥有绝对垄断地位，市场的平等进入、平等竞争还受到很多限制，国有资本的议价能力远远高于非国有资本。在这种条件下，要积极发展混合所有制经济，实际上是困难的。因此，确保各类产权所有者拥有平等的市场主体地位，努力营造不同市场主体平等竞争的市场环境，保证市场竞争规则的公平性和规则执行的公正性，等等，是我国现阶段积极发展混合所有制经济的必要前提和重要条件。

4. 发展混合所有制经济还要以完善公司治理结构和管理机制为前提

现代的、科学的公司治理结构和管理机制，不仅要求企业内部产权界定清晰，而且要求企业财产支配权和剩余索取权与产权界定内在一致。对于实行了混合所有制的企业来说，其产权主体和经营主体是同一组人还是非同一组人，可以视具体条件而定。但是，与产权所有和经营决策直接相关的各种权利的界定与安排要十分清晰，即产权所有者行使企业重大决策权，经营管理者即企业产权所有者的代理人行使企业日常经营与管理权。两种权力的执行人可以是一个人，但其暗含的产权所有与日常经营管理关系不能混淆。否则，企业运营就会出现无效率。因此，较为完善的现代的公司治理结构和管理机制，就不仅成了混合所有制经济体中各种产权主体同股同权的保障，而且成了该经济体能够有效参与市场竞争并取得成功的重要前提条件。

5. 发展混合所有制经济尤其需要以市场的充分开放性和企业产权的可交易性为前提

混合所有制经济与单一公有制经济或私有制经济相比，最关键性也是最根本的差别，是企业产权组合机制的开放性和企业产权的可交易性。企业产权组合机制的开放性和产权的可交易性的实现，依赖于企业产权交易市场的形成、完善和发展。一个没有较为完善的产权制度和产权交易市场的国家，是很难营造出现代企业的。它的逆命题就是，只有建立了较为完善的产权制度和较为发达的产权交易市场的国家，企业产权组合机制的开放性和企业产权的可交易性才具备可能。产权买卖的双方、产权价格的发现和确定才可能实现。产权市场的建立和发展是企业产权组合机制开放性和可交易性的必要载体。有效的产权市场，不仅有助于发现产权价格，而且有助于消除不同产权的“不当流失”，从而有助于各种资产的保值增值，并由此为积极发展混合所有制提供重要支撑和条件。

当然，除了上述条件外，一个系统而严格的社会性外部监督及其相关机制也同样是必不可少的。

四 如何更好地发展混合所有制经济

混合所有制经济改革是所有制实现形式的改革，是国有经济布局调整和国有企业治理结构的改革，是一项系统复杂的改革工程。要更好地发展混合所有制经济，就必须改变传统观念、尊重市场经济发展的规律和清晰界定国有企业功能，避免混合所有制经济改革流于形式。

1. 要更好发展混合所有制经济，就要破除公有制经济为主体即任何时候任何条件下国有经济都要占支配地位的传统观念

党的十八届三中全会《决定》重申了党的十五大确立的“公有制为主体、多种所有制经济共同发展”的基本经济制度和党的十六大确立的“必须毫不动摇地巩固和发展公有制经济，必须毫不动摇鼓励、支持和引导非公有制经济发展”方针，并在此基础上进一步强调指出，“公有制为主体、多种所有制经济共同发展的基本经济制度，是中国特色社会主义制度的重要支柱，也是社会主义市场经济体制的根基。公有制经济和非公有制经济都是社会主义市场经济的重要组成部分，都是我国经济社会发展的重要基础。必须毫不动摇巩固和发展公有制经济，坚持公有制主体地位，发挥国有经济主导作用，不断增强国有经济活力、控制力、影响力。必须毫不动摇鼓励、支持、引导非公有制经济发展，激发非公有制经济活力和创造力”。《决定》的上述表述，不仅是对我国基本经济制度及其地位的再概括，而且突出强调了公有制经济和非公有制经济都是我国社会主义市场经济的重要组成部分和我国经济社会发展的重要基础，还进一步指明了“两个毫不动摇”的发展方向。现在的问题是，“坚持公有制主体地位，发挥国有经济主导作用，不断增强国有经济活力、控制力、影响力”不等于国有经济部门主导一切。公有经济的主体地位与国有经济的主导作用主要体现在“质”的提高及其对经济社会发展的控制力和影响力上，而不是体现在“量”的简单积累、规模扩大甚至与其他经济主体争资源、争市场、争利益上。只要公有制经济在关乎国计民生和关键行业占主导，就能够保证国民经济遵循社会主义方向和道路发展，从而就能够保证我国资源配置效率的持续提升和生产要素的不断优化组合与有效利用。我国经济体制改革的方向是使市场充分发挥决定性作用和更好发挥政府作用，使全社会资源得到最好、最优、最有效配置，而不是简单地为保证公有制经济的主体地位和国有经济的主导作用。“国有资产保值增值”的基础是在充分发挥国有经济部门在关键领域和重要行业的引领作用，并能够由此更有效地促进整个国民经济协调、持续、健康、较快发展过程中自然形成的“国有资产保值增值”，而不是单凭优质资源的垄断力和支配力带来的国有资产保值与增值。我们所说的破除公有制经济为主体就是任何时候任何条件下国有经济都占支配地位的传统观念，就是要破除上述似是而非的“国有资产保值增值”思想观念，按照市场经济发展内在规律的要求，构建充分发挥市场配置资源决定性作用和更好发挥政府作用背景下的混合所有制经济的持续健康有序发展。

2. 要更好发展混合所有制经济，就要严格遵循股份经济发展的一般规律

混合所有制经济的本质是股份制经济。因此，要保证混合所有制经济的健康发展，就

必须遵循股份制经济发展的一般规律。在我国现阶段，独资或者私人资本控股的各类公司是否要发展多元化的、国有股或者非国有股参与的股份制经济联合体，完全取决于这些产权主体自身发展的需要，而不能搞政府主导的“拉郎配”或“行政强制”。混合所有制经济是现代社会生产力发展到一定阶段的内在要求和市场经济充分发展的必然趋势。随着现代社会生产力的发展和我国市场经济体制的进一步完善，混合所有制经济将成为多数企业产权组合关系的基本实现形式，混合所有制企业将在整个国民经济生活中占很大比重，如此等等。但是，这既不表示独资的国有企业没有存在价值，也不表示独资的民营企业没有立足之地。多元的社会将是一个与多元的企业产权组织形态正相关性存在。有鉴于此，发展混合所有制经济必须按股份经济发展的一般规律进行，即按照股权合作、股份融合、同股同权的原则和规律进行。在这里，所有制“混合”是形式，股权清晰是内容，产权明晰是基础，管理现代化是必须，治理现代化是保证，生产及其技术不断得到提升是要求，高效率、高竞争力是目标，同股同权、合作共赢是基本经济关系。离开了这样一些一般规定和要求，混合所有制经济就无法得到持续健康有序发展。

3. 要更好发展混合所有制经济，就要对国有企业进行科学分类，进而进行分类改革

中共中央十八届三中全会做出的《决定》，不仅对进一步全面深化国有企业改革作出了新的概括和部署，而且对不同国有企业功能做出了“准确界定”。我国改革开放和市场经济发展实践表明，把“公益性企业”、“自然垄断性企业”和“竞争性企业”区分开，不仅有助于进一步明确不同功能的国有企业应当负有的不同责任，而且有助于在此基础上进一步推进公共资源配置市场化，还有助于有效破除各种形式的行政垄断，切实“保护各种所有制经济产权和合法利益，保证各种所有制经济依法平等使用生产要素、公开公平公正参与市场竞争、同等受到法律保护”，促进我国经济持续健康发展。

第一类是公益性国有企业。公益性，即公共性，具有“纯公共物品”特征。社会和市场主体对这类“公共物品”的需求无排他性，是社会持续健康发展的共同需求。因此，这类公益性国有企业不需要搞混合所有制改革。《决定》也没有要求这部分国有企业一定要搞混合所有制。按其功能，这类公益性国有企业要回归“公益”，实行“国有国营”。“国有国营”的公益性国有企业不以营利为目的，企业经营管理者也完全参照公务员进行考核管理并支付相应报酬。按《决定》提出的要求，今后属于公益性且具有公共服务功能的国有企业，既要注意资产保值增值，更要注重提供公共服务、承担更多社会责任，国家同时应当加强对它的支持和投入。

第二类是处于自然垄断行业的国有企业。对于这类企业，《决定》明确提出要“网运分开”。由于除了稀缺的自然资源外，实际经济生活中的自然垄断，通常主要表现在“网”上，比如无线通信网、输油管道网、燃气煤气供应网、水利电力供应网，等等。这些“网”的建设及其功能具有明显的“外部经济”特征和自然垄断特性，加上实施建设的投

资规模大、回收期长等，因此，需要“网运分开”：“网”为国家所有，由国家经营，简单地说就是还要坚持网的“国有国营”。至于处于“网”下的市场运营部分，如具体的通信服务、炼油、送气、供水等生产营销及服务，等等，则可以通过股份制即混合所有制的方式，实现市场化运营，承包租、拍卖转让、委托经营方式或通过股份制改造建立混合所有制企业等，均是可以探讨的实现方式。

第三类是竞争性领域的国有企业。处于竞争性领域的国有企业，原则上应鼓励和全面实行股份制即混合所有制。在实行过程中，到底是国有控股还是非国有控股，取决于具体实行过程中不同产权在所处领域的控制力、影响力和支配力（包括已经具备的技术基础和管理能力等）。在竞争性领域着力推进混合所有制，要尊重市场经济发展的规律和市场主体的自主选择。市场的最有效选择，是承认和接受最具市场竞争力、有较高产出收益率和较强资本增值能力的企业在混合所有制经济发展中的支配力。这类企业应当在混合所有制经济发展中占有较大份额，居于较高支配地位。反之，如果实际参与的市场主体不具备这些能力，要么不参与其他企业的混合，要么接受较少股权份额的合作。

除以上所述外，在当前我国国有企业功能分类的转换期内，可以考虑先将企业收入分为制度性收入、经营性收入、资源性收入和风险性收入，并据此把经营性和风险性收入更多地留给企业自主支配，把制度性和资源性收入更多地收归全民，由财政统一支配。《决定》所提及的到2020年，国有资本收益上缴公共财政比例提高到30%，其要义也在于此，是有道理的。

第 1 章

2014 年中小企业发展概况与政策

- 中小企业实有户数情况
- 中小企业的行业分布情况
- 中小企业发展指数变化的情况
- 2014 年促进中小企业发展政策体系

2014 年，世界经济复苏依旧艰难曲折，发达经济体经济运行分化加剧，发展中经济体增长放缓。面对复杂多变的国际环境和艰巨繁重的国内发展改革稳定任务，经过艰苦努力，我国经济运行总体符合预期，主要经济指标仍处在合理区间，但经济下行的压力增大。初步核算，全年国内生产总值 636463 亿元，按可比价格计算，比上年增长 7.4%。分季度看，一季度同比增长 7.4%，二季度增长同比 7.5%，三季度增长同比 7.3%，四季度增长同比 7.3%。分产业看，第一产业增加值 58332 亿元，比上年增长 4.1%；第二产业增加值 271392 亿元，比上年增长 7.3%；第三产业增加值 306739 亿元，比上年增长 8.1%。2014 年，居民消费价格总水平（CPI）上涨 2.0%，涨幅为 2010 年新低。进出口总额增长 3.4%，同比回落 4.2 个百分点。其中，出口增长 6.1%，同比回落 1.8 个百分点，进口增长 0.4%，同比回落 4.2 个百分点。城镇新增就业 1322 万人，同比多增 12 万人。年末城镇登记失业率为 4.09%，环比上升 0.02 个百分点，同比上升 0.04 个百分点，低于 4.6% 的年度控制目标。全国规模以上工业增加值同比增长 8.3%，增速比上年同期回落 1.4 个百分点。全年规模以上工业企业实现利润 64715 亿元，比上年增长 3.3%，同比回落 8.9 个百分点。

2014 年，国内外经济发展速度放缓，我国中小企业整体规模稳步增长，转型升级进程加快，但是结构性矛盾仍然存在，局部性困难突出，尤其是部分行业小微型企业面临形势严峻。一方面，在复杂多变的国内外宏观经济形势下，劳动密集型、加工贸易型和处于初创期的中小企业特别是小微型企业生产经营难度加大。另一方面，传统的粗放增长方式在原材料、用工、能源等成本持续上升的局面下难以为继，强大的市场倒逼机制将推动中小企业加快转型升级步伐。尤其值得关注的是，由于自身素质与竞争能力的差异，中小企业群体处于转型期和分化期。规模以上企业在新增企业数量、在职人员数量、营业收入增长率、利润增长率等方面表现均优于国内平均水平，而规模以下的小型微型企业境况堪忧。2014 年，规模以上中小工业企业主营业务收入同比增长 8.84%，增速比上年回落 5.01 个百分点。主营业务成本同比增长 9.61%，增速比上年回落 5.01 个百分点。税金总额同比增长 7.47%，增速比上年回落 7.39 个百分点。利润总额同比增长 5.33%，增速比上年回落 10.47 个百分点。产成品存货同比增长 14.80%，增速比上年提高 6.24 个百分点。应收账款同比增长 10.33%，增速比上年回落 5.53 个百分点。工业企业亏损面为 11.83%，与上年基本持平。

从中国中小企业发展指数看，从 2011 年三季度至 2015 年一季度的 15 个季度里，中国中小企业发展指数一直处于景气临界值 100 以下，说明广大中小微企业生存和发展的情况不容乐观。2014 年一、二、三、四季度中国中小企业发展指数分别为 95.9、94.1、93.1、92.8。2014 年 12 月汇丰中国制造业 PMI 初值为 49.5，为 7 个月来首次低于 50 的枯荣线。12 月汇丰中国制造业 PMI 终值为 49.6，略高于初值，但低于 11 月终值 50，跌至 2014 年 6

月以来新低。

当前中小企业发展面临的主要问题如下。

①生产经营面临的困难增多。2014年以来，企业面临的市场、成本和资金压力进一步加大，受多重因素叠加影响，企业生产经营困难增多，盈利空间逐渐压缩。1～11月份，规模以上工业企业每百元主营业务中成本为85.91元，同比提高0.27元。企业库存压力加大，11月末工业企业产成品库存同比增长13.6%，较上年同期大幅上升7个百分点。应收账款明显上升，企业资金短缺矛盾加剧，11月末应收账款增幅达10.8%，高出同期企业主营业务收入增幅3.6个百分点。量大面广的中小企业资金链断裂风险不断增大。自2014年9月份以来制造业贷款逐月下降，甚至出现负增长，部分省市停产半停产工业企业数增加。

②“融资难、融资贵”问题仍然存在。为了解2014年中小企业融资状况，中国中小企业协会委托北京华通人商用信息有限公司于2014年12月开展调查，在全国范围内随机抽取115家企业。调查结果显示，企业经营者认为，“融资困难”是影响企业发展的首要原因，比重占到49.6%。超过半数（54%）的企业反馈融资成本较高，42%的企业反馈融资成本一般。最近几个月有30.4%的企业资金成本有变化，主要表现在资金筹集费用上升和利率上升，具体所占比重分别为51.4%和22.9%。中小企业主对未来融资成本变化不明朗。26.1%的企业反馈融资成本会下降，保持不变和不确定的分别占20.9%和22.6%，而反馈未来还会升高的占30.4%。

商业银行贷款过度依赖抵押物，银行的产品和服务难以适应小微企业发展的需求，一些轻资产的创新型小微企业融资更加困难。小微企业普遍反映融资成本过高，即使贷到款，加上利率上浮和各种费用后一般都在10%以上，无抵押贷款或银行以外渠道的贷款利率更高。

③企业财务负担沉重。一是员工工资中“五险一金”比例高，企业缴费负担重。我国绝大部分省市缴纳“五险一金”的比例都在工资总额的40%以上。北京的缴存合计费率则已高达66.3%。“五险一金”占企业人力成本的40%～50%。二是税费负担重的问题。有煤炭企业反映，要上缴17%的增值税、6.5%的资源税和各种附加税总额占收入的三成。华夏新供给经济学研究院博士彭鹏根据2012年、2013年公开出版的中国统计年鉴、中国财政年鉴、中国税务年鉴等资料数据统计得出，2012年中国企业的费负为13743.48亿元，2013年则为15119.83亿元，呈现逐年增长态势。从相对指标看，我国宏观税负水平非常高，2014年上半年测算数据显示我国宏观税负水平大概在36%左右，相较国际水平属于中偏高的水平。总体来讲，宏观税负水平在未来一段时间内不大可能或者没有可能再提高了。

④用工用地成本偏高，劳动力成本持续上涨。2011～2014年，最低工资标准平均增幅分别为22.0%、20.2%、17.0%和14.1%。2015年以来，先后有湖南、海南、西藏、天津、深圳、北京等6个地区再次提高最低工资标准。小微企业反映，有限的用地指标主要用于保障大项目的用地需求，小微企业很难获得土地。标准厂房建设滞后，满足不了企业

需要，且费用较高。国土资源部公报显示，2014年第四季度全国105个主要监测城市工业地价同比增速为6.0%，环比增速为1.5%。此外，物流、环保等费用增加，也进一步增加了小微企业经营成本。

1.1 中小企业实有户数情况

我国中小企业实有户数①包括全国实有企业户数和全国实有个体工商户户数。

1.1.1 全国实有企业数量变化情况

截至2014年底，全国实有企业1819.28万户（含分支机构，下同），比上年底增长19.08%（见图1.1）。内资企业（不含私营）实有226.84万户，比上年底减少2.54万户，降低1.11%；注册资本（金）51万亿元，增长12.83%。私营企业1546.37万户，增长23.33%，注册资本（金）59.21万亿元，增长50.62%。外商投资企业46.07万户，增长3.30%，注册资本（金）2.18万亿美元，增长7.39%。②

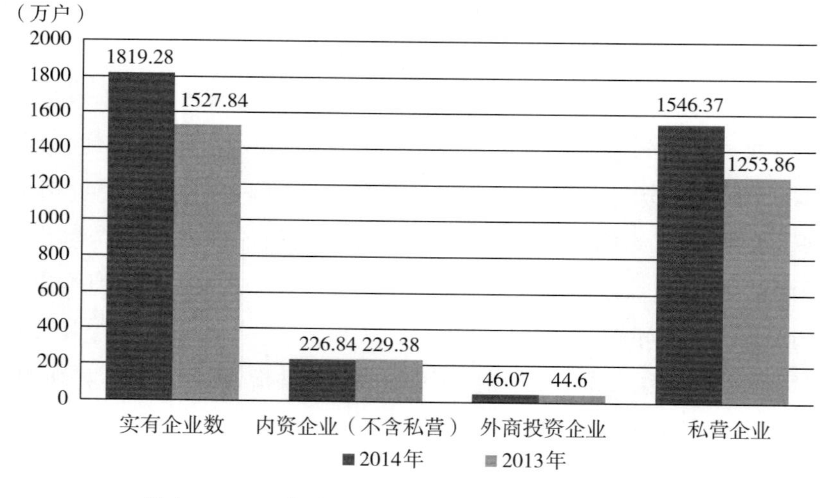

图1.1 2014年我国中小企业户数发展情况（万户）

数据来源：国家工商行政管理总局《工商行政管理统计汇编2014》。

① 目前尚不存在中小企业户数统计，由于99%数量的企业为中小企业，故这里用总企业户数加上个体工商户户数作为一个替代指标，通过该指标的变化趋势反映中小企业户数变动情况。

② 国家工商行政管理总局：《工商行政管理统计汇编》，2014年。

2014 年，全国新登记注册企业 365. 1 万户，比上年同期增长 45. 88%，注册资本（金）19. 05 万亿元，比上年同期增加 99. 02%。其中，新登记注册外商投资企业 3. 84 万户，同比增长 5. 76%，连续两年负增长之后恢复同比正增长。投资总额 2763. 31 亿美元，增长 15. 05%，注册资本 1796. 39 亿美元，增长 23. 87%，其中外方认缴 1450. 82 亿美元，增长 19. 10%。新登记注册外商投资企业户均注册资本 467. 55 万美元，比上年同期的 399. 19 万美元增加 68. 36 万美元，增长 17. 13%。

（1）内资企业（不含私营）

截至 2014 年底，全国内资企业实有 226. 84 万户，比上年减少 2. 54 万户，下降 1. 11%。但注册资本达到 51 万亿元，同比增长 12. 83%，占全国企业注册资本总额的 41. 27%，内资（非私营）企业呈现出总量减少、规模上升的良性发展趋势。内资企业中国有企业实有 34. 63 万户，比上年底减少 1. 77 万户，下降 4. 86%；集体企业 44. 97 万户，比上年底减少 3. 11 万户，下降 6. 47%；公司（含有限责任公司和股份有限公司）132. 52 万户，比上年底增加 3. 46 万户，增长 2. 68%；其他企业 14. 72 万户，比上年底减少 1. 12 万户，下降 7. 07%。各企业类型所占比重见图 1. 2。

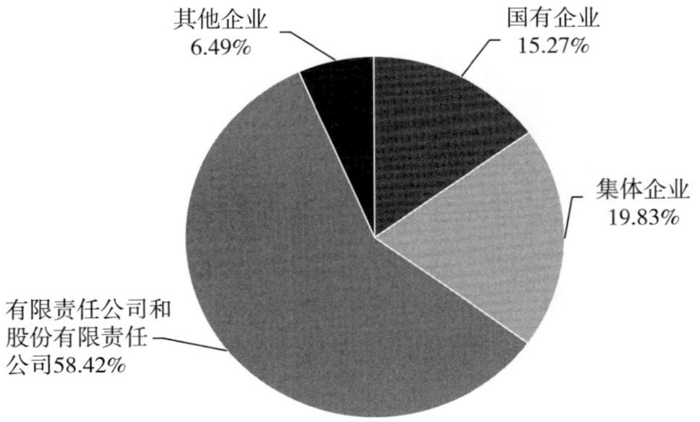

图 1. 2　2014 年内资企业中各类型企业占比

数据来源：国家工商行政管理总局《工商行政管理统计汇编 2014》。

（2）私营企业

截至 2014 年底，全国内资企业私营企业实有 1546. 37 万户，比上年增加 292. 51 万户，同比增长 23. 33%。数量占比由 2013 年底的 82. 10% 增长到 2014 年底的 85%。其中独资企业实有 216. 24 万户，比上年底增加 21. 82 万户，增长 11. 22%；合伙企业 19. 19 万户，比上年底增加 2. 53 万户，增长 15. 19%；有限责任公司 1304. 72 万户，比上年底增加 266. 64 万户，增长 25. 69%；股份有限公司 6. 22 万户，比上年底增加 1. 51 万户，增长 32. 06%。

（3）外资企业

2014 年全国外商投资企业实有户数延续了 2011 年的增长态势。截至 2014 年底，外商投资企业 46. 07 万户，上升 3. 30%。其中分支机构 15. 99 万户，同比上升 4. 24%；公司法人 0. 77 万户，下降 5. 30%。外商投资企业实有投资总额 3. 80 万亿美元，比上年底增长

7.95%。总注册资本（金）2.18万亿美元，增长7.39%；其中外方认缴出资额1.74万亿美元，增长8.07%，外方认缴出资额占注册资本的79.75%。外商投资企业发展态势趋稳趋缓，但利用外资质量进一步提升，2014年我国成为世界第一大外资流入地，利用外资正从高速增长期进入成熟稳定期。

1.1.2 全国实有个体工商户的发展情况

伴随注册资本登记制度改革在全国范围实施，改革效果明显，新登记个体工商户增长较快，实有户数、资金数额均保持快速增长趋势。全国个体工商户实有4984.06万户，比上年底增长12.35%，资金数额2.93万亿元，增长20.58%。个体工商户当年新注册896.45万户，比上年同期增长5.09%，资金数额0.83万亿元，比上年同期增长16.63%。

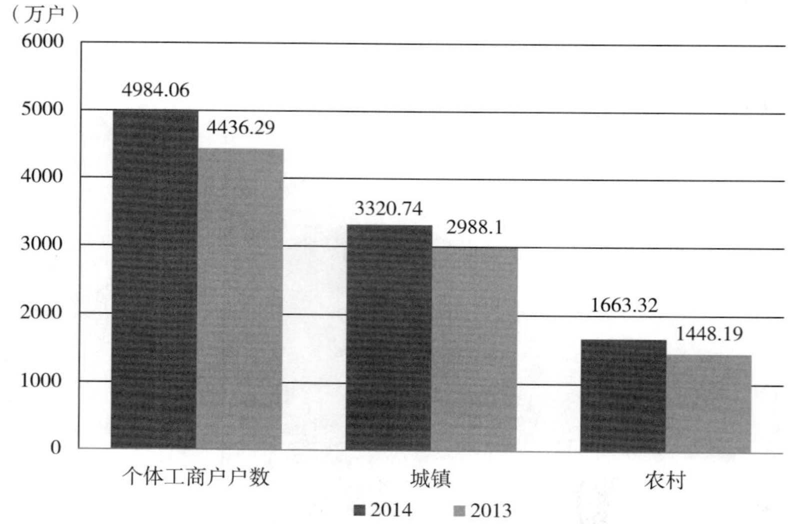

图1.3 2014年个体工商户数情况（万户）

数据来源：国家工商行政管理总局《工商行政管理统计汇编2014》。

1.2 中小企业的行业分布情况

市场主体在第一、第三产业所占比重继续扩大。截至2014年底，企业在第一产业实有62.23万户，比上年同期增长40.22%，占企业总数的3.42%，比上年同期扩大0.51个百分点；第二产业428.46万户，增长12.16%，占23.55%，比上年同期减少1.45个百分点；第三产业1328.59万户，增长20.62%，占73.03%，比上年同期扩大0.94个百分点。

其中批发和零售业企业数量达到 651.77 万户，占全国企业总量的 35.83%。同期，全国新登记注册企业在一、二、三产业数量分别为 16.84 万户、60.83 万户、287.42 万户，同比增速分别为 42.77%、29.72%、50.03%，分别占新登记注册企业总数的 4.61%、16.66%、78.72%。

截至 2014 年 12 月底，全国实有现代服务业企业 630.51 万户，同比增长 53.91%，比服务业同比增长率高出 33.29 个百分点。卫生类新设企业达到 23850 户，比 2013 年增加了 17852 户，同比增速达到 2.98 倍。新登记注册现代服务业企业 114.10 万户，同比增长 61.41%，增速比上年同期增加 35.39 个百分点。其中增速较快的行业有，信息传输、软件和信息技术服务业 14.67 万户，增长 97.87%，教育 0.68 万户，增长 86.17%，文化、体育和娱乐业 6.59 万户，增长 83.51%，科学研究和技术服务业 26.26 万户，增长 70.32%。

1.2.1　内资企业的行业分布

从内资企业行业实有户数看，批发和零售业依然位居首位，为 73 万户，其次是金融业 28.01 万户，再次为制造业 24.61 万户。内资企业行业中企业实有数量最少的三个行业分别是卫生和社会工作，金属制品、机械和设备修理业和开采辅助活动，这三个行业的企业数量分别为 0.40 万户、0.18 万户和 0.08 万户。

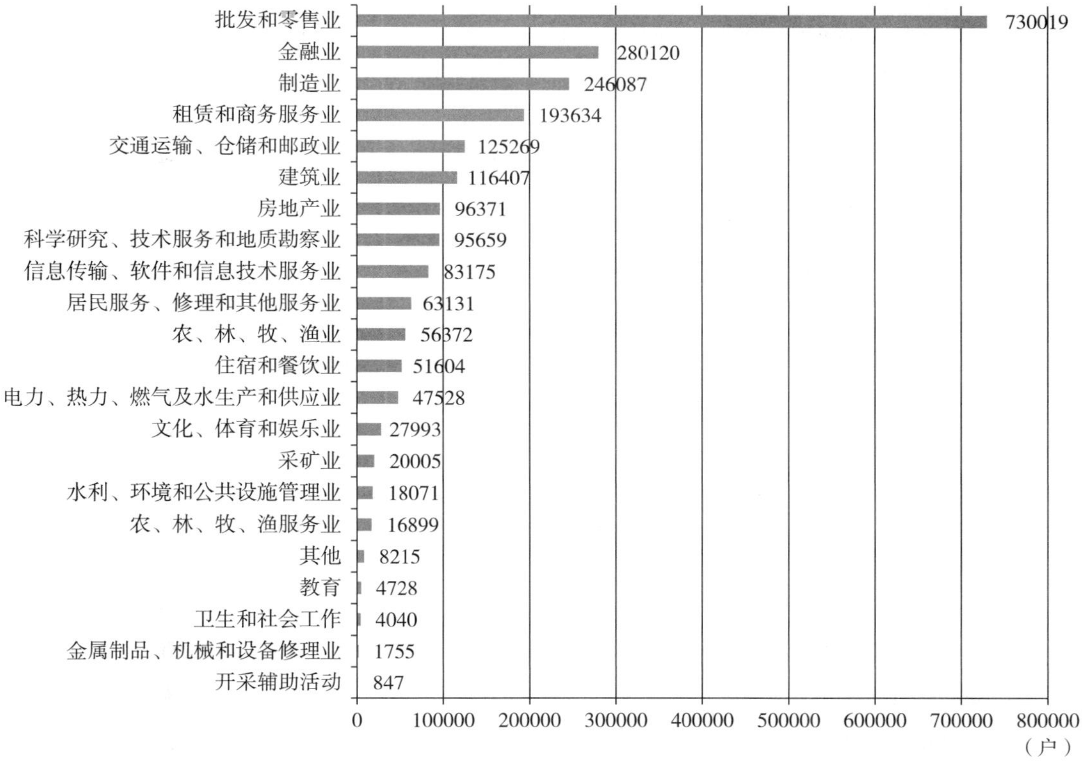

图 1.4　2014 年我国内资企业实有户数行业分布

数据来源：国家工商行政管理总局《工商行政管理统计汇编 2014》。

1.2.2 外资企业的行业分布

从外商投资企业的行业来看，以金融业为代表的现代服务业稳定快速增长。金融业实有户数达到9924户（含分支机构，下同），比上年底增长14.87%。外商投资企业投资第三产业较多，租赁和商务服务业以及信息传输、计算机服务和软件业分别达到4.44万和4.34万户。企业数量最多的制造业有所下降，从2010年底的18.76万户下降到2011年底的18.1万户，2012年底17.48万户，2013年底16.62万户、2014年底回落到16.12万户。

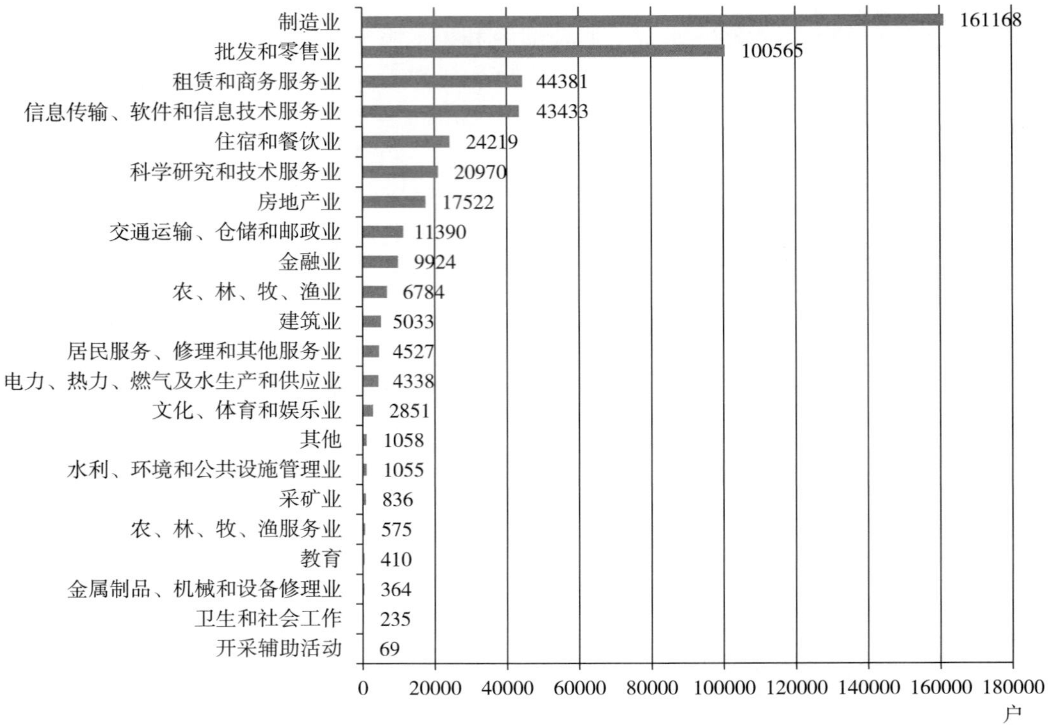

图1.5　2014年我国外资企业实有户数行业分布

数据来源：国家工商行政管理总局《工商行政管理统计汇编2014》。

1.2.3 私营企业的行业分布

私营企业实有户数达到1546.37万户，同比增长23.33%。数量排在前三位的是批发和零售业、制造业以及租赁和商务服务业，分别为568.72万户、264.64万户和187.49万户。随着垄断领域对民营企业逐步放开，水利、电力、卫生等私营企业数量有所上升，分别为6.27万户、5.43万户和1.96万户，分别比上年上升1.12万户、0.61万户、0.39万户。

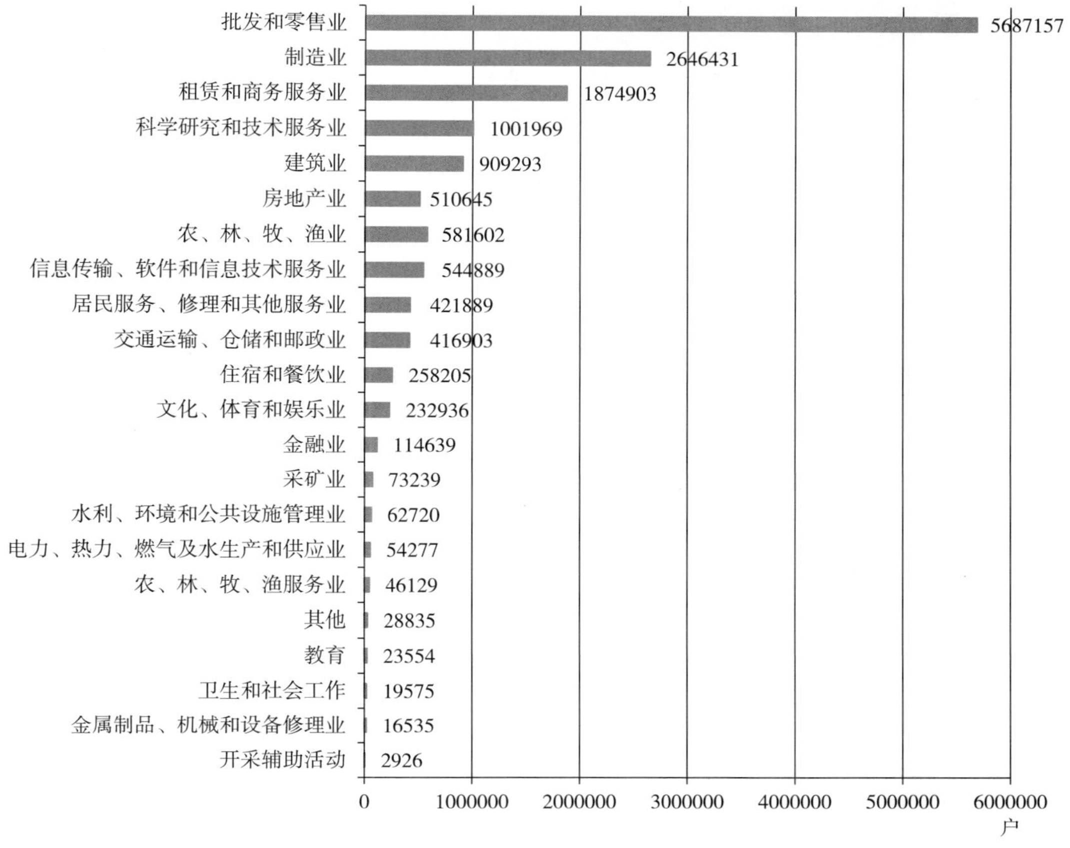

图 1.6　2014 年我国私营企业实有户数行业分布

数据来源：国家工商行政管理总局《工商行政管理统计汇编 2014》。

1.2.4　个体工商户行业分布

全国个体工商户在第一产业实有 127.48 万户，比上年同期增长 36.55%，占个体工商户总数的 2.56%，比上年同期扩大 0.45 个百分点；第二产业 356.43 万户，增长 9.89%，占 7.15%，比上年同期减少 7.81 个百分点；第三产业 4500.15 万户，增长 11.98%，占 90.58%，比上年同期扩大 0.71 个百分点，分布在批发和零售业、居民服务和其他服务业、住宿和餐饮业等行业的个体工商户的比重超过 80%。分布在水利、环境和公共设施管理，金融业，电力、燃气及水的生产和供应业三个行业中的数量最少，由于这些行业垄断性比较强，个体工商户难以进入。

图 1.7 2014 年我国个体工商户实有户数行业分布

数据来源：国家工商行政管理总局《工商行政管理统计汇编 2014》。

1.3 中小企业发展指数变化的情况

为客观反映中小企业发展的景气情况，中国中小企业协会按季度编制发布了中小企业发展指数（SMEDI），较好地反映中小企业的景气状况。

1.3.1 第一季度中国中小企业发展指数

2014 年一季度中国中小企业发展指数（SMEDI）为 95.9，比上年四季度上升 0.2 点，基本持平。分行业指数和分项指数上升的面有所缩小，分别为 4 升 4 降，企业的状况在总体上很平缓。预计中国中小企业发展指数近期将继续保持目前的态势。

（1）分行业指数4升4降，上升的分行业指数有所减少

工业、交通运输邮政仓储业、批发零售业和社会服务业指数为95.6、88.3、96.4和99.6，继续了上季度上升态势，分别上升0.8、0.5、1.3和0.3点；建筑业和房地产业指数为97.0和106.5，由升转降，分别下降2.3和1.2点；信息传输计算机服务软件业和住宿餐饮业指数为91.8和78.8，继续下降，分别下降2.4和3.1点。房地产业指数虽然仍在景气临界值100以上，但连续三个季度的上升态势已扭转。

对于宏观经济和行业总体运行感受，工业和交通运输邮政仓储业较好，工业宏观经济感受指数上升5.3点，行业总体运行指数上升3.5点，交通运输邮政仓储业分别上升6.9和6.2点。这两项指数感受反差较大的是建筑业、房地产业、批发零售业、社会服务业、信息传输计算机服务软件业，建筑业分别上升8.0和下降8.6点，房地产业分别上升0.8和下降8.2点，批发零售业分别下降1.3和上升5.2点，社会服务业分别上升2.0和下降3.0点，信息传输计算机服务软件业分别上升1.4和下降6.1点。住宿餐饮业这两项指数均下降，特别是行业总体运行指数下降10.4点。从企业综合经营指数看，除工业和交通运输邮政仓储业分别上升2.3和3.7点外，感受较好的是批发零售业上升7.1点，感受较差的信息传输计算机服务软件业下降3.8点。

对于市场的判断，工业、交通运输邮政仓储业和批发零售业较好，国内订单指数分别上升2.7、4.5和3.0点，产品销售量指数分别上升3.9、2.5和1.6点，但工业和批发零售业销售价格指数分别下降5.8和5.6点。其他分行业差一些，特别是建筑业和房地产业更差。建筑业新签订的工程合同指数下降8.8点，来自国（境）外的工程合同指数下降9.9点，新开工工程量指数下降7.5点，工程结算收入下降8.5点；房地产业商品房预售面积指数下降9.0点，完成土地开发面积指数下降6.2点，房屋竣工面积指数下降7.0点，新开工面积指数下降7.4点，商品房销售面积指数下降7.3点。

对于成本和资金的判断，建筑业、批发零售业、信息传输计算机服务软件业较好，生产成本下降幅度较大，指数分别上升6.6、2.0和5.9点，流动资金指数分别上升7.2、6.6和6.2点。工业、房地产业、住宿餐饮业成本上升，特别是工业企业生产成本上升幅度最大，指数下降1.5点。与此同时存在的是工业、建筑业、房地产业、批发零售业、社会服务业和住宿餐饮业员工的人力成本却是下降的，平均薪酬指数分别上升1.3、7.6、7.0、5.6、6.1和6.8点。工业、交通运输邮政仓储业和房地产业应收未收到期货款上升，指数分别下降3.9、6.8和8.1点。房地产业、社会服务业和住宿餐饮业融资指数的降幅较大，分别下降8.0、3.9和9.6点。住宿餐饮业的流动资金指数降幅最大，下降8.4点。

对于投资和效益的判断，除房地产业和信息传输计算机服务软件业固定资产投资指数分别上升4.7和3.2点外，工业、建筑业、交通运输邮政仓储业、批发零售业、社会服务业和住宿餐饮业分别下降2.2、7.3、5.0、4.6、2.1和8点，企业投资意愿不强。除房地产业和社会服务业盈亏指数分别上升0.8和4.0点外，工业、建筑业、交通运输邮政仓储业、批发零售业、信息传输计算机服务软件业和住宿餐饮业盈亏指数分别下降0.9、0.7、

4.3、2.5、6.3和1.6点。

（2）分项指数4升4降，上升的分项指数有所减少

宏观经济感受指数、综合经营指数、市场指数和资金指数为109.5、108.1、95.3和97.1，分别上升2.4、2.2、0.7和1.7点；成本指数、劳动力指数、投入指数和效益指数为91.3、107.5、99.5和78.8，分别下降0.2、1.4、1.9和0.6点。

宏观经济感受指数和综合经营指数连续3个季度上升，且本季度上升幅度最大。工业、交通运输邮政仓储业、批发零售业的宏观经济感受指数分别上升4.4、6.6和2.0点，其他分行业是下降的，特别是住宿餐饮业下降5.3点。工业、交通运输邮政仓储业、房地产业、批发零售业、社会服务业、住宿餐饮业综合经营指数是上升的，特别是批发零售业上升7.1点，但信息传输计算机服务软件业降幅最大，下降3.8点。调查显示，73%的受访企业对宏观经济表示乐观或一般，比上季度增加3个百分点；83%的受访企业反馈企业综合经营状态良好或一般，比上季度增加1个百分点。

市场指数连续3个季度上升，但本季度增幅很小，基本持平。本季度多数分行业的市场指数是下降的，建筑业、房地产业、信息传输计算机服务软件业和住宿餐饮业分别下降7.6、5.3、4.4和5.1点。

投入指数在连续两个季度上升后，本季下降，降幅最大。除房地产业和信息传输计算机服务软件业外，其他分行业都是下降的，建筑业、交通运输邮政仓储业、批发零售业和住宿餐饮业分别下降7.2、5.0、4.6和8.0点。企业投入意愿不强，在本季度显得较为突出。

成本指数和效益指数的降幅都很小，前者已连续3个季度小幅下降，后者上季度转降为升的态势没有持续，且下降的面有所扩大，由上季度2个分行业扩大到6个，效益指数仍处于8个分项指数的最低位。调查显示，只有14%的受访企业反馈企业增盈减亏，比上季度减少3个百分点。

劳动力指数从连续两个季度上升转为下降。劳动力需求指数为113.6，与上季度基本持平；劳动力供应指数为101.3，下降2.7点。其中，普通劳动力需求指数下降1.2点，供应指数下降2.7点；技术工人需求指数上升2.1点，供应指数下降1.3点；大专以上毕业生需求指数下降1.2点，供应指数下降4.2点。从分行业情况看，在需求方面，仅工业的劳动力需求指数上升，其他分行业均下降；在供应方面，仅交通运输邮政仓储业和房地产业供应指数分别上升1.7和3.0点，其他分行业基本都是下降的。劳动力供需不旺，在本季度显得较为突出。

（3）东部指数上升，中西部指数下降

一季度东、中、西部指数为97.9、94.5、93.1，东部上升2.5点，中部和西部分别下降5.1、0.2点。东部持续上升的势头，中部和西部止升转降，中部从接近景气临界值降下来，降幅较大，西部降幅较小。东部景气状况逐步好于中西部。

1.3.2　第二季度中国中小企业发展指数

2014年二季度中国中小企业发展指数（SMEDI）为94.1，比一季度下降1.8点。分行业指数和分项指数下降的面有所扩大，其中分行业指数3升5降，分项指数2升6降。经济仍然存在下行压力，中小企业特别是小微企业生产经营面临的困难更多一些。预计中国中小企业发展指数近期升幅不会太大。

（1）分行业指数3升5降

信息传输计算机服务软件业、建筑业和住宿餐饮业指数止降回升，分别为93.1、97.6和78.9，分别上升1.4、0.6和0.1点。工业、交通运输邮政仓储业、批发零售业和社会服务业指数为93.1、87.5、94.0和98.7，由升转降，分别下降2.5、0.7、2.4和0.8点。房地产业指数为101.8，下降4.7点，延续上月下降趋势，且降幅最大。房地产业指数是唯一一个处于景气临界值100以上的分行业指数。

工业指数由升转降，由上季度上升0.8点转为本季度下降2.5点。反映宏观经济感受的行业总体运行指数下降6.3点；反映总体经营状况的企业综合经营指数下降3.6点；反映市场状况的国外订单指数下降3.5点，产品销售量指数下降3.9点，销售价格指数下降4.6点，库存有所增加，指数下降3.6点；反映资金状况的流动资金指数下降5.8点，融资指数下降6.3点，较好的是应收未收的到期货款下降，指数上升6.2点；反映投入状况的固定资产投资指数下降3.1点，科技投入指数下降3.7点；反映效益状况的盈亏指数下降3.6点。较好的是生产成本下降，指数上升2.3点。

房地产业指数降幅最大。行业总体运行指数下降4.6点；企业综合经营指数下降5.5点；反映市场状况的商品房预售面积指数下降5.3点，土地开发面积指数下降6.7点，新开工面积指数下降6.7点，商品房销售面积指数下降5.0点；反映资金状况的流动资金指数下降7.1点，融资指数下降5.3点，应收未收的到期货款增加，指数下降2.4点；固定资产投资指数下降6.9点；盈亏指数下降6.4点。较好的是生产成本下降，竞拍土地价格指数上升6.9点。

批发零售业指数有所下降。行业总体运行指数下降4.7点；企业综合经营指数下降4.8点；反映市场状况的国外订单指数下降3.5点，产品平均销售价格指数下降3.4点，库存上升，指数下降4.6点；融资指数下降3.4点；固定资产投资指数下降3.6点。较好的是生产成本下降，购进价格指数上升2.1点。

信息传输计算机服务软件业指数升幅最大。行业总体运行指数上升5.3点；国内订单指数上升4.4点；盈亏指数上升6.3点。但是，融资指数下降4.2点，固定资产投资指数下降3.1点，应收未收到期货款上升，指数下降2.9点。

建筑业、住宿餐饮业、交通运输邮政仓储业和社会服务业指数升降幅度不大。建筑业新签订工程合同指数上升4.0点，企业来自国（境）外的工程合同指数上升6.9点，新开工工程量指数上升4.0点，工程结算收入指数上升3.3点，但企业综合生产经营状况指数下降4.0点。住宿餐饮业营业收入指数上升6.4点，收费（服务）价格指数上升4.4点，融资指数上升5.5点，但宏观经济感受指数下降4.5点。本季度住宿餐饮业指数没有持续下降，而是略有上升，趋于平稳。交通运输邮政仓储业业务预订指数下降3.8点，业务收费价格指数下降3.8点，盈亏指数下降4.3点，较好的是固定资产投资指数上升5.5点，应收未收的到期货款下降，指数上升6.9点。社会服务业业务收费（服务）价格指数下降4.5点，应收未收到期货款上升，指数下降5.9点，较好的是固定资产投资指数上升4.8点。

在8个分行业中，本季度比较突出且具有较多共性的，一是企业对于宏观经济感受和本企业的总体经营状况不如以往季度，对于发展指数的影响较大；二是企业成本状况相对好一些，但其中的人力成本，除工业和信息传输计算机服务软件业人力成本下降，指数分别上升5.6和4.9点外，其他分行业人力成本都是上升的，特别是建筑业、交通运输邮政仓储业、社会服务业和住宿餐饮业指数分别下降5.3、4.5、5.7和4.5点。

（2）分项指数2升6降

宏观经济感受指数、综合经营指数、市场指数、资金指数、投入指数和效益指数为105.8、105.1、92.6、95.0、98.2和75.8，分别下降3.7、3.0、2.7、2.1、1.3和3.0点；成本指数和劳动力指数为93.0和108.6，分别上升1.7和1.2点。宏观经济感受指数、综合经营指数和劳动力指数处于景气临界值100以上。

宏观经济感受指数和综合经营指数在连续3个季度上升后，本季度有所回落。宏观经济感受指数下降幅度最大，除信息传输计算机服务软件业上升3.4点外，其他分行业都是下降的，特别是工业、房地产业和住宿餐饮业分别下降4.7、4.5和4.1点。综合经营指数降幅仅次于宏观经济感受指数，除交通运输邮政仓储业持平和信息传输计算机服务软件业指数上升0.5点外，其他分行业指数均下降，特别是房地产业、批发零售业和建筑业分别下降5.5、4.8和4.0点。调查显示，66%的受访企业对宏观经济表示乐观或一般，比上季度下降7个百分点；80%的受访企业反馈企业综合经营状态良好或一般，比上季度下降3个百分点。

市场指数、资金指数和投入指数有所下降。市场指数在连续3个季度上升后，本季由升转降，除建筑业、信息传输计算机服务软件业和住宿餐饮业分别上升4.2、1.5和3.4点外，其他5个分行业指数均下降，工业、交通运输邮政仓储业、房地产业、批发零售业、社会服务业分别下降3.3、2.5、5.5、2.7和4.2点。资金指数由升转降，除交通运输邮政仓储业和住宿餐饮业指数分别上升3.8和1.7点、建筑业持平外，其他5个行业指数均下降，特别是房地产、社会服务业和信息传输计算机服务软件业分别下降4.9、4.9和3.2点。投入指数连续两个季度下降，除交通运输邮政仓储业、社会服务业、住宿餐饮业和建筑业投入指数分别上升5.5、4.8、1.9和0.7点外，房地产、批发零售、工业和信息传输计算机服务软件业分别下降6.9、3.6、3.4和3.1点。调查显示，19%的企业反馈固定资产投资比上年同期减少，比上季度增加1个百分点。

效益指数延续上季的下滑趋势，本季度下滑幅度有所加大，下降的面也有所增加，除信息传输计算机服务软件业上升 6.3 点外，其他行业都是下降的，特别是房地产业和交通运输邮政仓储业，分别下降 6.4 和 4.3 点。调查显示，反馈企业增亏或减盈的比例达到 50%，比上季度增加 11 个点。效益指数长期处于最低位，本季点位进一步下降。

成本指数在连续 3 个季度小幅下降之后，本季度止跌回升，上升 1.7 点，且上升的面有所扩大，上升的行业由上季的 5 个扩大到本季的 6 个，特别是建筑业、工业和房地产业分别上升 3.6、2.3 和 2.1 点。下降的是信息传输计算机服务软件业和住宿餐饮业，指数分别下降 2.3 和 3.8 点。由此可以看出，多数分行业企业的成本下降。

劳动力指数从上季度下降转为上升。劳动力需求指数为 111.4，下降 2.2 点；劳动力供应指数为 105.8，上升 4.5 点。其中，普通劳动力需求指数下降 3.3 点，供应指数上升 4.8 点；技术工人需求指数下降 1.9 点，供应指数上升 4.4 点；大专以上毕业生需求指数下降 1.4 点，供应指数上升 4.3 点。从分行业情况看，在需求方面，除交通运输邮政仓储业、社会服务业、信息传输计算机服务软件业和住宿餐饮业外，其他 4 个行业的劳动力需求指数均下降；在供应方面，仅交通运输邮政仓储业和房地产业供应指数分别下降 0.2 和 1.6 点，其他分行业都是上升的。劳动力供过于求，在本季度显得较为突出，这是以往不多见的。

二季度东、中、西部指数为 96.3、93.4、90.5，分别下降 1.6、1.2 和 2.6 点。东部止升转降，中部和西部继上季之后持续下降，西部与东部的差距有所加大。从工业来看，东部指数下降幅度最小，西部次之，中部下降幅度最大。

当前，经济运行总体平稳，随着国家对于有关政策进行适时适度预调微调，推动政策落地生根，经济运行中的积极变化有所增多。但是，中小企业处于市场竞争的弱势地位，中小企业特别是小微企业生产经营面临的困难更多一些，尤其是企业对于宏观经济稳中向好的信心尚待加强。预计中国中小企业发展指数近期升幅不会太大。

1.3.3　第三季度中国中小企业发展指数

2014 年三季度中国中小企业发展指数（SMEDI）为 93.1，比二季度下降 1.0 点。分行业指数下降的面继续扩大，为 1 升 7 降，分项指数下降的面缩小，为 3 升 5 降。目前，经济运行总体平稳，但经济增长的内生动力仍然不强，经济下行压力进一步显现，中小企业发展指数由降转升的难度较大。

（1）分行业指数 1 升 7 降

信息传输计算机服务软件业继续上升，为 95.5，上升 2.4 点。建筑业和住宿餐饮业指数由升转降，分别为 95.6 和 76.5，分别下降 2.0 和 2.3 点。工业、交通运输邮政仓储业、批发零售业、房地产业和社会服务业指数为 92.5、85.1、93.7、100.3 和 96.8，延续上季度下降趋势，分别下降 0.7、2.4、0.3、1.5 和 1.9 点。房地产业指数继续成为唯一处于景气临界值 100 以上的分行业指数。

工业指数略有下降，基本持平，降幅比上季度明显收窄。反映总体经营状况的企业综合经营指数下降3.2点；反映市场状况的订单指数下降1.5点，其中国外订单指数下降1.2点，生产总量指数下降1.1点，产品销售量指数下降1.5点，销售价格指数下降1.1点，库存指数基本持平；反映投入状况的固定资产投资指数下降2.2点，科技投入指数下降1.7点；反映效益状况的盈亏指数下降1.2点。较好的是反映资金状况的流动资金指数上升1.4点，融资指数上升1.0点；企业成本下降，生产成本指数和员工平均薪酬指数分别上升4.9点和2.8点。

信息传输计算机服务软件业指数上季度升幅最大，本季度是唯一上升的，政策拉动作用显现。反映宏观经济感受状况的行业总体运行指数上升4.5点；反映总体经营状况的企业综合经营指数上升4.6点；产品订货指数上升2.4点；盈亏指数上升4.0点；流动资金指数上升3.8点，应收未收的到期货款下降，指数上升1.5点；固定资产投资指数上升2.8点。但是，企业营业收入指数下降1.5点，产品销售价格指数下降2.4点，融资指数下降0.9点。

交通运输邮政仓储业降幅最大，住宿餐饮业次之。交通运输邮政仓储业行业总体运行指数下降5.0点；企业综合经营指数下降5.6点；业务预订指数下降5.6点，业务量指数下降4.8点；流动资金指数下降2.5点；固定资产投资指数下降5.6点。较好的是应收未收到期货款下降，指数上升1.9点，融资指数上升4.8点；盈亏指数上升2.5点。住宿餐饮业行业总体运行指数下降4.0点；企业综合经营指数下降3.2点；企业业务预订指数下降3.0点，企业营业收入下降3.6点，企业收费（服务）价格指数下降3.6点，客房入住率指数下降3.8点；流动资金指数下降2.7点；固定资产投资指数下降5.0点；盈亏指数下降2.9点。较好的是企业营业成本下降，指数上升4.3点；融资指数上升3.7点。

房地产业指数继续下降，建筑业指数由升转降。房地产业行业总体运行指数下降4.0点；企业综合经营指数下降4.7点；流动资金指数下降5.1点，融资指数下降2.4点；固定资产投资指数下降2.4点；盈亏指数下降4.3点。较好的是商品房预售面积指数上升4.1点；生产成本下降，竞拍土地价格指数和员工平均薪酬指数分别上升3.8点和4.6点。建筑业新签订工程合同指数下降2.3点，企业来自国（境）外的工程合同指数下降3.0点，新开工工程量指数下降3.0点，工程结算收入指数下降1.6点；应收未收的到期货款上升，指数下降1.6点，融资指数下降3.0点；固定资产投资指数下降4.6点；盈亏指数下降3.9点。较好的是行业总体运行指数上升1.6点；生产成本下降，建筑材料购进价格指数和员工平均薪酬指数均上升4.2点。

批发零售业和社会服务业指数继续下降。批发零售业行业总体运行指数下降4.1点；反映市场状况的产品平均销售价格指数下降3.7点，订单指数下降5.3点，其中国外订单指数下降4.6点，库存增加，指数下降4.3点；流动资金指数下降5.7点，融资指数下降2.4点；固定资产投资指数下降5.6点。较好的是企业成本下降，指数上升4.5点，其中原材料购进价格指数和员工平均薪酬指数分别上升3.6点和5.4点；盈亏指数上升5.4点。

社会服务业企业综合经营指数下降4.5点；服务（业务）预订量指数下降3.7点；融资指数下降1.2点；固定资产投资指数下降4.9点；盈亏指数下降3.2点。较好的是业务收费（服务）价格指数上升5.6点；成本下降，员工平均薪酬指数上升5.7点；应收未收货款下降，指数上升5.9点。

在8个分行业中，本季度比较突出的共性状况，一是企业对于宏观经济感受较一般，但对本企业的综合经营状况不看好。二是企业投资意愿不强。三是企业成本状况相对好一些，其中生产成本特别是人力成本明显下降。调查显示，停产、半停产、关闭的企业明显增加。

（2）分项指数3升5降

综合经营指数、市场指数、劳动力指数、投入指数和效益指数为102.2、91.1、106.9、95.1和74.8，分别下降2.9、1.6、1.7、3.1和0.9点；宏观经济感受指数、成本指数和资金指数为106.2、96.7和96.4，分别上升0.4、3.7和1.4点。宏观经济感受指数、综合经营指数和劳动力指数处于景气临界值100以上。

宏观经济感受指数基本持平，综合经营指数降幅较大。宏观经济感受指数由降转升，除交通运输邮政仓储业、房地产业、批发零售业和住宿餐饮业指数分别下降4.4、2.0、2.8和4.5点外，其他分行业指数均上升，特别是建筑业、信息传输计算机服务软件业分别上升3.1和3.0点。综合经营指数连续两个季度下降，只有批发零售和信息传输计算机服务软件业综合经营指数分别上升1.1和4.6点，工业、建筑业、交通运输邮政仓储业、房地产业、社会服务业和住宿餐饮业分别下降3.2、0.7、5.6、4.7、4.5和3.2点。调查显示，70%的受访企业对宏观经济表示乐观或一般，比上季度上升4个百分点；71%的受访企业反馈企业综合经营状态良好或一般，比上季度下降9个百分点。

成本和资金指数上升。成本指数除交通运输邮政仓储业下降3.8点外，工业、建筑业、房地产业、批发零售业、社会服务业、信息传输计算机服务软件业、住宿餐饮业分别上升4.9、0.7、4.2、4.5、3.9、5.5、3.4点。资金指数由降转升，除建筑业、房地产业和批发零售业指数分别下降1.7、1.0和1.0点外，工业、交通运输邮政仓储业、社会服务业、信息传输计算机服务软件业、住宿餐饮业分别上升2.1、1.4、2.3、1.5和2.1点。调查显示，反馈流动资金好转、应收账款减少、融资难度降低的企业所占比例均上升1个百分点。

市场指数本季度继续下降。除房地产业、信息传输计算机服务软件业市场指数分别上升0.6和0.2点外，工业、建筑业、交通运输邮政仓储业、批发零售业、社会服务业和住宿餐饮业分别下降1.1、2.3、4.0、3.9、1.4和3.3点。调查显示，企业反馈订货量比上年同期减少或持平的比例为80%，比上季度增加1个百分点；在受访有国外订单的企业中，89%的企业反馈国外订单量减少或持平，比上季度增加2个百分点；80%的企业反馈产品的销售量减少或持平，比上季度增加1个百分点。

投入指数降幅最大，效益指数略有下降。投入指数连续三个季度下降，降幅增大。除信息传输计算机服务软件业上升2.8外，工业、建筑业、交通运输邮政仓储业、房地产业、批发零售业、社会服务业和住宿餐饮业分别下降 2.0、4.6、5.6、2.4、5.6、4.9 和 5.0 点。效益指数连续三个季度下降，本季度降幅收窄。除交通运输邮政仓储业、批发零售业和信息传输计算机服务软件业指数分别上升 2.5、5.4、4.0 点外，工业、建筑业、房地产业、社会服务业和住宿餐饮业指数分别下降 1.2、3.9、4.3、3.2 和 2.9 点。调查显示，90%的企业反馈增亏减赢或盈亏不变，比上季度增加 4 个百分点。

劳动力指数由升转降，特别是劳动力需求不旺。劳动力需求指数 107.6，下降 3.8 点；劳动力供应指数 106.2，上升 0.4 点。在需求方面，8 个分行业指数均下降，工业、建筑业、交通运输邮政仓储业、房地产业、批发零售业、社会服务业、信息传输计算机服务软件业和住宿餐饮业分别下降 3.8、3.7、4.2、4.5、4.4、3.2、3.1 和 4.0 点。从需求结构看，普通劳动力、技术工人和大专以上毕业生需求指数分别下降 4.3、4.0 和 3.2 点。劳动力需求不旺成为本季度又一个突出的共性状况。

三季度东、中、西部指数为 93.9、91.2、95.0，东部和中部继续下降，分别下降 2.4 和 2.2 点。西部止降回升，上升 4.5 点。从工业指数来看，东部下降幅度最大，中部次之，西部上升。

1.3.4 第四季度中国中小企业发展指数

2014 年四季度中国中小企业发展指数（SMEDI）为 92.8，比三季度下降 0.3 点，降幅收窄。分行业指数下降的面有所缩小，为 4 升 4 降，分项指数为 3 升 5 降。当前经济运行仍然处在合理区间，突出的矛盾是下行压力加大。预计 2015 年一季度中小企业发展指数由降转升的难度仍然不小。

（1）分行业指数 4 升 4 降

交通运输邮政仓储业、房地产业、社会服务业和住宿餐饮业指数分别为 85.8、100.9、97.5 和 77.4，分别上升 0.7 点、0.6 点、0.7 点和 0.9 点。工业、建筑业和批发零售业指数为 91.9、95.1 和 92.2，延续上季度下降趋势，分别下降 0.6、0.5 和 1.5 点。信息传输计算机服务软件业指数为 92.7，由上季度上升 2.4 点转为本季度下降 2.8 点，由升幅最大转为降幅最大。房地产业指数继续成为唯一处于景气临界值 100 以上的分行业指数。

工业指数继续下降，降幅比上季度有所收窄。反映对宏观经济形势看法的宏观经济感受指数下降 5.0 点；反映资金状况的流动资金指数下降 3.2 点，应收未收的到期货款上升，指数下降 4.0 点，较好的是融资指数上升 1.8 点；反映市场状况的销售价格指数下降 4.6 点，产成品库存上升，指数下降 3.9 点；反映效益状况的盈亏指数下降 0.3 点。较好的是反映投入状况的固定资产投资指数上升 1.6 点，科技投入指数上升 2.0 点；反映成本状况的原材料购进价格下降，指数上升 1.2 点，但人力成本上升，员工平均薪酬指数下降 3.2 点。

房地产业指数转降为升，升幅不大。行业总体运行指数上升 1.2 点；企业综合经营指数上升 1.9 点；房屋竣工面积指数上升 2.6 点，完成土地开发面积指数上升 2.4 点；人力成本下降，员工平均薪酬指数上升2.4点；流动资金指数上升3.5点，融资指数上升1.1点；固定资产投资指数上升0.8点；盈亏指数上升1.1点。但是，商品房预售面积指数下降1.7点；商品房销售面积指数下降4.0点；竞拍土地价格指数下降3.8点；应收未收的到期货款上升，指数下降3.1点。

交通运输邮政仓储业指数转降为升。行业总体运行指数上升1.8点；企业综合经营指数上升1.4点；业务预订指数上升1.8点，业务量指数上升1.5点；业务成本下降，指数上升1.5点；固定资产投资指数上升1.7点；盈亏指数上升1.9点。但是，业务收费价格指数下降3.5点；人力成本上升，员工平均薪酬指数下降4.3点；应收未收的到期货款上升，指数下降4.3点，融资指数下降4.4点。

建筑业指数继续下降，降幅不大。行业总体运行指数下降5.0点；企业综合生产经营状况指数下降3.5点；新签订工程合同指数下降3.0点，企业来自国（境）外的工程合同指数下降3.5点，新开工工程量指数下降4.0点；人力成本上升，员工平均薪酬指数下降4.9点。较好的是应收未收的到期货款下降，指数上升2.9点，但流动资金指数下降2.9点；固定资产投资指数上升2.3点；盈亏指数上升1.5点。

批发零售业指数继续下降。宏观经济感受指数下降4.0点；企业综合经营指数下降2.2点；产品平均销售价格指数下降3.0点，订单指数下降1.0点，其中国外订单指数下降5.0点；生产成本上升，企业经营费用指数下降2.8点；融资指数下降4.2点；盈亏指数下降3.5点。较好的是行业总体运行指数上升1.7点；原材料购进价格和员工平均薪酬下降，指数分别上升4.0点和2.0点；固定资产投资指数上升1.6点。

社会服务业指数转降为升。企业综合经营指数上升1.9点；业务收费（服务）价格指数上升2.1点；固定资产投资指数上升2.1点；盈亏指数上升2.4点。但是，行业总体运行指数下降2.1点；生产成本上升，营业成本指数下降3.7点，人力成本上升，员工平均薪酬指数下降3.5点；应收未收的到期货款增加，指数下降3.0点，融资指数下降2.9点。

信息传输计算机服务软件业指数降幅最大。反映宏观经济感受的指数下降2.9点，行业总体运行指数下降2.1点；反映总体经营状况的企业综合经营指数下降3.9点；反映市场状况的产品订货指数下降3.0点，产品销售（服务收费）价格指数下降2.9点；生产成本上升，指数下降3.2点，人力成本上升，员工平均薪酬指数下降4.6点；流动资金指数下降4.8点，融资指数下降4.2点，应收未收的到期货款上升，指数下降3.6点；固定资产投资指数下降1.3点；盈亏指数下降2.9点。

住宿餐饮业转降为升。宏观经济感受指数上升2.3点；企业综合经营指数上升1.0点；反映市场状况的企业业务预订指数上升1.8点，企业营业收入上升2.7点，企业收费（服务）价格指数上升1.6点，客房入住率指数上升1.1点；流动资金指数上升2.4点；固定资产投资指数上升1.5点；盈亏指数上升1.3点。但是，企业营业成本上升，指数下降4.3点，人力成本上升，员工平均薪酬指数下降3.9点；应收未收的到期货款上升，指数下降3.5点。

在8个分行业指数中，除信息传输计算机服务软件业指数和批发零售业指数降幅较大外，其他分行业指数升降幅度不大，中小企业发展指数整体状况与上季度相比没有大的变化。通过指数反映的本季度比较突出的行业共性状况，一是企业投资意愿偏低的状况有所改善，二是企业盈亏指数低位略升，三是企业人力成本明显上升，四是企业应当提高对于宏观经济、本行业以及本企业未来向好的信心。

（2）分项指数3升5降

宏观经济感受指数、市场指数、成本指数、资金指数和劳动力指数为104.0、90.0、96.2、94.8和106.6，分别下降2.2、1.1、0.5、1.6和0.3点；综合经营指数、投入指数和效益指数为102.3、96.8和75.0，分别上升0.1、1.7和0.2点。宏观经济感受指数、综合经营指数和劳动力指数处于景气临界值100以上。

宏观经济感受指数转升为降，其中除交通运输邮政仓储业、房地产业和住宿餐饮业指数分别上升1.9、0.2和1.8点外，其他分行业指数均下降，特别是建筑业和工业分别下降4.7和2.9点。

综合经营指数转降为升，其中除建筑业、批发零售业和信息传输计算机服务软件业分别下降3.5、2.2和3.9点外，工业、交通运输邮政仓储业、房地产业、社会服务业和住宿餐饮业分别上升0.3、1.4、1.9、1.9和1.0点。调查显示，77%的受访企业对宏观经济表示不乐观或一般，比上季度上升3个百分点；69%的受访企业反馈企业综合经营状态不佳或一般，比上季度下降1个百分点。

成本指数和资金指数转升为降。成本指数中除工业、建筑业、交通运输邮政仓储业分别上升0.5、1.4和1.5点外，房地产业、批发零售业、社会服务业、信息传输计算机服务软件业和住宿餐饮业分别回落0.7、2.8、3.7、3.2和4.2点。资金指数中除建筑业、房地产业和住宿餐饮业分别上升0.1、0.6和0.5点外，工业、交通运输邮政仓储业、批发零售业、社会服务业和信息传输计算机服务软件业分别回落1.8、2.7、0.4、2.3、4.2点。调查显示，反馈员工平均薪酬上升的企业所占比例上升6个百分点，应收未收的到期账款增加的企业所占比例上升8个百分点。

市场指数连续三个季度下降，本季度降幅有所收窄。其中除交通运输邮政仓储业、房地产业、社会服务业和住宿餐饮业指数分别上升0.4、0.2、1.0和1.9点外，工业、建筑业、批发零售业和信息传输计算机服务软件业市场指数分别下降1.9、1.3、1.0和2.8点。调查显示，企业反馈订货量比上年同期减少的比例为53%，比上季度增加1个百分点；在受访的有国外订单的企业中，44%的企业反馈国外订单量减少，比上季度增加6个百分点；54%的企业反馈产品的销售量减少，比上季度增加1个百分点。

投入指数和效益指数均由连续三个季度下降转为上升。投入指数中除信息传输计算机服务软件业下降1.3点外，工业、建筑业、交通运输邮政仓储业、房地产业、批发零售业、社会服务业和住宿餐饮业分别上升1.8、2.3、1.7、0.8、1.6、2.1和1.5点。效益指数中除工业、批发零售业和信息传输计算机服务软件业指数分别下降0.3、3.5和2.9点外，建筑业、交通运输邮政仓储业、房地产业、社会服务业和住宿餐饮业指数分别回升 1.5、1.9、1.1、2.4 和 1.3 点。调查显示，39% 的企业反馈本季度固定资产投资增加，比上季度增加 7 个百分点。

劳动力指数继续下降，降幅收窄。劳动力需求指数 107.5，下降 0.1 点；劳动力供应指数 105.8，下降 0.4 点。其中，普通劳动力需求指数下降 2.0 点，供应指数上升 0.4 点；技术工人需求指数上升 1.7 点，供应指数上升 1.6 点；大专以上毕业生需求指数下降 0.2 点，供应指数下降 3.2 点。从分行业情况看，在需求方面，除建筑业、房地产业、社会服务业和住宿餐饮业分别上升 0.9、2.6、2.3 和 2.5 点外，工业、交通运输邮政仓储业、房地产业、批发零售业、信息传输计算机服务软件业和住宿餐饮业分别下降 1.1、0.5、1.1 和 1.8 点；在供应方面，除工业、批发零售业和住宿餐饮业供应指数分别上升 0.7、0.9 和 0.2 点外，其他分行业都是下降的。可以看出，本季度延续了上季度劳动力供需不旺的状况。

四季度东、中、西部指数分别为 93.2、93.0、93.4，东部继续下降 0.7 点；中部转降为升，升幅为 1.8 点；西部转升为降，降幅为 1.5 点。从工业指数来看，西部下降幅度最大，东部次之，中部上升。

1.4　2014 年促进中小企业发展政策体系

2014 年，我国相继出台了多项扶持中小企业特别是小型、微型企业发展的政策，内容涵盖了中小企业经营管理的各个方面，使得支持中小企业加快发展的政策体系更加完善，有效推动了我国中小企业的蓬勃发展。

1.4.1　综合性政策

国家有关部门，从抓好现有政策贯彻落实、完善中小企业服务体系等方面支持小微企业发展。当前支持小微企业发展的政策取向主要包括五个方面。

一是进一步改善发展环境。在各相关部门共同努力下，国务院印发了《关于扶持小型微型企业健康发展的意见》（国发〔2014〕52 号），各有关部门出台了一系列支持小微企业发展的政策措施。尤其是上市制度改革等一系列改革举措的实施，极大地激发了创业创新活力，新创企业大量涌现。其中，财税部门进一步加大了税收支持力度，比如将小微企业减半征收企业所得税由年应纳税所得额低于 6 万元进一步提高至 10 万元，将小微企业、个体工商户暂免征收增值税、营业税的标准，由月销售额2万元提高到3万元，等等，政策针对性强，含金量高。河北、山西、吉林等地共出台促进中小企业发展配套文件47个，从资金引导、减轻税负、缓解融资难等方面提出具体措施。同时，为切实解决政策落实“最后一公里”问题，国务院专门派出督查组，对14个省市支持小微企业发展政策落实情况进行了督查，对发现的问题督促相关地方进行了认真整改，确保了政策措施落地实施、取得实效。

二是进一步缓解融资难融资贵问题。多措并举着力缓解企业融资成本高问题，着力解决小微企业倒贷（借助外部高成本搭桥资金续借贷款）问题，降低小微企业融资成本，推动小微企业健康发展。通过加快小微企业信用体系建设，改善地方金融生态环境，促进普惠金融发展。截至2014年底，小微企业贷款增速比各项贷款平均增速高4.2个百分点。2014年，中央财政14.1亿元支持的744家担保机构，新增中小企业担保贷款1.27万亿元，受保中小企业32.4万户。此外。各地还通过建立成长型、“专精特新”型中小企业项目库，开展多种形式的银企对接活动，并通过发行中小企业集合债，设立股权投资基金，开展融资租赁，建立应急资金等方式，多渠道帮助中小企业缓解融资难融资贵。

三是进一步推进企业减负工作。2014年6月，国务院办公厅出台了《关于进一步加强涉企收费管理减轻企业负担的通知》（国办发〔2014〕30号），明确建立支持小微企业的长效机制，全面落实已出台的各项收费减免措施，将暂免小微企业管理类、登记类和证照类行政事业性收费改为长期措施。工业和信息化部充分发挥国务院减轻企业负担联席会议协调机制作用，推动建立涉企收费清单制度，督促各地公布相应收费清单并实现常态化公示，大力减轻小微企业负担，减低大众创业成本，加快万众创新步伐。

四是进一步完善公共服务体系。截至2014年底，各地中小企业公共服务平台网络已累计带动服务资源5万多个，服务企业143万家（次）。实行有进有出的动态管理，新认定国家中小企业公共服务示范平台99家，取消7家示范平台资格。与此同时，继续推动实施创办小企业计划，各地共认定小企业创业基地1700多家，入驻企业10多万户，提供就业岗位420万个。继续举办大学生百日招聘活动，共有9100余家中小企业发布了招聘信息，28万名大学生提交了就职信息。建立和完善中小企业管理咨询专家库，鼓励和引导管理咨询机构开展中小企业管理诊断和管理咨询服务。各地通过国家中小企业银河培训工程、中小企业大讲堂等平台，广泛开展中小企业经营管理者等方面的培训，据不完全统计，2014年各地共培训各层次人才280万人次。

五是进一步加大转型升级工作力度。实施了中小企业知识产权战略推进工程，在32个城市试点培育一批具有知识产权优势的中小企业，在59个中小企业集聚区开展知识产权托管试点工作。开展中小企业创新转型试点工作，实施了万企转型升级行动计划。还开展了中小企业两化融合和信息化推进工作，引导信息化服务商为中小企业开展线上线下培训和应用推广活动近千万人次。

下面对有关的政策进行逐一的梳理和解读。

（1）注册资本登记制度改革

国务院于 2 月 18 日发布《注册资本登记制度改革方案》（下称《方案》）。《方案》提出，将通过改革公司注册资本及其他登记事项，进一步放松对市场主体准入的管制，降低准入门槛，并进一步转变监管方式，强化信用监管，提高监管效能，激发各类市场主体创造活力。

①降低注册资本门槛。此次注册资本登记制度改革的核心，是注册资本由实缴登记制改为认缴登记制，并放宽注册资本登记条件。

根据新修订的公司法和《方案》，公司、公司股东（发起人）在注册资本管理方面增加了一系列权利：一是自主约定注册资本总额，取消有限责任公司最低注册资本 3 万元、一人有限责任公司最低注册资本 10 万元、股份有限公司最低注册资本 500 万元的限制，也就是说理论上可以"一元钱办公司"；二是自主约定公司设立时全体股东（发起人）的首次出资比例，也就是说理论上可以"零首付"；三是自主约定出资方式和货币出资比例，对于高科技、文化创意、现代服务业等创新型企业可以灵活出资，提高知识产权、实物、土地使用权等财产形式的出资比例，克服货币资金不足的困难；四是自主约定公司股东（发起人）缴足出资的期限，不再限制两年内出资到位，提高公司股东（发起人）资金使用效率。

在登记注册环节，改革后，公司实收资本不再作为工商登记事项。在进行公司登记时，也无需提交验资报告。注册资本登记制度上述改革对于创业者而言，意味着注册公司门槛和创业成本得到最大程度的降低。

②简化住所登记手续。《方案》提出简化市场主体住所（经营场所）登记手续，由省级人民政府根据法律法规的规定和本地区管理的实际需要，自行或者授权下级人民政府作出具体规定。

现实中，很多企业，特别是小微企业、初创企业、新业态等，对住所（经营场所）的要求很低。由各地根据本地区实际，简化登记手续，有利于释放场地资源，方便市场主体准入。中国区域经济发展不平衡，对城市管理的要求也不同，因此对住所（经营场所）的条件不能"一刀切"。

③减轻市场主体负担。2013 年底，工商总局发文暂停了个体户验照工作。此次出台的改革方案明确提出将企业年度检验制度改为企业年度报告公示制度，同时，将个体工商户验照制度也改为年度报告制度，并探索实施农民专业合作社年度报告制度。

从《方案》看，此次注册资本登记制度改革，要求转变监管理念和方式，强化信用监管、协同监管和社会共治，更加注重运用信息公示、信息共享、信用约束等手段，形成部门协同监管、行业自律、社会监督和主体自治相结合的市场监管格局。"强调企业在享有改革赋予更多便利条件的同时，也要依法承担相应的信息公示等义务和责任。"

市场主体信用信息公示体系不仅要在工商系统内部实现跨地区互联互通，更应与中国人民银行的基础信用数据库、税务机关和最高法院的信用系统联网。"形成跨部门、跨领域、跨地域的黑名单，让违法主体一处失信，处处受限。”

此外，《方案》还提出，要推行电子营业执照和全程电子化登记管理。积极推行全国统一标准规范的电子营业执照，推进以电子营业执照为支撑的网上申请、网上受理、网上审核、网上公示、网上发照等全程电子化登记管理方式，为市场主体登记提供更多便利。

（2）促进小型微型企业健康发展

国务院印发《关于扶持小型微型企业健康发展的意见》（以下简称《意见》）（国发〔2014〕52号），从资金支持、财税优惠、创业基地建设、促进企业信息互联互通等方面提出一系列政策措施，扶持小微企业（含个体工商户）健康发展。

《意见》指出，正在实施的工商登记制度改革极大地激发了市场活力和创业热情，小微企业数量快速增长，为促进经济发展和社会就业发挥了积极作用，但它们在发展中也面临一些困难和问题。为此，《意见》提出了十方面的政策措施。

一是充分发挥现有中小企业专项资金的引导作用，鼓励地方中小企业扶持资金将小型微型企业纳入支持范围。

二是认真落实已经出台的支持小型微型企业税收优惠政策，根据形势发展的需要研究出台继续支持的政策。小型微型企业从事国家鼓励发展的投资项目，进口项目自用且国内不能生产的先进设备，按照有关规定免征关税。

三是加大中小企业专项资金对小企业创业基地（微型企业孵化园、科技孵化器、商贸企业集聚区等）建设的支持力度。鼓励大中型企业带动产业链上的小型微型企业，实现产业集聚和抱团发展。

四是对小型微型企业吸纳就业困难人员就业的，按照规定给予社会保险补贴。自工商登记注册之日起3年内，对安排残疾人就业未达到规定比例、在职职工总数20人以下（含20人）的小型微型企业，免征残疾人就业保障金。

五是鼓励各级政府设立的创业投资引导基金，积极支持小型微型企业。积极引导创业投资基金、天使基金、种子基金投资小型微型企业。符合条件的小型微型企业可按规定享受小额担保贷款扶持政策。

六是进一步完善小型微型企业融资担保政策。大力发展政府支持的担保机构，引导其提高小型微型企业担保业务规模，合理确定担保费用。进一步加大对小型微型企业融资担保的财政支持力度，综合运用业务补助、增量业务奖励、资本投入、代偿补偿、创新奖励等方式，引导担保、金融和外贸综合服务企业等为小型微型企业提供融资服务。

七是鼓励大型银行充分利用机构和网点优势，加大小型微型企业金融服务专营机构建设力度。引导中小型银行重点支持小型微型企业和区域经济发展。引导银行业金融机构针对小型微型企业创新产品和服务，单列小型微型企业信贷计划。大力推进具备条件的民间资本依法发起设立中小型银行等金融机构。

八是高校毕业生到小型微型企业就业的，其档案可由当地市、县一级的公共就业人才服务机构免费保管。

九是建立支持小型微型企业发展的信息互联互通机制。依托工商行政管理部门的企业信用信息公示系统，在企业自愿申报的基础上建立小型微型企业名录，集中公开各类扶持政策及企业享受扶持政策的信息。通过信息公开和共享，利用大数据、云计算等现代信息技术，推动政府部门和银行、证券、保险等专业机构提供更有效的服务。加强对小型微型企业的跟踪调查与监测分析。

十是大力推进小型微型企业公共服务平台建设，加大政府购买服务力度，为小型微型企业免费提供管理指导、技能培训、市场开拓、标准咨询、检验检测认证等服务。

《意见》要求各地区、各部门结合实际，在落实好已有小微企业扶持政策的基础上，加大对有关政策的解读、宣传力度，简化办事流程，提高服务效率，确保各项政策尽快落实。

《意见》篇幅不长、条数不多，但内容涵盖广泛，有针对性地扶持小微企业发展。此次《意见》相比以往的措施有 4 个突出特点。具体来讲，小微企业发展“新国十条”的设计初衷就是针对新设立的小微企业；针对小微企业面临的普遍问题，对支持和扶持的政策措施进行了一定程度的整合集中；注重解决政策落实的“最后一公里”问题；首次明确了扶持小微企业的各种政策适用于个体工商户。

（3）减轻企业负担

国务院办公厅印发《关于进一步加强涉企收费管理减轻企业负担的通知》（以下简称《通知》），部署加强涉企收费管理工作，进一步减轻企业负担。

《通知》指出，进一步加强涉企收费管理、减轻企业负担是贯彻落实党的十八届三中全会精神和国务院部署要求的重要举措，有利于进一步推进简政放权，建立权力清单制度，也有利于发挥市场配置资源的决定性作用，激发企业特别是小微企业的活力。

《通知》明确提出了进一步加强涉企收费管理、减轻企业负担的重点任务：一是建立和实施涉企收费目录清单制度，对涉企行政事业性收费、政府性基金和实施政府定价或指导价的经营服务性收费实行目录清单管理并对外公开，接受社会监督。各地区、各部门必须严格执行目录清单，目录清单之外的涉企收费，一律不得执行。

二是从严审批涉企行政事业性收费和政府性基金项目，新设立收费项目必须依据有关法律、行政法规的规定；对没有法律、行政法规依据但按照国际惯例或对等原则确需设立的，要报国务院批准。要不断完善收费管理，加强与产业政策的协调配合，建立多层次监督体系，进一步强化事中和事后监管。

三是切实规范行政审批前置服务项目及收费，对没有法律法规依据的行政审批前置服务项目一律取消。各地区、各部门在公开行政审批事项清单的同时，要将涉及收费的行政审批前置服务项目公开，并引入竞争机制，通过市场调节价格。个别确需实行政府定价、指导价的行政审批前置服务实行政府定价目录管理，严格核定服务成本，制定服务价格。

四是坚决查处各种侵害企业合法权益的违规行为，取消违规设立的各种涉企收费项目。对违规收费行为要坚决予以曝光，并按照法律法规及党中央国务院有关规定进行严肃处理，追究有关人员的法律责任。建立企业负担调查信息平台，完善举报和反馈机制。

五是全面深化涉企收费制度改革。按照“正税清费”原则，通过清理取消和整合规范，逐步减少涉企收费项目数量。建立支持小微企业的长效机制，将暂免管理类、登记类和证照类行政事业性收费改为长期措施。加强涉企收费政策宣传评估，研究完善保护企业权益的相关法律法规。

《通知》强调，各地区、各部门要充分认识进一步加强涉企收费管理、减轻企业负担的重要意义，充分发挥各级减轻企业负担工作机制的作用，加强组织领导，抓好工作落实。

（4）扶助小微企业专项行动

2013 年，工业和信息化部在全国范围内组织开展了扶助小微企业专项行动，取得了积极成效。为使市场在资源配置中起决定性作用和更好发挥政府作用，促进中小企业和非公有制经济健康发展，工业和信息化部于 2014 年 3 月 12 日发布了《关于开展 2014 年扶助小微企业专项行动的通知》，将继续深化扶助小微企业专项行动将支持 500 家以上担保（再担保）机构为小微企业提供担保服务。

方案的主要目标是推动出台扶助小微企业发展的配套政策措施；培育一批“三型”小微企业；认定第三批 100 家国家中小企业公共服务示范平台；开通一批中小企业公共服务平台网络。同时，支持 500 家以上担保（再担保）机构为小微企业提供担保服务；完成 50 万名企业经营管理人员、1000 名领军人才培训，建立针对中小企业服务的管理咨询专家库，提升小微企业管理水平；加大支持小微企业的政策宣传，各省（区、市）组织开展小微企业政策宣传与咨询活动应不少于 10 场（次），人数不少于 2000 人；组织开展第三届减轻企业负担政策宣传周，编印发放《减负政策手册》，完成 3000 家企业网上调查。

1.4.2　金融政策

针对中小企业经营环境日益趋紧、亟待扶持的局面，各级政府及时制定出台了相关政策措施，注重提高政策的针对性和有效性。2014 年国务院出台了多项对中小企业发展至关重要的金融政策。

（1）促进资本市场健康发展

2014 年 5 月 8 日，国务院以国发〔2014〕17 号印发《关于进一步促进资本市场健康发展的若干意见》（下称《意见》）。该《意见》分总体要求、发展多层次股票市场、规范发展债券市场、培育私募市场、推进期货市场建设、提高证券期货服务业竞争力、扩大资本市场开放、防范和化解金融风险、营造资本市场良好发展环境第 9 部分 33 条。

《意见》从九个方面明确了进一步促进资本市场健康发展的总体要求和具体任务。一是紧紧围绕促进实体经济发展，坚持市场化和法治化取向，激发创新活力，拓展资本市场广度深度，提高直接融资比重，积极发展混合所有制经济，促进资本形成和股权流转。二是发展多层次股票市场。积极稳妥推进股票发行注册制改革，加快多层次股权市场建设，鼓励市场化并购重组，完善退市制度，提高上市公司质量，增强持续回报投资者能力。三是规范发展债券市场。积极发展债券市场，发展适合不同投资者群体的多样化债券品种。四是培育私募市场。五是推进期货市场建设。六是提高证券期货服务业竞争力。七是扩大资本市场开放。便利境内外主体跨境投融资，逐步提高证券期货行业对外开放水平，加强跨境监管合作。八是防范和化解金融风险。完善系统性风险监测预警和评估处置机制，健全市场稳定机制，从严查处证券期货违法违规行为，推进证券期货监管转型。九是营造资本市场良好发展环境。

《意见》提出，资本市场改革发展要从我国国情出发，积极借鉴国际经验，处理好“四对关系”：一是市场与政府的关系，二是创新发展与防范风险的关系，三是风险自担与强化投资者保护的关系，四是积极推进与稳步实施的关系。

关于资本市场未来发展的主要任务，《意见》提出，要加快建设多渠道、广覆盖、严监管、高效率的股权市场，规范发展债券市场，拓展期货市场，着力优化市场体系结构、运行机制、基础设施和外部环境，实现发行交易方式多样、投融资工具丰富、风险管理功能完备、场内场外和公募私募协调发展。到 2020 年，基本形成结构合理、功能完善、规范透明、稳健高效、开放包容的多层次资本市场体系。

近年来，随着创业板建立和发展、全国中小企业股份转让系统试点扩大到全国、区域性股权市场积极探索，多层次股票市场初步形成。加快多层次股权市场建设，是健全多层次资本市场体系的一项重要任务。《意见》针对当前存在的突出问题，围绕市场载体、市场主体、市场机制三个角度提出了具体政策措施。

在市场载体方面，目前存在的主要问题是有的市场板块竞争力不强，有的市场板块制度安排不完善，有的市场板块功能定位不清晰等。针对这些问题，《意见》明确了多层次股权市场的体系结构，提出要壮大主板、中小企业板市场，改革创业板市场，加快完善全国中小企业股份转让系统，在清理整顿的基础上将区域性股权市场纳入多层次资本市场体系，从而加快多层次股权市场建设。

在市场主体方面，目前存在的主要问题是上市公司规范化运作水平不高、回报投资者能力不强、激励约束机制不健全等。为此，《意见》紧紧围绕提高上市公司质量这一目标，提出了引导上市公司通过资本市场完善现代企业制度、履行好信息披露义务、增强持续回报投资者能力、规范控股股东和实际控制人行为、鼓励建立市值管理制度、完善股权激励制度、允许按规定通过多种形式开展员工持股计划等政策措施。

在市场机制方面，目前存在的主要问题是市场配置资源的作用尚未得到充分发挥，发行上市、并购重组、公司退出等环节的市场化程度仍有待提高。《意见》提出，要积极稳妥推进股票发行注册制改革，建立和完善以信息披露为中心的股票发行制度。充分发挥资本市场在企业并购重组过程中的主渠道作用，实现公司产权和控制权跨地区、跨所有制顺畅转让。构建符合我国实际并有利于投资者保护的退市制度，逐步形成公司进退有序、市场转板顺畅的良性循环机制。

继续推出大宗资源性产品期货品种，逐步丰富股指期货、股指期权和股票期权品种。

对于债券市场，《意见》按照发展与规范并举的思路提出了相应举措。一手抓发展，就是完善公司债券公开发行制度，发展适合不同投资者群体的多样化债券品种，丰富适合中小微企业的债券品种，统筹推进符合条件的资产证券化发展。一手抓规范，就是加强对债券市场准入、信息披露和资信评级的监管，建立投资者保护制度，加大查处虚假陈述、内幕交易、价格操纵等各类违法违规行为的力度。

在推进期货市场建设方面，《意见》从两方面提出了政策措施。一是发展商品期货市场。继续推出大宗资源性产品期货品种，发展商品期权、商品指数、碳排放权等交易工具，比如，原油、天然气、电力等期货品种，有色金属、农产品等商品类指数期货产品，以及服务生态文明建设的碳排放权期货等环保类衍生品。二是建设金融期货市场。平稳有序发展金融衍生产品，包括权益类、利率类、汇率类三大类金融衍生品。在此基础上，《意见》还重点强调要逐步丰富股指期货、股指期权和股票期权品种；逐步发展国债期货。

值得关注的是，《意见》还单列一条对培育私募市场作出具体部署，这在国务院文件中是第一次。对此，证监会新闻发言人表示，我国资本市场在过去20多年中，主要围绕交易所市场和公募市场展开，私募市场刚刚起步，发展空间和潜力巨大。为培育私募市场，《意见》提出了证券私募发行的总体要求。在实践中，私募投资基金是重要的投资主体，因此《意见》对发展私募投资基金进行了专门规定。

针对我国资本市场容易大起大落，提出健全市场稳定机制的政策措施。

一是完善系统性风险监测预警和评估处置机制。二是健全市场稳定机制。我国资本市场由于起步晚、建设时间短，体制机制不健全，市场自我调节能力不足，容易大起大落。《意见》立足我国国情，充分借鉴成熟市场经验，提出了健全市场稳定机制的政策措施。主要包括，要求各地区、各部门在出台政策时充分考虑资本市场的敏感性，做好新闻宣传和舆论引导工作；完善市场交易机制，丰富市场风险管理工具；建立健全金融市场突发事件快速反应和处置机制；健全稳定市场预期机制。三是从严查处证券期货违法违规行为。加强违法违规线索监测，提升执法反应能力。严厉打击证券期货违法犯罪行为。四是推进证券期货监管转型。

此外，促进资本市场的健康发展，离不开完善的外部环境，《意见》对此强调了六个方面，包括健全法规制度，重点是推进证券法修订和期货法制定工作；坚决保护投资者特别是中小投资者合法权益；统筹研究有利于进一步促进资本市场健康发展的税收政策等。

（2）缓解企业融资成本高的问题

国务院办公厅8月14日印发《关于多措并举着力缓解企业融资成本高问题的指导意见》（以下简称《意见》），要求金融部门采取综合措施，着力缓解企业融资成本高问题，促进金融与实体经济良性互动。

《意见》指出，当前我国经济形势总体向好，但仍存在不稳定因素，下行压力仍然较大，结构调整处于爬坡时期，解决好企业特别是小微企业融资成本高问题，对于稳增长、促改革、调结构、惠民生具有重要意义。

《意见》提出了十个方面的政策措施，并明确了职责分工。一要继续坚持稳健的货币政策，保持信贷总量合理增长，着力调整结构，优化信贷投向。二要抑制金融机构筹资成本的不合理上升，遏制变相高息揽储，维护良好的金融市场秩序。三要缩短企业融资链条，清理不必要的环节，整治层层加价行为。理财产品资金运用原则上应与实体经济直接对接。四要清理整顿不合理收费，对直接与贷款挂钩、没有实质服务内容的收费，一律取消。规范担保、评估、登记等收费，严禁“以贷转存”、“存贷挂钩”等行为。五要优化商业银行小微企业贷款管理，采取续贷提前审批、设立循环贷款等方式，提高贷款审批发放效率。研究对小微企业贷款实行差别化监管要求。六要完善商业银行考核评价指标体系，引导商业银行纠正单纯追逐利润、攀比扩大资产规模的行为。七要积极稳妥发展面向小微企业和“三农”的特色中小金融机构，加快推动具备条件的民间资本依法发起设立中小型银行等金融机构，促进市场竞争，增加金融供给。八要大力发展直接融资，发展多层次资本市场，支持中小微企业依托中小企业股份转让系统开展融资，扩大中小企业债务融资工具及规模。九要大力发展支持小微企业等获得信贷服务的保险产品，开展“保险 + 信贷”合作。积极发展政府支持的担保机构，扩大小微企业担保业务规模。十要有序推进利率市场化改革，充分发挥金融机构利率定价自律机制作用，增强财务硬约束，提高自主定价能力。

《意见》强调，解决企业融资成本高问题的根本出路在于全面深化改革，多措并举，标本兼治，重在治本。要通过转变经济发展方式、调整经济增长结构、形成财务硬约束和发展股本融资来降低杠杆率，消除结构性扭曲。

《意见》要求，各地区、各部门要高度重视降低企业融资成本的相关工作，加强组织领导和分工协作，对各项任务落实要有布置、有督促、有检查。人民银行要会同有关部门对《意见》落实情况进行检查督促，定期向国务院报告落实情况。

(3) 加快小微企业和农村信用体系建设

为贯彻落实国务院关于金融支持小微企业和农村经济发展的工作要求，加快小微企业和农村信用体系建设，做好对小微企业、农户等经济主体的信息服务，着力改善小微企业和“三农”金融服务，促进普惠金融发展，中国人民银行《关于加快小微企业和农村信用体系建设的意见》（银发〔2014〕37号）现提出意见如下。

一是关于工作任务。

①完善信用信息征集体系。信用信息征集是小微企业和农村信用体系建设的基础，要采取多种方式完善信用信息征集体系。

优化小微企业、农户信息采集。加强组织领导，推动各相关部门建立和完善小微企业、农户等经济主体的信息记录；根据《中小企业信用体系建设基本数据项指引》和《农村信用体系建设基本数据项指引》（银办发〔2013〕62号文印发），结合当地小微企业、农户等经济主体的特点和信息分布情况，确定采集指标体系；完善信息征集机制，采取数据报送、直接征集、信息系统联网共享等多种方式征集信息。

加快电子化档案建设。按照以用促征、先易后难、稳步推进的思路，多渠道、多方式整合各类信用信息资源和建立小微企业、农户等经济主体的信用档案，实现信息的持续更新，完善信用信息的共享机制。

②建立信用评价机制。发挥地方政府及各相关部门、金融机构、中介机构的力量，以小微企业、农户等经济主体的信用信息为基础，建立、完善适合小微企业、农户等经济主体的信用评价机制。

推动小微企业信用评级（分）。鼓励评级机构制定适合小微企业特点的评级方法体系，按照市场化原则推动评级机构为小微企业评定信用等级。推动政府部门、金融机构等以市场化需求为导向，利用小微企业数据库，建立符合当地小微企业特点的评分体系，持续推进小微企业信用评分。

持续推进农村地区信用评定。依托农户信息征集体系，推动建立包括地方政府及各相关部门、金融机构、中介机构等的信用评定组织与工作机制，健全适合当地特点的指标体系和信用评定制度，大力推进“信用户”、“信用村”、“信用乡镇”评定与创建。

③健全信息通报与应用制度。建立小微企业、农户等经济主体的信息共享和应用机制，做好对金融机构、政府部门、社会的信息服务。完善金融机构信息服务。从金融机构需求出发，通过在线网络联通、报表与报告等方式，将小微企业和农户信用信息、信用评级（分）结果、分析报告等向金融机构通报，支持金融机构发现客户，更有效地管理信用风险。

强化政府部门信息服务。动态跟踪政府部门的信息需求，定期或不定期地通过报告、报表等方式向政府部门通报小微企业、农户信用信息，为政府部门制定政策措施提供信息参考。

做好对社会的信息公布。建立信用信息通报制度，确定公布信息的内容、时间、频率、方式，采取定期和不定期相结合，以报告、报表等方式，通过网络或新闻媒体向社会公布小微企业和“三农”发展的信息。

④推进试验区建设。开展试验区建设。选择条件较好的地区开展试验区（名单见附件）建设，在地方政府的领导与大力支持下，建立试验区建设的组织领导与工作机制，制定完善的试验区建设工作方案和组织保障措施，创新工作模式与方法，发挥典型示范作用。原则上小微企业信用体系试验区以地市为主、农村信用体系试验区以县为主。

建立小微企业、农户数据库。按照信息“来源于地方、服务于地方”的思路，结合小微企业、农户业务范围的地方性特点，及信息的可获得性，原则上以地市为主建立小微企业数据库、以县为主建立农户数据库，实现小微企业和农户信息的整合，不断完善信息征集体系。原则上数据库不层层建设、层层上收、层层归集。在有条件的地区，可探索由市场机构按市场化原则依法采集信息，建立小微企业和农户数据库。

建立信息服务平台。以数据库为基础，建立健全信用评价和信息通报与应用机制，形成数据库与网络相结合的信息服务平台，逐步纳入政府部门政策信息、金融机构产品与服务信息、中介机构服务信息、小微企业和农户生产经营信息和融资需求信息，构建集信息征集、信息发布的综合性平台，减少信息不对称。积极推进信用培育和信用对接，促进行政推动与市场机制的相结合，实现多方共赢。

⑤健全政策支持体系。推动政务信息公开。推动政府部门建立健全小微企业、农户等经济主体的信用记录，按照《政府信息公开条例》的规定，切实加强政务信息公开，为市场机构、其他部门征集信息、提供信息服务奠定基础。完善支持政策措施。推动地方政府部门制定以信用评定为基础的小微企业、农户政策支持措施，在资金、技术服务等各方面给予优惠与支持。建立信贷风险补偿和奖励基金，给予小微企业、农户信贷的贴息与风险补偿。将小微企业、农户贷款纳入地方政府对金融机构的考核奖励范围，引导金融机构加大信贷投入。推进融资担保和再担保体系建设，发挥担保等中介机构的信用增进作用，提高信贷的可获得性。

构建信贷激励机制。引导金融机构加强对信用信息的应用，以健全制度、优化流程、创新产品和改善服务为重点，建立针对小微企业、农户的信用评审机制，提高信用评价的真实性，实施信用分类管理，对信用好的小微企业、农户可在授信、利率、服务等方面给予优惠和便利。

⑥发挥宣传引导作用。加强工作宣传引导。积极向政府部门、金融机构等宣传小微企业、农户信用体系建设工作，尤其是试验区建设成效，发挥典型示范作用，提高对该项工作的认识和参与的积极性。

强化信用知识宣传培训。联合政府部门、金融机构、中介机构，多渠道开展对小微企业、农户的信用和金融知识宣传培训，提高小微企业、农户对信用价值的认识，引导小微企业、农户提高对外披露信息的真实性、规范性。

二是关于工作要求。

①加强组织领导。小微企业和农村信用体系建设涉及面广，任务艰巨。人民银行总行负责制定政策措施，组织推进、综合协调与指导；完善试验区建设工作机制，并根据工作进展，确定并公布试验区名单。人民银行各分支机构要高度重视，精心组织，确保工作顺利推进；要争取地方党委、政府尤其是主要领导同志的支持，建立地方政府领导、各相关部门参与的组织协调机制；要整合人民银行各项职责，推动金融机构创新金融产品和服务，构建可持续的工作推进机制。

各金融机构要进一步统一思想，深刻认识小微企业和农村信用体系建设的重要性，积极配合，建立健全工作机制。要将小微企业和农村信用体系建设与完善小微企业和“三农”金融服务有机结合起来，加大基于信用体系建设的金融产品和服务方式创新，进一步改进和完善小微企业和“三农”金融服务，支持实体经济健康发展。

②积极稳步实施。坚持统筹协调、分步实施的工作方针，注意把握工作节奏，积极推进；要加强调研，结合实际，制定切实可行的工作方案和各项制度规定；不断总结工作经验，完善相关政策措施。

③强化交流学习。坚持应用导向，切合实际，探索可行的工作机制与方式，务实推进各项工作任务；加强试验区建设，发挥典型示范作用，促进相互交流与借鉴。

（3）完善和创新小微企业贷款服务

为进一步做好小微企业金融服务，着力解决小微企业倒贷（借助外部高成本搭桥资金续借贷款）问题，降低小微企业融资成本，推动小微企业健康发展，现就完善和创新小微企业贷款服务有关事项通知如下。

①合理确定小微企业流动资金贷款期限。银行业金融机构应当根据小微企业生产经营特点、规模、周期和风险状况等因素，合理设定小微企业流动资金贷款期限，满足借款人生产经营的正常资金需求，避免由于贷款期限与小微企业生产经营周期不匹配增加小微企业的资金压力。

②丰富完善小微企业流动资金贷款产品。鼓励银行业金融机构积极开发符合小微企业资金需求特点的流动资金贷款产品，科学运用循环贷款、年审制贷款等便利借款人的业务品种，合理采取分期偿还贷款本金等更为灵活的还款方式，减轻小微企业还款压力。

③积极创新小微企业流动资金贷款服务模式。对流动资金周转贷款到期后仍有融资需求，又临时存在资金困难的小微企业，经其主动申请，银行业金融机构可以提前按新发放贷款的要求开展贷款调查和评审。符合下列条件的小微企业，经银行业金融机构审核合格后可以办理续贷：依法合规经营；生产经营正常，具有持续经营能力和良好的财务状况；信用状况良好，还款能力与还款意愿强，没有挪用贷款资金、欠贷欠息等不良行为；原流动资金周转贷款为正常类，且符合新发放流动资金周转贷款条件和标准；银行业金融机构要求的其他条件。

银行业金融机构同意续贷的，应当在原流动资金周转贷款到期前与小微企业签订新的借款合同，需要担保的签订新的担保合同，落实借款条件，通过新发放贷款结清已有贷款等形式，允许小微企业继续使用贷款资金。

④科学准确进行贷款风险分类。银行业金融机构根据本通知规定对小微企业续贷的，应当根据企业经营状况，严格按照贷款五级风险分类基本原则、分类标准，充分考虑借款人的还款能力、正常营业收入、信用评级以及担保等因素，合理确定续贷贷款的风险分类；符合正常类标准的，应当划为正常类。

⑤切实做好小微企业贷款风险管理。银行业金融机构开展循环贷款、年审制贷款以及续贷等流动资金贷款产品和服务模式创新的，应当根据自身信贷管理和行业客户等特点，按照风险可控的原则，制定相应管理制度，建立业务操作流程，明确客户准入和业务授权标准，合理设计和完善借款合同与担保合同等配套文件，相应改进信息技术系统。

银行业金融机构应当多渠道掌握小微企业经营与财务状况、对外融资与担保情况、关联关系以及企业主个人资信等信息，客观准确判断和识别小微企业风险状况，防止小微企业利用续贷隐瞒真实经营与财务状况或者短贷长用、改变贷款用途。银行业金融机构要切实加大对续贷贷款的贷后管理力度，加强对客户的实地调查回访，动态关注借款人经营管理、财务及资金流向等状况，及时做好风险评估和风险预警。

银行业金融机构要加强对续贷业务的内部控制，在信贷系统中单独标识续贷贷款，建立对续贷业务的监测分析机制，提高对续贷贷款风险分类的检查评估频率，防止通过续贷人为操纵贷款风险分类，掩盖贷款的真实风险状况。

⑥不断提升小微金融服务技术水平。银行业金融机构要贯彻落实金融支持实体经济发展的要求，加大小微金融投入，要根据小微企业客户的实际需求，不断完善金融服务，优化产品设计，改进业务流程，创新服务方式，持续健全小微企业贷款风险管理机制，积极提升小微企业金融服务技术水平，推动小微企业良性健康发展。

1.4.3　财税政策

2014 年，国家进一步完善结构性减税政策，在减税、减费、设立专项基金、政府采购、进出口等方面，新出台了一批支持中小企业的具体财税政策。

(1) 小型微利企业所得税优惠政策

为了进一步支持小型微利企业发展，经国务院批准，现就小型微利企业所得税政策通知如下：一、自 2014 年 1 月 1 日至 2016 年 12 月 31 日，对年应纳税所得额低于 10 万元（含 10 万元）的小型微利企业，其所得减按 50% 计入应纳税所得额，按 20% 的税率缴纳企业所得税。二、本通知所称小型微利企业，是指符合《中华人民共和国企业所得税法》及其实施条例以及相关税收政策规定的小型微利企业。

(2) 加强中小企业发展专项资金的使用和管理工作

为促进中小企业特别是小型微型企业健康发展，规范和加强中小企业发展专项资金的使用和管理，财政部会同工业和信息化部、科技部、商务部制定了《中小企业发展专项资金管理暂行办法》。

本办法所称中小企业发展专项资金（以下简称专项资金），是指中央财政预算安排，用于支持中小企业特别是小微企业科技创新、改善中小企业融资环境、完善中小企业服务体系、加强国际合作等方面的资金。

专项资金的宗旨是，贯彻落实国家宏观政策和扶持中小企业发展战略，弥补市场失灵，促进公平竞争，激发中小企业和非公有制经济活力和创造力，促进扩大就业和改善民生。

专项资金的使用和管理遵循公开透明、突出重点、统筹管理、加强监督的原则，确保资金使用规范、安全和高效，并向中西部地区倾斜。专项资金综合运用无偿资助、股权投资、业务补助或奖励、代偿补偿、购买服务等支持方式，采取市场化手段，引入竞争性分配办法，鼓励创业投资机构、担保机构、公共服务机构等支持中小企业，充分发挥财政资金的引导和促进作用。

专项资金建立部门共管、专家评审、项目公示、追踪问效的全过程协作管理机制，加强绩效评价及结果运用，实现资金分配的激励和约束。

专项资金由财政部会同工业和信息化部、科技部、商务部（以下统称相关部门）按照职责分工共同管理。

财政部负责专项资金的预算管理和资金拨付，会同相关部门制定资金分配方案，并对资金的使用和管理情况等开展绩效评价和监督检查。

相关部门会同财政部开展专项资金项目管理工作，确定年度支持重点，组织项目申报和评审，并对项目实施情况进行跟踪服务和监督检查。

（3）做好2014年中小企业发展专项资金服务体系和融资环境项目申报工作

根据财政部、工业和信息化部等四部门印发的《中小企业发展专项资金管理暂行办法》（财企〔2014〕38号，以下简称《暂行办法》），为做好2014年中小企业发展专项资金（以下简称专项资金）服务体系和融资环境项目申报工作。

支持重点：一是完善中小企业服务体系：①改善小企业集聚区创业环境；②改善技术改造与产业升级服务环境；③改善信息服务与运行监测环境；④改善培训服务环境；⑤推动职业经理人制度建设；⑥鼓励中小企业参展中国国际中小企业博览会（以下简称中博会）。二是改善中小企业融资环境，重点支持中小企业信用担保机构（以下简称担保机构）、中小企业信用再担保机构（以下简称再担保机构）增强业务能力，提升小微企业担保服务水平和积极性，扩大中小企业特别是小微企业担保业务规模，探索创新小微企业担保业务模式，着力缓解中小微企业融资难问题。

支持方式和额度：一是完善中小企业服务环境项目：①无偿资助；②业务奖励；③政府购买服务。项目申报单位可同时申请无偿资助和业务奖励两种不同方式的支持。项目申报机构无偿资助和业务奖励合计最高支持资金额度不超过500万元。二是改善中小企业融资环境项目：①业务补助；②增量业务奖励；③资本投入；④代偿补偿；⑤创新奖励。单个担保机构、再担保机构最高补助额按《暂行办法》规定执行。担保机构、再担保机构收到的补助资金，纳入一般风险准备金管理，用于弥补代偿损失。

（4）全国中小企业股份转让系统转让股票有关证券（股票）交易印花税政策

为落实国务院《关于全国中小企业股份转让系统有关问题的决定》（国发〔2013〕49号）精神，现将在全国中小企业股份转让系统转让股票有关证券（股票）交易印花税政策明确如下：在全国中小企业股份转让系统买卖、继承、赠与股票所书立的股权转让书据，依书立时实际成交金额，由出让方按1‰的税率计算缴纳证券（股票）交易印花税。本通知自2014年6月1日起执行。

（5）实施全国中小企业股份转让系统挂牌公司股息红利差别化个人所得税政策

根据《国务院关于全国中小企业股份转让系统有关问题的决定》（国发〔2013〕49号）的有关规定，现就实施全国中小企业股份转让系统挂牌公司股息红利差别化个人所得税政策有关问题通知如下。

①个人持有全国中小企业股份转让系统（简称全国股份转让系统）挂牌公司的股票，持股期限在1个月以内（含1个月）的，其股息红利所得全额计入应纳税所得额；持股期

限在1个月以上至1年（含1年）的，暂减按50%计入应纳税所得额；持股期限超过1年的，暂减按25%计入应纳税所得额。上述所得统一适用20%的税率计征个人所得税。

前款所称挂牌公司是指股票在全国股份转让系统挂牌公开转让的非上市公众公司；持股期限是指个人取得挂牌公司股票之日至转让交割该股票之日前一日的持有时间。

②挂牌公司派发股息红利时，对截至股权登记日个人已持股超过1年的，其股息红利所得，按25%计入应纳税所得额，直接由挂牌公司计算并代扣代缴税款。对截至股权登记日个人持股1年以内（含1年）且尚未转让的，税款分两步代扣代缴：第一步，挂牌公司派发股息红利时，统一暂按25%计入应纳税所得额，计算并代扣税款。第二步，个人转让股票时，证券登记结算公司根据其持股期限计算实际应纳税额，超过已扣缴税款的部分，由证券公司等股票托管机构从个人资金账户中扣收并划付证券登记结算公司，证券登记结算公司应于次月5个工作日内划付挂牌公司，挂牌公司在收到税款当月的法定申报期内向主管税务机关申报缴纳。

个人应在资金账户留足资金，依法履行纳税义务。证券公司等股票托管机构应依法划扣税款，对个人资金账户暂无资金或资金不足的，证券公司等股票托管机构应当及时通知个人补足资金，并划扣税款。

③个人转让股票时，按照先进先出的原则计算持股期限，即证券账户中先取得的股票视为先转让。

应纳税所得额以个人投资者证券账户为单位计算，持股数量以每日日终结算后个人投资者证券账户的持有记录为准，证券账户取得或转让的股票数为每日日终结算后的净增（减）股票数。

④证券投资基金从挂牌公司取得的股息红利所得，按照本通知规定计征个人所得税。

⑤本通知所称个人持有全国股份转让系统挂牌公司的股票包括：在全国股份转让系统挂牌前取得的股票；通过全国股份转让系统转让取得的股票；因司法扣划取得的股票；因依法继承或家庭财产分割取得的股票；通过收购取得的股票；权证行权取得的股票；使用附认股权、可转换成股份条款的公司债券认购或者转换的股票；取得发行的股票、配股、股票股利及公积金转增股本；挂牌公司合并，个人持有的被合并公司股票转换的合并后公司股票；挂牌公司分立，个人持有的被分立公司股票转换的分立后公司股票；其他从全国股份转让系统取得的股票。

⑥本通知所称转让股票包括下列情形：通过全国股份转让系统转让股票；持有的股票被司法扣划；因依法继承、捐赠或家庭财产分割让渡股票所有权；用股票接受要约收购；行使现金选择权将股票转让给提供现金选择权的第三方；用股票认购或申购交易型开放式指数基金（ETF）份额；其他具有转让实质的情形。

⑦个人和证券投资基金从全国股份转让系统挂牌的原STAQ、NET系统挂牌公司（简称两网公司）取得的股息红利所得，按照本通知规定计征个人所得税；从全国股份转让系统挂牌的退市公司取得的股息红利所得，按照财税〔2012〕85号文件的有关规定计征个人

所得税。

⑧本通知所称年（月）是指自然年（月），即持股一年是指从上一年某月某日至本年同月同日的前一日连续持股，持股一个月是指从上月某日至本月同日的前一日连续持股。

⑨财政、税务、证监等部门要加强协调、通力合作，切实做好政策实施的各项工作。

挂牌公司、两网公司、退市公司，证券登记结算公司以及证券公司等股票托管机构应积极配合税务机关做好股息红利个人所得税征收管理工作。

⑩本通知自 2014 年 7 月 1 日起至 2019 年 6 月 30 日止执行。挂牌公司、两网公司、退市公司派发股息红利，股权登记日在 2014 年 7 月 1 日至 2019 年 6 月 30 日的，股息红利所得按照本通知的规定执行。本通知实施之日个人投资者证券账户已持有的挂牌公司、两网公司、退市公司股票，其持股时间自取得之日起计算。

（6）做好 2014 年工业转型升级资金中小企业服务体系专项工作

根据财政部、工业和信息化部《关于印发〈工业转型升级资金管理暂行办法〉的通知》（财建〔2012〕567 号）以及《工业和信息化部办公厅关于做好 2013 年中小企业服务体系发展专项资金服务业务项目申报工作的通知》（工信厅企业函〔2013〕178 号）有关要求，为做好 2014 年工业转型升级资金中小企业服务体系专项工作，现将有关事项通知如下。

支持重点和范围：一是按照工业和信息化部《关于开展扶助小微企业专项行动的通知》（工信部企业〔2013〕67 号）要求，重点支持在 2013 年工业和信息化部组织开展的扶助小微企业专项行动中，完成扶助小微企业专项行动公共服务任务；中小企业公共服务平台网络已开通运营并完成平台网络即时报送业务；完成中小企业运行监测信息上报任务，以及工业和信息化部委托的其他中小企业公共服务平台有关事项。二是 2014 年承担工业和信息化部委托的中小企业公共服务事项。

支持方式及标准：一是扶助小微企业服务业务采取以奖代补的支持方式，根据对服务内容、服务企业数量、服务绩效及服务收支情况的综合测评，对符合支持重点和范围要求的服务事项予以奖励支持。省（区、市）及计划单列市服务机构单项服务事项最高奖励额不超过 100 万元，中央所属服务机构最高奖励额不超过 500 万元。二是工业和信息化部委托的服务事项采取无偿资助的支持方式，根据工作内容、预期成果和经费预算计划综合考虑予以资助，单项委托服务事项最高资助额不超过 100 万元。

1.4.4 其他政策

（1）加快发展生产性服务业促进产业结构调整升级

国务院印发《关于加快发展生产性服务业促进产业结构调整升级的指导意见》（以下简称《指导意见》），这是国务院首次对生产性服务业发展做出的全面部署。《指导意见》提出了引导市场主体行为的发展导向，明确了政府创造良好环境的工作重点。

《指导意见》指出，加快发展生产性服务业关键是要全面落实党中央、国务院各项决策部署，进一步科学规划布局、放宽市场准入、完善行业标准、创造环境条件，加快生产性服务业创新发展，实现服务业与农业、工业等在更高水平上有机融合，推动我国产业结构优化调整，促进经济提质增效升级。加快发展生产性服务业要坚持市场主导、突出重点、创新驱动、集聚发展的基本原则。

《指导意见》强调，要以产业转型升级需求为导向，引导企业进一步打破“大而全”、“小而全”的格局，分离和外包非核心业务，向价值链高端延伸，促进我国产业逐步由生产制造型向生产服务型转变。一是鼓励企业向产业价值链高端发展；二是推进农业生产和工业制造现代化；三是加快生产制造与信息技术服务融合。

《指导意见》明确，现阶段我国生产性服务业重点发展研发设计、第三方物流、融资租赁、信息技术服务、节能环保服务、检验检测认证、电子商务、商务咨询、服务外包、售后服务、人力资源服务和品牌建设，并提出了发展的主要任务。

《指导意见》要求，要着力从深化改革开放、完善财税政策、强化金融创新、有效供给土地、健全价格机制和加强基础工作等方面，为生产性服务业发展创造良好环境，最大限度地激发企业和市场活力。

《指导意见》要求，各地区、各部门要充分认识发展生产性服务业的重大意义，采取有力措施，确保各项政策落到实处、见到实效。地方各级人民政府要加强组织领导，结合本地实际，进一步研究制定扶持生产性服务业发展的政策措施。国务院各有关部门要密切协作配合，抓紧制定各项配套政策和落实政策措施分工的具体措施。发展改革委要加强统筹协调，会同有关部门对《指导意见》落实情况进行督促检查和跟踪分析，每半年向国务院报告一次落实情况。

《指导意见》强调，在推进生产性服务业加快发展的同时，要围绕人民群众的迫切需要，继续大力发展生活性服务业，做到生产性服务业与生活性服务业并重、现代服务业与传统服务业并举，切实把服务业打造成经济社会可持续发展的新引擎。

（2）支持小微文化企业发展

近年来，小微文化企业在我国文化建设和经济建设中所发挥的作用日益凸显，受到国家高度重视和社会广泛关注。2012 年，党的十八大明确提出文化产业成为国民经济支柱性产业的战略目标，国务院印发《关于进一步支持小型微型企业健康发展的意见》（国发〔2012〕14 号）。2013 年，党的十八届三中全会进一步将“支持各种形式小微文化企业发展”纳入文化建设的总体格局。2014 年 2 月，习近平总书记主持召开中央全面深化改革领导小组第二次会议审议通过了《深化文化体制改革实施方案》，在新一轮文化体制改革全面实施的部署中，对开展支持小微文化企业发展工作提出了更为明确的要求。为落实中央的一系列战略部署，支持小微文化企业健康快速发展，在深入调研和广泛征求意见的基础上，文化部会同工业和信息化部、财政部研究制定了《关于大力支持小微文化企业发展的实施意见》。这是在国家部委层面上，首次发文对支持小微文化企业发展工作进行专门部署，为支持小微文化企业发展工作明确了目标、方向和任务。

《实施意见》分为六个部分，共17条具体政策内容。文件的第一部分为总体要求，阐述了支持小微文化企业发展的重要意义，明确了《实施意见》的支持范围和工作目标。第二部分到第六部分从五个方面提出支持小微文化企业发展的政策措施。

一是增强创新发展能力。主要从培育企业发展优势、激发企业创新意识、提升经营管理水平等方面加强对小微文化企业自身创新发展能力建设的指导和促进，激发小微文化企业作为市场主体的发展内生动力。

二是打造良好发展环境。分别从优化文化市场环境、建设小微文化企业创业载体、加快人才培养步伐、拓宽小微文化企业市场营销渠道、鼓励小微文化企业参与公共文化服务等五个方面提出多项举措，旨在进一步完善小微文化企业发展的创业和经营环境。

三是健全金融服务体系。重点在创新金融服务、拓宽融资渠道等方面引导各类金融机构进一步增强产品和服务的针对性，不断提高服务小微文化企业的水平。

四是完善财税支持政策。包括加大财政支持力度、落实税费优惠政策等方面的具体措施，既强调将现有财税政策落到实处，又在支持形式上有所创新和突破。

五是提高公共服务水平。从加强公共服务网络建设、丰富社会组织指导和服务手段、加强与新闻媒体的协调合作、完善政府部门工作机制等方面着手，提出一系列措施和手段，不断丰富和完善小微文化企业公共服务方式。

《实施意见》主要特点和亮点：明确以“积极营造有利于小微文化企业创新能力、扩大发展规模、促进企业可持续发展的良好环境，进一步解放文化生产力，激发全社会文化创造活力”为目标，集中各方资源，综合运用多种政策手段，对小微文化企业自身发展能力和外部发展环境中具有共性的问题提出针对性的、普惠性的措施，充分发挥市场机制作用，促进小微文化企业通过公平竞争、优胜劣汰来提高整体发展水平。

①明确了小微文化企业的含义。《实施意见》对文化部管理的行业门类中的小微文化企业范围作了说明，将小微文化企业纳入国家支持小微企业发展和支持文化产业发展的整体工作部署，便于政府部门明确服务对象，提高工作针对性。按照《中小企业划型标准规定》和当前文化产业发展实际情况，文化行业绝大多数门类中从业人员100人以下的属于小微文化企业范围，其中从业人员10～100人的为小型文化企业、10人以下的为微型文化企业。

②加强对小微文化企业创新发展能力的培育。针对我国小微文化企业总体上竞争力不强、经营管理水平不高的现状，《实施意见》将培育小微文化企业创新发展能力作为一项重要内容，提出了完善相关配套措施、加快培育要素市场、加强文化品牌建设、支持创业服务机构和管理咨询机构发展等有针对性的具体举措，着力为小微文化企业提升创新发展能力创造条件。

③在文化市场审批与监管工作中支持小微文化企业发展。近年来，文化部先后取消和下放了大批行政审批项目，目前仅保留了3项文化市场审批事项，文化市场准入门槛大大降低。此次，《实施意见》结合小微文化企业需求和当前文化市场发展状况，明确要求进

一步做好行政审批项目的取消和下放落实工作，提高行政审批效率，建立健全文化市场信用体系，打击违法违规经营活动，为小微文化企业营造依法经营、公平规范的竞争环境。

④支持各种类型的小微文化企业创业载体建设。《实施意见》要求加强对文化产业园区基地、特色文化产业集群等不同类型载体的指导，促进其提升服务小微文化企业的能力，同时，明确提出了鼓励互联网创业平台、交易平台等新兴创业载体发展，充分肯定了互联网这一虚拟创业载体在促进小微文化企业发展中的作用，并将其放在与实体的文化产业园区、基地、集群同等重要的位置。

⑤开展形式多样、方式灵活的人才培养。针对小微文化企业专业人才普遍缺乏的状况，《实施意见》在充实培训力量、创新培养模式、拓展培养途径、扩大培训范围等方面做出部署，鼓励高等院校、职业院校、行业协会、小微文化企业创业载体和社会教育服务机构参与到对小微文化企业经营者和创业者的教育和培训工作中，提出建设网络课堂等措施，并明确要求打破文化人才职称评定的体制壁垒，逐步建立面向社会文化艺术人才开放的职称评定制度，为小微文化企业自身培养并留住优秀人才创造条件，提高小微文化企业中文化人才的成就感、归属感。

⑥明确支持小微文化企业参与公共文化服务。《实施意见》的一个突出亮点就是首次将支持小微文化企业发展与公共文化体系建设结合起来，明确要求完善相关扶持措施，鼓励小微文化企业参与公共文化服务和政府采购。目前，文化部向社会力量购买服务的相关规定正在抓紧制定过程中。相信随着相关措施的建立和完善，在丰富公共文化服务内容的同时，也将为小微文化企业提供更大的发展空间。

⑦明确小微文化企业金融服务的重点工作。近年来，在文化部、中国人民银行、财政部及其他相关部门共同努力下，文化产业融资规模不断扩大，文化企业尤其是骨干文化企业融资难问题有所缓解。但小微文化企业融资难、成本高的问题依然存在。《实施意见》以丰富金融产品、提高金融服务水平、充分发挥金融服务机构作用等为切入点，在巩固和深化政府部门与金融机构的合作的基础上，促进银企对接，积极引导金融机构不断创新面向小微文化企业的金融服务，并大力支持债券融资、小额贷款、股权投资、金融中介服务等的发展，不断改善小微文化企业融资环境。

⑧明确提出加大财税支持。近年来，中央财政和不少地方的财政都安排了文化产业发展专项资金来支持文化产业发展，不少小微文化企业得到了财政资金的支持，取得很好的效果。此次《实施意见》在现有工作基础上，对中央和地方财政加大支持小微文化企业发展做出专门部署，并强调通过财政手段支持小微文化企业在项目实施中更多地运用金融资本、社会资本。同时，在进一步强调贯彻落实适用于小微文化企业各项税费优惠政策的基础上，进一步部署推进非物质文化遗产生产性保护企业税收政策制定和逐步将文化服务行业纳入“营改增”试点范围等扶持措施。

⑨进一步创新和拓展公共服务。除了继续深化文化产业投融资公共服务平台、中小企业公共服务平台网络建设等既有工作外，《实施意见》创新公共服务方式，提出利用全国

文化市场技术监管与服务平台、开发面向小微文化企业的特色专业服务产品、建立小微文化企业服务平台等多项举措。同时，《实施意见》对营造多层次、全方位、广覆盖的小微文化企业发展公共服务环境作出具体部署，充分借助社会组织、新闻媒体等的作用和优势，进一步拓展小微文化企业公共服务的领域和手段。

⑩发挥好部门协作机制作用。2013年，国务院办公厅国办发〔2013〕61号文件明确将文化部增补为国务院促进中小企业发展工作领导小组成员单位，标志着支持小微文化企业发展工作纳入到国家支持小微企业发展的整体格局。《实施意见》强调要进一步发挥这一机制的作用，发挥部门各自的优势，形成部门协作的合力，共同推进小微文化企业发展。

（3）中小企业经营管理领军人才培训工作

为贯彻落实《国务院办公厅关于做好2013年全国普通高等学校毕业生就业工作的通知》（国办发〔2013〕35号）提出的目标任务和政策措施，按照国务院就业工作部际联席会议《重点工作分工方案》的要求，工业和信息化部印发《关于开拓中小企业人力资源做好2013年高校毕业生就业工作的通知》，就做好2013年高校毕业生就业工作的相关事宜通知如下。

促进高校毕业生就业的主要任务：

①拓宽高校毕业生就业渠道，将吸纳高校毕业生就业作为中小企业工作的重要内容。充分发挥战略性新兴产业、先进制造业、高新技术产业、智力密集型产业、现代服务业、现代农业发展对高校毕业生就业的拉动作用，鼓励和引导中小企业结合转方式、调结构的进程，积极为高校毕业生开发就业岗位。

②配合相关部门加大对小微企业和劳动密集型中小企业的扶持力度，进一步落实社保补贴、培训补贴等扶持政策，鼓励其吸纳高校毕业生就业。

③大力宣传民营企业、非公有制经济组织对经济社会发展的重要意义和突出贡献，引导高校毕业生树立正确的就业观和择业观，到民营企业、非公有制经济组织就业。

④鼓励高校毕业生自主创业，配合有关部门对自主创业高校毕业生进一步放宽准入条件，降低注册门槛，落实好创业小额担保贷款及贴息、税费减免等扶持政策。

⑤积极推进小企业基地建设，为自主创业高校毕业生提供创业孵化场地和项目开发、开业指导、融资、跟踪扶持等“一条龙”创业服务。

⑥配合相关部门落实好少数民族高校毕业生就业。承担对口支援西藏、青海、新疆任务的地区要组织本地区中小企业积极面向受援地高校毕业生开展各类招聘活动，并将到本地求职的受援地高校毕业生纳入就业扶持政策范围，提供帮扶与指导。

⑦配合相关部门建立高校毕业生就业和重点产业人才供需对接机制，研究制定中小企业急需人才培养计划，努力实现人才培养、企业需求和就业的良性互动。

⑧做好2013年“全国中小企业网上百日招聘高校毕业生活动”的后续工作，要严格规范中小企业的招聘行为，保障高校毕业生的合法权益，认真做好跟踪服务。

执笔：董涛（中国中小企业协会政策研究部主任）

参考文献

[1] 国家工商行政管理总局. 工商行政管理统计汇编 2014
[2] 中国政府网站
[3] 中国中小企业协会网站，http：//www. ca - sme. org/
[4] 国家统计局. 2014 年国民经济运行情况
[5] 工业和信息化部网站

第 2 章

混合所有制经济发展的沿革与政策

- 混合所有制经济发展的历史回顾
- 混合所有制经济发展现状
- 混合所有制经济发展面临的主要问题
- 促进混合所有制经济发展的措施与政策

2.1 混合所有制经济发展的历史回顾

混合所有制经济形成并发展于我国所有制结构变迁、演进的历史进程中，遵循经济发展的内在规律，是我国经济改革与发展的必然产物。

2.1.1 1949~1952年底，新中国经济恢复过程中孕育了混合所有制经济的“萌芽”

新中国成立后，实行新民主主义社会的经济纲领，清除了帝国主义在华经济势力，没收了官僚资本，用社会主义国家所有制取而代之；进行了土地改革，消灭封建土地所有制，发展个体农民经济；利用和限制了民族资本主义经济。这样，在建国初期，我国新民主主义经济就包括了五种经济成分：居于主导地位的社会主义国有经济、合作社经济、农民和手工业者个体经济、私人资本主义经济和国家资本主义经济。与此相适应，还制定了经济建设的根本方针，即“是以公私兼顾、劳资两利、城乡互助、内外交流的政策，达到发展生产、繁荣经济之目的”。这是符合当时我国生产力发展规律和基本国情的经济方针，五种经济成分在国民经济中的比例各不相同，其中公私合营工业、私营工业和个体手工业在1949年占73.3%，即使到了1953年，仍然占55.2%，这是典型的混合经济时代。党中央正确处理各种经济成分之间的关系，充分利用和发挥各种经济成分的积极作用，使它们在国营经济的领导下，分工合作，各得其所，保证了国民经济的迅速恢复和生产建设事业的进行。

2.1.2 1953~1978年，经过“社会主义改造”、“一大二公”与“文化大革命”等历史阶段，我国所有制结构逐渐趋于单一化

（1）1953~1957年，“一五时期”的所有制结构

经过三年国民经济恢复时期，整个国家经济基本恢复，政权趋于稳定，朝鲜战争也度过最困难时期，中共中央决定放弃新民主主义过渡阶段，提前向社会主义改造迈进。社会主义改造时期的主要任务是全面构建社会主义经济的公有制基础。集中表现在对民族资本主义经济进行社会主义改造，使之成为国有制经济；对农村与城镇的个体经济进行改造，使之成为集体所有制经济。改造的结果是，到1956年年底，私营企业共有11.2万户转变

为公私合营企业，私营商业有40万户实行了公私合营；1956年工业总产值中（不包括手工业）国有经济占67.5％，公私合营工业占32.5%，私营工业已基本消失；在批发商业中，国有及公私合营的比重达99.9%，私营经济只占0.1%；在社会商品零售额中国有及公私合营的占到95.8%，私营经济只余下4.2%；国有经济的迅速发展，使得私营经济在国民经济中的比重骤降，整个所有制结构开始趋向于单一化和公有化。但是，“一五时期”在党中央的直接领导下，我国的经济建设取得了巨大成就，改变了新中国工业落后的面貌，初步建立起独立的工业体系，为社会主义工业化奠定了基础。

（2）1958～1960年，人民公社化和“大跃进”时期的所有制结构

从1958年开始的“大跃进”与人民公社化运动，极大地破坏了中国农业生产，严重阻碍了整个国民经济的发展，个体经济与私营经济等非公有制经济进一步萎缩。经济改组，既打破了企业、行业的界限，又打破了国有、公私合营、合作社经营的界限，统一规划，统一调整。一批公私合营企业并入国营企业，其工资制度也基本上与国营企业统一。1955年夏季以后对个体手工业和个体商业的改造要求过急，工作过粗，改变过快形式也过于简单划一。虽然在1957年又采取了一些措施进行调整使个体经济得到了一定的恢复与发展，但1958～1959年将个体工商业者并入国营企业或国家统负盈亏的高级合作商店，1960年建立城市人民公社时，又将一部分个体工商业者转入农业生产。到1961年个体手工业者只有37万人，小商贩也只有65万人 。

（3）1961～1965年，国民经济调整时期的所有制结构

“大跃进”与人民公社化运动导致了对中国农业生产的极大破坏，同时也对整个国民经济的发展产生了重大的阻碍作用。从1961年下半年开始，中共中央提出“调整、巩固、充实、提高”八字方针，调整了手工业生产方面的所有制，让一些原来从事个体经营的工商户从国营和集体所有制中退出来，单独生产或经营，与此同时各地相继整顿了财贸队伍，从国营商业供销合作社中退出一部分小商小贩直接从事个体经营。仅1961年下半年，全国从国营商业和供销合作社退出的小商小贩就有54万人。1962年，城镇个体工商者恢复到132万人，其中个体手工业者49万人，小商小贩71万人，其他个体工商业者10多万人，城镇还有200万左右的无证个体商贩。然而，1962年后，开展代替私商运动，清理和整顿农村社队商业。尤其是1965年全国财贸工作会议确定对大中城市集市贸易严格控制，对小商小贩采取紧缩政策，个体工商业又开始下降，到1965年底，城镇个体工商业从业人数减少至102万人。

（4）1966～1978年，“文化大革命”到十一届三中全会前夕的所有制结构

“文化大革命”的发动，使本来已有所好转的手工业、个体经济局面发生逆转。大刮集体所有制转全民所有制之风，农村由生产小队核算升为大队核算，甚至升为公社核算，“小集体”向“大集体”过渡，“大集体”向国营过渡。严禁农民从事编织、采集、渔猎、饲养等家庭副业；大肆削减城镇手工业、运输业、建筑业等合作社及合作商店。“文化大革命”最终将中国的所有制结构推向了畸形的单一化，私营经济不复存在，个体经济也所

剩无几。

2.1.3　1978~1997 年，改革开放大幕开启，多种经济成分冲破公有制经济一统天下的局面

十一届三中全会召开后，党和国家的工作重心转移到经济建设上来，提出了改革开放的决策。1978 年 12 月，以安徽省凤阳县小岗村农民分田到户的“创举”为标志，开始了农村改革，尤其是土地所有制的改革。同时，在城镇为了解决大批“返城知青”的就业问题，1980 年 8 月，中共中央提出“劳动部门介绍就业、自愿组织起来就业和自谋职业相结合”的就业方针，逐步允许兴办个体经济等非公有制经济。

党中央在稳步推进国有经济内部改革的同时，把发展个体经济与私营经济作为一项重要的经济发展战略，并将鼓励与保护个体经济及私营经济的发展写进宪法，为个体经济及私营经济的发展提供了广阔的空间和良好的环境。1982 年年底，在全国人大五届五次会议上审议并通过了新的《中华人民共和国宪法》。宪法规定：“在法律规定范围内的城乡劳动者个体经济，是社会主义公有制经济的补充。国家保护个体经济合法的权利和利益。”在国家最高法律层面上确认了个体经济的合法地位，从此个体经济的发展有了法律的保障，城乡个体经济如雨后春笋般快速发展。1984 年 10 月召开的中国共产党十二届三中全会上审议通过了《关于经济体制改革的决定》，首次提出三资企业也是我国社会主义经济必要的有益的补充，同时明确了坚持多种经济形式和经营方式的共同发展，是我们长期的方针。1987 年 11 月召开的中国共产党十三次全国代表大会上提出私营经济是公有制经济必要、有益补充的论断。1992 年 10 月，中国共产党第十四次全国代表大会上提出“在所有制结构上，以公有制包括全民所有制和集体所有制经济为主体，个体经济、私营经济、外资经济为补充，多种经济成分长期共同发展，不同经济成分还可以自愿实行多种形式的联合经营”。1997 年，党的十五大明确指出：“公有制为主体、多种所有制经济共同发展，是我国社会主义初级阶段的一项基本经济制度。非公有制经济是我国社会主义市场经济的重要组成部分。”

从 1989~1997 年，登记注册的私营企业数由 9.1 万户增长到 96.1 万户；从业人员由 1989 年的 185.4 万人增长到 1997 年的 1394.3 万人；注册资本总额由 1989 年的 84.5 亿元增长到 1997 年的 5140.1 亿元。与此同时，外商及港澳台投资经济迅猛发展，外商直接投资额从改革开放初期的不足 10 亿美元，迅速上升到几百亿美元，1997 年外商直接投资额达 452.57 亿美元。

这一时期我党坚持实事求是、坚持解放思想，逐步深化了对非公有制经济的认识，认识到非公有制经济在我国存在和发展的必然性，采取了一系列积极的政策措施，为非公有制经济的发展提供了广阔的空间。多种所有制经济成分冲破了公有制经济一统天下的局面，混合所有制经济被激活，其在整个国民经济中的地位和作用突显。

2.1.4 1997年至今，混合所有制经济正式提出并确定为基本经济制度的重要实现形式

20世纪90年代中后期到现在是我国混合所有制深化完善的阶段。党的十五大报告就已经指出：公有制为主体、多种所有制经济共同发展，是我国社会主义初级阶段的一项基本经济制度；公有制经济不仅包括国有经济和集体经济，还包括混合所有制经济中的国有成分和集体成分；非公有制经济是社会主义市场经济的重要组成部分，要提高公有制经济控制力。经过近20年的发展，党的十八届三中全会明确指出：国有资本、集体资本、非公有资本等交叉持股、相互融合的混合所有制经济，是基本经济制度的重要实现形式。赋予了混合所有制经济前所未有的重要地位。

这一时期，股份制企业发展迅速，成为混合所有制经济的主要形式。20世纪90年代中后期，我国进一步加大了对量大面广的国有、城镇集体中小企业改革的力度，鼓励国有、城镇集体企业采取股份制改造、兼并等多种形式进行改制，同时着力引导企业在制度创新上深入改革，将符合《公司法》条件的企业设立为有限责任公司、股份有限公司，目前我国国有和城镇集体企业的改制任务基本完成。近几年，国有企业的股份制改革促进了国有控股、参股企业迅速发展，为混合所有制经济发展提供了更大空间。按照国有企业改革和国有经济布局结构调整的要求，我国现存的国有独资企业、公司，特别是竞争性行业的企业仍将进行多种形式的股份制改造。这部分国有独资企业中的一部分将改组成为股份制企业。而我国实施的允许国内民间资本和外资参与国有企业改革改组的政策，必将促进国有资本和各类非国有资本的联合，促进个体、私营经济与公有制经济的相互渗透、相互融合，从而大大促进混合所有制经济的更快发展。

2.2 混合所有制经济发展现状

十五大以来，社会主义市场经济蓬勃发展，混合所有制经济作为社会主义市场经济的重要构成和基本经济制度的重要实现形式，也迎来了前所未有的发展契机。

2.2.1 对混合所有制经济的认识逐渐统一

（1）混合所有制经济的涵义

从宏观层面看，混合所有制经济是经济社会中多种经济成分相互依存、相互渗透，共

同构成该社会在某一时期的所有制经济结构，即政府和私人企业并存、垄断与竞争并存的社会经济状态；同时也表现为社会经济运行机制中，政府和私人经济相互作用的公私混合，市场调节和政府干预并存的混合状态。所以，从宏观层面考察的所谓混合所有制经济，其实是与广义的混合所有制概念相对应的，即对应于多种所有制的混合并存状态，也产生了不同所有制经济的混合并存。

从微观层面看，混合所有制经济是在同一经济组织中，不同的产权主体多元投资、互相渗透、互相贯通、互相融合而形成的新的产权配置结构和经济形式。从这个层面考察的混合所有制经济，是与狭义的混合所有制概念相对应的，即混合所有制作为一种新的独立的所有制形式，按这种新的产权组织形式成立的混合所有制企业所构成的经济，就是混合所有制经济。这种崭新的独立的混合所有制构成了混合所有制经济的产权基础，混合所有制经济是建立在这个基础之上的。同公有制企业产生公有制经济，私有制企业产生私有制经济一样，混合所有制企业也产生混合所有制经济。因此，混合所有制经济是与公有制经济、私有制经济同一层面的概念。

（2）混合所有制经济的作用

一是发展混合所有制经济有助于国有经济与私营经济的优势互补。国有经济占据着有关国民经济命脉和关键领域的行业、产业，这些产业大多都是需要巨额资金投入来加速扩张成长的产业。但是目前的状况往往是依靠国有经济、国有企业的自我积累来支撑这种扩张需求，或者依靠一定的财政支持或政策性融资来支撑。从实际情况来看，仅仅这些途径远远难以满足产业发展的实际需求。在财政进一步向公共职能转变，以及强调国有经济收益要适当上缴以充实社会保障基金的政策要求下，国有经济快速扩张将面临更为严峻的资金紧张局面。另外，经过改革开放30多年的发展和积累，我国社会资金是非常充足的，民间的投资热情和投资能力也是十分高涨的，他们热切地寻求着有良好成长空间和盈利机会的投资领域。进一步放开发展混合所有制经济的政策，无疑为急需注入投资扩张的国有经济和急需良好投资空间的民间资本提供了双向利好的政策通道。允许非国有资本参股国有资本投资项目，有助于避免国有经济和民营经济各行其道，有助于形成积极推动整个国民经济健康发展的合力。

二是发展混合所有制经济有利于国有资本放大功能，保值增值，提高竞争力。国有资本对自己应承担的公共建设项目，积极引进社会资本一同建设，可以直接放大国有资本功能，还可由于投资主体多元化而改善公司治理，提高效率和竞争力。

三是发展混合所有制经济对非公有资本控股的混合所有制企业也有积极意义。主要表现在：有利于非公有制企业优化产权结构，提升经济实力；有利于提升非公有制企业信誉和社会影响力；有利于增强非公有制企业活力和竞争力；有利于促进非公有制企业建立现代企业制度、提升管理水平；有利于提振非公有制企业发展信心和发展动力。

（3）混合所有制经济发展的基础越来越充实

在社会主义市场经济体制改革的进程中，国家允许个体、私营经济发展，并引入外资鼓励“三资”企业发展，促使我国所有制结构发生调整和变化，为混合所有制经济的快速发展创造了制度条件。1992年以后，我国个体私营等非公有制经济快速发展。截至2014年底，我国个体工商户已达4984.06万户，资金总额2.93万亿元；私营企业1546.37万户，注册资金超过59.21万亿元；全国个体私营经济从业人员实有2.5亿人。特别是随着经济腾飞，人民群众的收入水平提高，家庭财产迅速增加，居民储蓄存款余额从1978年的210亿元猛增到2014年的50.3万亿元。大量民间资本要求拓宽投资渠道，这就为发展混合所有制经济创造了现实条件。

2.2.2 混合所有制经济的实现形式

当前，混合所有制经济的主要实现形式有以下几种方式：一是国有企业内部优化重组、改善组织结构，外部合资合作、联合兼并，实现股份制改制；垄断行业放开竞争性部分使其实现市场化。二是改制后基础好的国有股份制企业，创造条件实现境内外上市；已上市的国有企业通过股权流转、国有股减持、增资扩股、发行可转债等方式优化股权结构，促进各类资本的融合。三是继续坚持和改进国有企业重组改制的成功做法，深化存续部分改制，培育优质资产推向市场，有条件的母公司可改制为控股公司或投资公司，大企业可以整合子公司争取整体上市，放大资本功能。四是民营企业通过合伙、合作、股份制改造，吸收国有股、社会公众股及外资股，提升社会化程度，并创造条件上市，吸纳各类机构投资者和国有企业投资。五是国企、民企合作，优势互补，兴建新项目、组建新公司，根据行业状况发展非公资本控股的混合所有制企业。六是通过合资合作、并购、参股入股等方式，吸纳外资或成为境外公司股东。

2.2.3 混合所有制经济的规模体量

随着以公有制为主体、多种所有制经济共同发展的基本经济制度不断完善，我国混合所有制经济取得了巨大发展。目前，全国90%的国有及国有控股企业完成了公司制股份制改革，中央企业及其子企业中，混合所有制企业户数占公司制企业户数的比例接近57%，占中央企业登记企业总户数的一半以上。中央企业资产总额的56%、净资产的70%、营业收入的62%已在上市公司。石油石化、民航、电信、建筑、建材等行业的中央企业主营业务资产已基本进入上市公司。

随着混合所有制企业的不断发展，公有制主体地位得到不断巩固。仅从上市公司看，2007~2012年三季度，中央企业通过改制上市，共从境内外资本市场募集资金约9157.5亿元。从国有企业整体发展看，2003~2014年，全国国有及国有控股企业（不含国有金融类企业）营业收入从10.73万亿元增长到48.06万亿元；资产总额102.12万亿元，所有者权益35.56万亿元，分别是2003年的5.2倍和4.3倍。国有企业经过改组改制、资产出让、转换机制，转变为股份制企业或民营化；一大批私营企业通过合伙、合作，改制成长为股份制企业，有的参与了国企改革；股份制企业进一步通过股份的流转增减使股权结构更趋优化，在股份制企业中就有不少是属于国有资本、集体资本、非公资本等交叉持股、相互融合的混合所有制经济。从这个角度看，混合所有制经济在国民经济中已经处于主要地位。

有的经济学者预测，到 2020 年，我国混合所有制经济将占国民经济的 40% 以上，一些主要指标将占 60% 以上。

2.2.4　混合所有制经济典型案例

改革开放以来，特别是党的十五大以来，我国国有企业通过改革，积极探索在市场经济条件下的经营方式、管理方法和资本组织形式，不断壮大和发展自己；同时，国有企业在自身改革的过程中，还注意增强企业的社会责任，从整体上考虑行业的发展和调整，引导本行业的非公有制经济的发展，这方面也积累了一些经验。中国建材集团、中国医药集团就是一个典型。中国建材集团、中国医药集团这两家集团公司都是处于充分竞争领域的中央国有企业，其业绩和发展势头都很好。中国建材集团从 2001 ~ 2013 年，营业收入由 20 多亿元增长到 2500 亿元，进入世界 500 强；中国医药集团营业收入从 2008 年的 400 亿元增长到 2011 年的 1250 亿元，也将进入世界 500 强。在壮大自己的同时，这两家集团公司还积极探索如何发挥国有经济的主导作用，引导非公有制经济发展。它们按照市场机制的运行规则，采用市场手段联合私营企业共同发展，以包容性增长方式推动整个产业健康发展，形成了一个由央企控股、私营企业参股的多元化混合经济体系。用“规范化的公司制 + 独有的职业经理人制度”的办法，在国有企业主导下，把不同所有制企业融合在一起。中国建材集团近年来联合重组了几百家私营企业，一般在新组建的企业里为私营企业保留 30% 的股份，多数原来的私营企业创业者继续担任新企业的管理者，成为规范治理企业的职业经理人。国有企业不是简单地“吃掉”私营企业，而是把私营企业纳入由国有企业带领下新组建的公司里。这样，一方面，国有企业以少量的国有资本带动了大量的社会资本，极大地扩大了国有资本的支配范围，加强了国有经济的主导作用；另一方面，也给整个行业注入了活力，挽救了水泥行业中许多在世界金融危机冲击下处于困境、濒临破产的私营企业，使私营企业的资产得以保值、增值，从而实现了双赢。这种做法，实际上就是新形势下的“公私合营”，即在混合所有制经济的形式下，由国有经济带领不同所有制经济共同发展。这是一条既坚持公有制为主体、国有经济为主导，又引导非公有制经济健康发展的新路。

十八届三中全会后，中石化打响了混合所有制经济改革的第一枪。2014 年 2 月 19 日，中石化发布公告，宣布率先推出油品销售业务引入社会和民营资本实现混合经营。授权董事长在社会和民营资本持有销售公司股权比例不超过 30% 的情况下确定投资者、持股比例、参股条款和条件，组织实施该方案及办理相关程序。4 月 1 日，销售公司完成业务重组。中国石化所属油品销售业务资产整体移交给销售公司拥有、管理和控制；所属 31 家省级分公司及其管理的长期股权投资、中国石化燃料油销售有限公司、中石化（香港）有限公司、中石化（香港）航空燃油有限公司的业务、资产、人员全部注入到销售公司。9月12日，销售公司与25家境内外投资者签署增资协议，由全体投资者以现金共计人民币1070.94亿元认购销售公司29.99%的股权。2015年3月6日，中国石化发布公告称，根据2014年9月12日签署的增资协议，25家投资者已经向销售公司缴纳了相应的增资价款共计人民币1050.44亿元、完成率98.1%。据统计，25家投资者中，产业投资者以及与产业投资者组团投资的共9家，投资金额326.9亿元，占比30.5%；国内投资者12家，投资金额590亿元，占比55.1%；惠及百姓民生的投资者4家，投资金额320亿元，占比29.9%；民营资本11家，投资金额382.9亿元，占比35.8%。中石化试水混合所有制经济改革，是新时期央企改革进程中的一个典型案例，改革的成效还需拭目以待。

2.3 混合所有制经济发展面临的主要问题

虽然经过近二十年的不断发展，混合所有制经济已经确定为我国基本经济制度的重要实现形式，混合所有制经济发展也取得了一定的成效，但是囿于国企改革滞缓、民营企业自身经营管理不完善、支撑混合所有制经济发展的法制环境不健全等方面的不足，未来进一步推进混合所有制经济发展还面临很多困难和问题。

2.3.1 国有企业改革滞缓

虽然，早在2003年国务院就出台了《企业国有资产监督管理暂行条例》，但是十几年来，国企改革依旧遭到诟病，国企改革还存在很多问题，影响混合所有制经济的发展。具体表现在：①股份制改造时，相当部分企业不规范。一些企业资产评估过低或不评估；一些企业以账面净资产折股，既没有计算土地使用费和厂房、设备的重要价值，也没有考虑企业的无形资产；企业主管部门搞部门所有制，给股份联合带来障碍；一些工作人员甚至入“权力股”，搞权钱交易，致使国有资产流失。②股份制改造后，没有实行“股权平等，同股同利，风险共担”的原则。公司治理结构虽在形式上与一般股份有限公司无异，但实质上由于行政化特点仍然较为突出，其运行限制颇多，不利于经营效益的提高、管理机制的创新，竞争力受到束缚，难以达到实质效果。在分配上，对国家股、法人股和个人股实行不同的分红率，有的企业甚至不给国家股分红，致使国家股红利流失。③国资委的职能不清。国资委既是代表国家的出资人，又是监管机构，甚至可以在公司内派驻监事会，其职能过于集中且区分不清。行政决策权、经营权与监督权握于一手，难以形成有效牵制，使监管丧失实质效果，内部运行效率低下，甚至导致腐败，最终不利于公司的发展。国家控股，即意味着它是最大股东，而不是唯一股东，企业的专制不符合市场经济的效率与公平原则，阻碍了企业自身发展。④公司重要人事的任免与考核的行政化管理不符合市场经济的要求，也不符合现代商事法律基本精神。比如有些改制后的企业经营者基本上还是通过上级行政命令指派，代理人其实还是由政府按任命干部的方式挑选，并且大部分仍旧委托给原来的经营班子。董事长、总经理与公务员不分，盈利目标和社会目标不分，没有形成按盈利目标选择企业家的内在机制。股东大会除了在制订分红方案时起有限作用之外，在选举董事会方面并未享有相应的权力。不少企业反映，由于董事长和总经理常由一人兼任，而董事会成员基本上都是本企业职工，根本管不了也管不到自己的顶头上司，实际上并不能参与、了解决策过程，董事会形同虚设。

2. 3. 2　民营企业自身经营管理不完善

民营企业自身发展总体上还存在许多问题，这制约了混合所有制企业的进一步发展。我国民营企业经过 30 多年的发展，已经出现了一大批大型现代企业，一些民营企业已成为上市公司，实现了由私人资本向资本社会化的方向转型。但是，总体上看我国民营企业发展还存在三方面问题，一是资本规模还较小，大型民营企业集团数量还较少，绝大多数民营企业还不具备参与国有企业股权多元化改革的实力，更难以与国外大型跨国公司抗衡；二是民营企业治理结构还不规范，即使是一些上市公司，企业家行为仍随意性很大，公司治理的规范水平也有待提升，这不利于混合所有制企业的形成，即使组建了混合所有制企业，也难以形成规范的公司治理结构；三是民营企业家族式管理问题严重，企业管理现代化水平低，企业管理科学化现代化受到家族人员素质的严重制约。这使得民营企业难以在公司管理方面与国有企业融合，可能导致管理冲突和文化冲突。

2. 3. 3　市场环境和法律体系不完善

我国市场环境和法律体系还不完善，还存在制约混合所有制经济发展的众多问题。统一开放、竞争有序的市场体系，是各类所有制经济公平竞争、共同发展的基础，也是混合所有制经济发展的重要保障条件。总体而言，我国公平开放透明的市场规则还没有完全形成，在一些重要行业还存在国有经济的垄断行为，存在民营企业进入“玻璃门”问题。大型国企利用自身的资源规模和垄断地位，在国家补贴、税收、融资和监管方面存在显性或隐性优势，与非国有企业产生排异现象和不公平竞争，同股不同权、同股不同酬，决策权不平等、收入分配不公平，在一定程度上挫伤了非国有产权主体的积极性，并引发了一系列矛盾。从法律体系看，现有法律还不能完全保证各种所有制经济同等受到法律保护，不能完全保证各种所有制依法平等使用生产要素、公开公平公正参与市场竞争，发展混合所有制经济的法律环境还有待完善。尤其是，产权保护和产权流动的法律保障制度有待进一步完善。产权是所有制的核心，产权清晰、权责明确、保护严格、流转顺畅的现代产权制度是混合所有制企业组建和健康持续发展的最基本保障，我国在现代产权制度建设方面还有许多工作要做。

2.3.4 支撑混合所有制经济发展的资本市场建设滞后

混合所有制企业作为一种资本组织形式，必须借助股份制来实现，而股权的生命在于流通，在没有股权交易平台的情况下，大规模推行混合所有制经济几乎是不可能的。

2010～2012年，民营资本参与国有企业股权受让的规模有4473宗，这些大宗交易是上市公司通过沪深证券交易所进行的，还有十几万家的非上市国有企业无法参与此类交易。发展混合所有制经济，需要有一个为各种资本提供自由流动服务的市场，以方便资本、股权交易。场外股权交易市场专门为非上市企业提供股权托管、交易服务，国有企业进场挂牌能为股权流动提供便利条件，促进混合所有制经济的快速发展。我国场外股权交易市场历经多次关停，致使其发展严重滞后，至今仍处于探索阶段，除了中小企业股权转让系统外，大多数省市也开办了此类市场，但目前市场规模太小，挂牌的企业以民营创新企业为主，国有企业极少，发展场外股权交易市场的任务紧迫。

2.4 促进混合所有制经济发展的措施与政策

2.4.1 党中央对发展混合所有制经济的指导性意见

改革开放以来，在坚持公有制为主体、多种所有制经济共同发展的前提下，党中央对发展混合所有制经济的指导意见也在逐步明晰和完善。

中共十五大首次提出混合所有制经济概念："要全面认识公有制经济的含义，公有制经济不仅包括国有经济和集体经济，还包括混合所有制经济中的国有成分和集体成分。一切反映社会化生产规律的经营方式和组织形式都可以大胆利用。要努力寻找能够极大促进生产力发展的公有制实现形式。目前城乡大量出现的多种多样的股份合作制经济，是改革中的新事物，要支持和引导，不断总结经验，使之逐步完善。劳动者的劳动联合和劳动者的资本联合为主的集体经济，尤其要提倡和鼓励。"

十六届三中全会指出："要坚持公有制的主体地位，发挥国有经济的主导作用，积极推行公有制的多种有效实现形式，加快调整国有经济布局和结构。要适应经济市场化不断发展的趋势，进一步增强公有制经济的活力，大力发展国有资本、集体资本和非公有资本等参股的混合所有制经济，实现投资主体多元化，使股份制成为公有制的主要实现形式。要大力发展和积极引导非公有制经济，允许非公有资本进入法律法规未禁入的基础设施、公用事业及其他行业和领域。建立归属清晰、权责明确、保护严格、流转顺畅的现代产权制度，有利于各类资本的流动和重组，推动混合所有制经济发展。”

中共十七大强调：“坚持和完善公有制为主体、多种所有制经济共同发展的基本经济制度，毫不动摇地巩固和发展公有制经济，毫不动摇地鼓励、支持、引导非公有制经济发展，坚持平等保护物权，形成各种所有制经济平等竞争、相互促进新格局。深化国有企业公司制股份制改革，健全现代企业制度，优化国有经济布局和结构，增强国有经济活力、控制力、影响力。深化垄断行业改革，引入竞争机制，加强政府监管和社会监督。以现代产权制度为基础，发展混合所有制经济。”

十八届三中全会更是从理论和顶层设计上确立了发展混合所有制经济的地位和方向，会议强调：“公有制为主体、多种所有制经济共同发展的基本经济制度，是中国特色社会主义制度的重要支柱，也是社会主义市场经济体制的根基。必须毫不动摇巩固和发展公有制经济，坚持公有制主体地位，发挥国有经济主导作用，不断增强国有经济活力、控制力、影响力。必须毫不动摇鼓励、支持、引导非公有制经济发展，激发非公有制经济活力和创造力。国有资本、集体资本、非公有资本等交叉持股、相互融合的混合所有制经济，是基本经济制度的重要实现形式，有利于国有资本放大功能、保值增值、提高竞争力，有利于各种所有制资本取长补短、相互促进、共同发展。允许更多国有经济和其他所有制经济发展成为混合所有制经济。国有资本投资项目允许非国有资本参股。允许混合所有制经济实行企业员工持股，形成资本所有者和劳动者利益共同体。”

纵观各时期党对发展混合所有制经济的指导意见，可以看出，发展混合所有制经济符合生产社会化规律，是我国社会主义市场经济理论和实践不断完善、提升的必然要求，这种理论和制度上的重大突破，必将推动经济社会的繁荣发展。

2.4.2　有利于混合所有制经济发展的主要政策措施

自党的十五大正式提出混合所有制经济以来，国家层面还没有出台关于促进混合所有制经济发展的专门性文件。目前出台的文件中，基本上都是围绕促进非公有制经济发展、改善民间资本投资环境等有利于混合所有制经济发展的辅助性政策。

（1）《国务院关于鼓励支持和引导个体私营等非公有制经济发展的若干意见》

2005 年，国务院致力于消除影响非公有制经济发展的体制性障碍，为非公有制经济发展创造良好环境。在放宽非公有制经济市场准入、加大对非公有制经济的财税金融支持、完善对非公有制经济的社会服务、维护非公有制企业和职工的合法权益、引导非公有制企业提高自身素质、改进政府对非公有制企业的监管、加强对发展非公有制经济的指导和政策协调等七个方面，制定了 36 条具体措施来促进非公有制经济持续健康发展。该意见是近十年来，国家层面出台的有利于混合所有制经济发展的第一个重要文件。

（2）《国务院关于鼓励和引导民间投资健康发展的若干意见》

2010年，为激发我国经济增长的内生动力，稳固经济可持续发展的基础，促进经济长期平稳较快发展，进一步扩大社会就业，增加居民收入，拉动国内消费，国务院出台了《鼓励和引导民间投资健康发展的若干意见》。该意见要求进一步拓宽民间投资的领域和范围，鼓励和引导民间资本进入基础产业和基础设施、市政公用事业和政策性住房建设、社会事业、金融服务、商贸流通、国防科技工业等领域；鼓励和引导民间资本重组联合和参与国有企业改革，支持有条件的民营企业通过联合重组方式做大做强；支持民营企业参与国家重大科技计划项目和技术攻关，帮助民营企业建立工程技术研究中心、技术开发中心，不断提高企业技术水平和研发能力；鼓励民营企业加大新产品开发力度，发展战略性新兴产业，积极参与国际竞争。

2012年7月，为了让《鼓励和引导民间投资健康发展的若干意见》真正“落地”，国务院相关部门相继出台了42项促进民间投资健康发展的实施细则。实施细则在制定过程中力求有所突破、迈出了实质性步伐。比如，《关于国有企业改制重组中积极引入民间投资的指导意见》，在明确了引入民间投资四项原则的同时，提出了产权市场、股票市场和股权投资基金等三种市场化方式，并规定“不得在意向受让人资质条件中单独对民间投资主体设置附加条件”。又如，《关于鼓励和引导民间资本进入银行业的实施意见》，将村镇银行主发起行的最低持股比例由20%降低到15%。再如，为提高政策措施的可操作性，鼓励社会资本举办医疗机构的实施细则印发后，卫生部等有关部门积极完善配套规则，相继发布6个文件，进一步健全了社会办医的政策法规体系。《关于鼓励和引导民间资本进一步扩大能源领域投资的实施意见》，除对新36条规定的政策措施进行了细化外，还提出了煤炭资源勘探、开采、经营、加工转化，以及电网、炼油和新能源等领域鼓励民间投资发展的政策措施，努力将鼓励民间资本进入能源领域的政策措施系统化。此外，鼓励民间资本进入农田水利、水土保持工程建设，以及市政公用事业、科技创新、体育、旅游、文化等领域的实施细则，也具有很强的系统性和可操作性。鼓励民间投资进入国民经济的各个领域，降低民间资本进入垄断性行业的门槛，有利于混合所有制经济中非公资本与国有资本的结合。

（3）《国务院关于创新重点领域投融资机制鼓励社会投资的指导意见》

2014年，为了进一步发挥社会资本特别是民间资本在公共服务、资源环境、生态建设、基础设施等重点领域的投资作用，国务院出台了该《指导意见》，《指导意见》的创新体现在5个方面，包括市场准入、投资运营机制、政府投资方式、融资方式和渠道、价格形成机制等。

一是实行统一市场准入，创造平等投资机会。《指导意见》在一些重点领域进一步放开市场准入，向社会资本特别是民间资本敞开大门。比如，《指导意见》提出鼓励社会资本加强能源设施投资，支持社会资本在做好生态环境保护、移民安置和确保工程安全的前提下参与水电建设，积极吸引社会资本投资电网建设，鼓励社会资本参与油气管网、储存设施建设运营等。

二是创新投资运营机制，扩大社会资本投资途径。创新吸引社会资本的方式，鼓励社会资本进入公共服务和基础设施领域，有利于将政府的政策意图与社会资本的管理效率有机结合，推动各类资本相互融合、优势互补。《指导意见》明确提出，在公共服务、资源环境、生态保护、基础设施等领域，推广政府与社会资本合作（PPP）模式，创新投资运营机制，积极扩大社会资本投资途径。

三是优化政府投资使用方向和方式，发挥引导带动作用。优化政府投资使用方向和方式，提高政府投资效益，有利于引导社会资本投资方向，更好地发挥政府投资“四两拨千斤”的带动作用。《指导意见》提出，政府投资主要投向公益性和基础性建设。在同等条件下，优先支持引入社会资本的项目。根据项目情况，通过投资补助、基金注资、担保补贴、贷款贴息等多种方式，支持社会资本参与重点领域建设。

四是创新融资方式，拓宽融资渠道。创新融资方式，为社会资本提供更好的融资服务，是发挥社会资本作用的重要保障。《指导意见》在信贷服务、担保、产业投资基金、股权债权融资等方面，多措并举，丰富社会资本的融资方式和渠道。比如，创新信贷服务，支持开展排污权、收费权、购买服务协议质押等担保贷款业务，探索利用工程供水、供热、发电、污水垃圾处理等预期收益质押贷款。发展股权和创业投资基金，鼓励民间资本发起设立产业投资基金，政府可以通过认购基金份额等方式给予支持等。

五是完善价格形成机制，发挥价格杠杆作用。为了保障项目盈利能力，稳定社会投资预期，为社会资本进入创造条件，需要完善价格形成机制。《指导意见》对水利、市政基础设施、能源、社会事业等领域价格提出了改革措施。比如，营利性民办学校收费实行自主定价，非营利性民办学校收费政策由地方政府按照市场化方向根据当地实际情况确定。又比如，进一步推进天然气价格改革，2015 年实现存量气和增量气价格并轨，逐步放开非居民用天然气气源价格。

（4）《关于开展政府和社会资本合作的指导意见》

“PPP”项目模式是加快混合所有制经济发展的有效路径。为贯彻落实《国务院关于创新重点领域投融资机制鼓励社会投资的指导意见》中关于推广 PPP 的有关要求，国家发展改革委专门印发了《关于开展政府和社会资本合作的指导意见》，从项目适用范围、部门联审机制、合作伙伴选择、规范价格管理、开展绩效评价、做好示范推进等方面，对开展政府和社会资本合作提出具体要求。

开展政府和社会资本合作是创新投融资机制的重要举措，对拓宽社会资本投资渠道、促进投资主体多元化、发展混合所有制经济、加快政府职能转变具有重要意义。国家发展改革委要求各地要建立部门联动、分工明确、协同推进的工作机制，积极探索、大胆创新，建立合理投资回报机制，保障政府和社会资本合作积极稳妥推进。

《意见》要求，各地可根据当地实际及项目特点，通过授予特许经营权、政府补贴或购买服务等措施，灵活运用 BOT、BOO、BOOT 等多种模式，切实提高项目运作效率。各省区市发展改革委要认真做好PPP项目的统筹规划、综合协调等工作，及时建立PPP项目库，按月对项目进展情况进行调度汇总，积极推动PPP项目顺利实施。

同时，随《意见》一并印发了《政府和社会资本合作项目通用合同指南》，按照平等合作、互惠互利、依法合规等原则，针对不同模式合作项目的投融资、建设、运营、移交等阶段，从合同各方的权责配置、风险分担、违约处理、政府监管、履约保证等方面，提出合同编制的注意事项及有关要求，供PPP项目参与各方参考借鉴。

(5)《国务院关于进一步优化企业兼并重组市场环境的意见》

该《意见》在关于跨所有制兼并重组方面做出了框架性制度安排，有利于混合所有制经济的发展。由于国有企业改革不到位、考核评价体系不完善，产权跨所有制流动存在障碍，后期整合会面临职工身份转换、土地使用、资产整合、债务处置等诸多问题，导致企业跨所有制兼并重组动力不足。《意见》指出，放宽民营资本市场准入。向民营资本开放非明确禁止进入的行业和领域。推动企业股份制改造，发展混合所有制经济，支持国有企业母公司通过出让股份、增资扩股、合资合作引入民营资本。加快垄断行业改革，向民营资本开放垄断行业的竞争性业务领域。优势企业不得利用垄断力量限制民营企业参与市场竞争。同时要深化国有企业改革。深入推进国有企业产权多元化改革，完善公司治理结构。改革国有企业负责人任免、评价、激励和约束机制，完善国有企业兼并重组考核评价体系。加大国有企业内部资源整合力度，推动国有资本更多投向关系国家安全、国民经济命脉的重要行业和关键领域。

2.4.3 关于支持引导混合所有制经济发展的专项指导意见亟需出台

目前，发展混合所有制经济已成为深化经济体制改革的重头戏，要抢抓当前经济体制改革创新的重大机遇，顺应不同所有制经济寻求合作的内在要求，抓紧制定发展混合所有制经济的指导意见，为发展混合所有制提供依据和规范，引导混合所有制经济健康发展。“发展混合所有制经济面临的困难和问题大多是难啃的‘硬骨头’。尽快解决这些问题直接关系到混合所有制的发展进度，关系到混合所有制经济的成败。现在方向已经明确，关键在于细则。”国务院国有重点大型企业监事会主席季晓南说。要抓紧制定全面深化国有企业改革的有关文件，搞好总体规划和顶层设计；抓紧起草出台发展混合所有制的文件和规定，为发展混合所有制提供依据和规范；抓紧制定相关配套改革意见，为发展混合所有制创造良好条件；积极拓展发展混合所有制的途径和方式，选择易于突破的领域和环节先行推开。相对于高管选聘、员工持股这类比较敏感复杂的改革措施，可以尽可能选择一些重大项目对民营资本先行开放。各级政府和有关部门应不断推出社会资本参与投资运营的项目清单。

回顾我国混合所有制经济的发展历程，检视当前混合所有制经济发展的现状，认真剖析混合所有制经济发展过程中面临的主要困难和存在问题，可以发现，我国的混合所有制经济改革不是一帆风顺，还有很长的路要走，混合所有制经济的发展还需要全方位、多方面的研究与制度设计。《2015年政府工作报告》中，党中央强调要“有序实施国有企业混合所有制改革，鼓励和规范投资项目引入非国有资本参股”，调整了十八届三中全会《决定》中“积极发展混合所有制经济”和《2014年政府工作报告》中“加快发展混合所有制经济”的方针，说明我们确实有必要放慢节奏，统筹考虑推进混合所有制经济中显明的与潜在的矛盾，扎实稳妥地进行混合所有制经济改革。

执笔：张少苹（中国中小企业协会政策研究部助理）

参考文献

[1] 汪海波．国民经济恢复时期恢复、发展工业的基本经验．中国社会科学院研究生院学报．1995（1）
[2] 中国统计年鉴．北京：中国统计出版社版，1994
[3] 曹立．混合所有制研究——兼论社会主义市场经济的运行基础．博士论文，2002
[4] 钟长明．我国混合所有制生成和发展研究．硕士论文，2009
[5] 中共中央党校经济学部课题组．发展混合所有制经济政策的现实意义．学习时报，2014-02-24
[6] 赵晓勇．建议出台积极发展混合所有制经济的指导意见．人民政协报，2014-01-17
[7] 张卓元．混合所有制经济是什么样的经济．求是，2014（8）
[8] 李毅中．发展混合所有制经济要落实到企业做好顶层设计．宏观经济管理，2014（4）
[9] 黄群慧．新时期如何积极发展混合所有制经济．行政管理改革，2013（12）
[10] 汪再兴．我国混合所有制经济发展状况，2014
[11] 陈永杰．混合所有制经济约占我国经济总量的1/3．中国民商，2014-02-18
[12] 周新城．关于巩固和完善基本经济制度的若干问题．学习论坛，2014（8）
[13] 张新铭．深化改革背景下发展混合所有制经济的思考．学习论坛，2014（8）
[14] 十五大、十六届三中全会、十七大、十八届三中全会报告

第3章

混合所有制经济发展与经济体制改革

- 引言与文献综述
- 现行所有制经济结构与市场经济发展的关系
- 促进混合所有制经济发展是全面深化改革的必然选择
- 促进混合所有制经济健康发展的原则和路径

3.1　引言与文献综述

企业作为市场微观主体，其行为方式对市场经济运行将产生深刻的影响，建设自负盈亏、自我约束、自我发展的市场微观主体也是建立市场发挥决定性作用的根本前提。产权制度的完善正是建设高效的市场微观主体的基本要求。十八届三中全会把混合所有制经济提升到我国基本经济制度重要实现形式的高度，进一步明确了混合所有制经济的发展方向和路径，这就使完善产权制度和深化经济体制改革具有了新的有效载体。因此，混合所有制经济的充分发展，将在继续保持公有制经济发挥主导作用的前提下，保证各种所有制经济公平参与竞争，避免因所有制分割而导致的资源配置损失，是建立市场发挥决定性作用社会主义市场经济体制的重要保障。

当前所有制经济关系现状仍差强人意，不同所有制之间的资源流动壁垒重重，彼此之间的竞争关系扭曲，主要体现在国有经济在预算约束软化条件下依托规模和政策优势无序扩张，利用市场垄断地位不正当挤压其他所有制经济发展空间，以做大做强国有资产邀功，以政策性亏损塞责，缺乏全局性整体性视野，更无国民福利最大化观念，借全民所有为名，行部门私利之实，对目前全力推进的经济体制已形成严重的阻碍作用。在这样的情形下，通过混合所有制经济改革，鼓励不同所有制经济的交叉持股或其他不同形式的融合，不仅能够借用民营企业等所有制经济赢利能力促进国有资产的保值增值，还能够推动各类资源在全社会的自由流动，提高整体资源配置效率和最大化国民福利。这里唯一可能受损的是个别国有经济代理人的利益，牺牲的是部分国有企业的市场控制权和支配权，但换来的却是公有制经济更加健康持久的发展和最广大国民福利的提高。

正是因为当前中国所有制经济存在的诸多矛盾和问题，才使发展混合所有制经济及由此促进经济体制改革显得尤为重要，也为我们深入探索混合所有制自身具有的特殊功能以及如何发挥内在功能促进经济体制改革提出了新的命题。

国内也有许多学者对混合所有制对深化经济体制改革的重大意义进行了研究和探索。有学者认为混合所有制的产生是市场经济发展的必然要求。贾利军（2000）在市场经济条件下，企业为提高经济效益必然积极促进生产要素在不同所有制企业之间的合理流动和优化组合，这是混合所有制经济产生的基础。贾康和苏京春（2014）指出产权制度的完善是建立市场发挥决定性作用的根本前提，而混合所有制改革是混合所有制经济这种富有效率和活力的资本组织形式，成为深化经济体制改革的新的有效载体，也更有利于促进多种所有制经济共同发展。李绍荣（2014）指出，十八大以后的混合所有制改革重视股权为主的资本混合，要实现经济主体的市场化，不同于十五大以后以股份制改造、引进外部投资的国有企业改革。他的这一论断事实上表明，混合所有制改革是要以资本为纽带，将不同所有制经济有机融合起来，并使相关经济主体真正按照市场规则来管理经营企业，强调了混合所有制改革对建立社会主义市场经济体制的作用。胡月晓（2014）更加重视混合所有制改革具有的推动我国经济后续改革的顶层设计引领作用。他认为不同于公司组织制度的变革，混合所有制改革是对我国所有制结构的重新定位，所有制结构重新定位后，投融资体制变革、产业管制放松、工商等企业管理体制变革等经济后续改革阻力将大为减少。

不过，也有学者从发展壮大公有制经济主体地位或者完善基本经济制度的角度论述了混合所有制改革的重要意义。黄群慧（2013）认为混合所有制企业有利于国有企业建立规范的公司治理结构，有利于增强国有资本或公有资本对其他资本的辐射功能，提升整个公有经济的竞争力和实现公有制的主体地位的要求。这一论述的意义在于指明了混合所有制改革本身不仅是建立完善的社会主义市场经济体制的重要途径，而且也是维护和发展社会主义基本制度的重要手段，实现了经济制度和经济体制的本质和形式的有机统一。张卓元（2013）则一针见血地指出，混合所有制是基本经济制度的重要实现形式，发展混合所有制经济，有利于淡化所有制色彩，指明了深化国有企业改革、推进国有资本战略性调整的方向，指明了非公有资本参与国有企业改革改组进而实现与其他资本平等竞争的方向，这成为今后夯实和完善我国基本经济制度的重要着力点。这一论述也强调了混合所有制在完善基本经济制度和促进各类资本平等竞争方面的作用。

以上有关论述强调了发展混合所有制经济对经济体制改革的重要作用。为了更深入地了解混合所有制改革紧迫性以及对经济体制改革的推动作用，我们试图通过有关数据来剖析当前所有制经济发展存在的问题，并运用有关经济学理论来论证混合所有制经济对推动经济体制改革的重要引领作用，在此基础上探索有效推动混合所有制改革及相关经济体制改革的具体途径。

3.2 现行所有制经济结构与市场经济发展的关系

坚持公有制为主体、多种所有制经济共同发展是我国的基本制度，这一提法早在中国共产党第十五次全国代表大会的报告上就已经提出来了，但是，关于这种基本制度的具体实现形式却一直处于探索之中。中国共产党十八届三中全会进一步强调了坚持这一基本制度的重要性和决心，同时也指出“要通过积极发展混合所有制经济推动国有企业完善现代企业制度，支持非公有制经济健康发展”。这一表述充分肯定了混合所有制经济对完善产权制度的重要性。那么，党的十八届三中全会为什么会有这样的表述呢？十八届三中全会的《决定》是带有改革宣言性质的重要文件，按照规定的时间表推动经济体制改革、尽快建立市场发挥决定性作用的社会主义市场经济体制是新一届政府的主要施政目标，但是，由于当前公有制和非公有制之间的过于分割的经济关系，不仅公有制经济受到国有企业产权制度不完善的严重影响，而且也已经对非公有制经济的健康发展带来抑制作用。在这种情况下，切实推动混合所有制改革，破除不同所有制经济之间存在的壁垒和对非公有制经济的歧视，就显得尤为重要，甚至将成为决定深化经济体制改革能否成功和市场决定性作用能否发挥的最终决定性因素。那么，当前所有制结构及不同所有制经济之间的关系又在哪些方面对市场经济发展造成了严重障碍呢？

3.2.1 不同所有制经济关系存在的问题

我们试图根据 2015 年中国中小企业协会,《2015 年混合所有制与中小企业发展问卷调查数据库》中的有关调研数据来考察当前所有制经济存在的主要问题。问卷主要调查了民营企业对国有经济及不同所有制经济关系的认知情况，这种认知基本反映了不同所有制经济关系存在的主要问题。

(1) 民营企业对国有经济的认知情况

在 634 份有效问卷中，接受调查者就“国有经济存在的最主要弊端”这一问题的选择回答情况分别是：认为国有经济“与民争利”的有 60 家，认为国有经济存在“垄断”的达到 333 家，认为国有经济“低效率”的有 189 家，认为国有经济管理者“腐败”的有 160 家（见图 3.1）。这些回答从不同方面显示了国有经济存在的最主要弊端。“与民争利”反映了国有经济布局突破了自身应有的界限，即过度参与竞争性行业而不是固守本业承担国计民生的维护作用；“垄断”反映了国有经济在自然性垄断行业之外，还呈现出严重的行政性垄断特征，这种行政性垄断不仅限制了民营经济的进入，而且也可能对上下游民营经济形成垄断性打压；“低效率”则反映了国有经济自身管理经营的效率较为低下，使社会资源配置不能达到最优化，造成了社会资源的浪费；“腐败”则反映了在目前国有企业治理结构下委托—代理关系存在的问题，主要是对管理者的监督缺失使然。

(2) 民营企业对不同所有制经济关系的认知情况

在 634 份有效问卷中，接受调查者就“国有企业与民营企业之间的竞争关系是否公平”这一问题的选择回答情况分别是：认为“严重不公平”的有 256 家，认为“不太公平”的有 309 家，认为“较为公平”的有 69 家（见图 3.2）。这一调查结果反映了绝大部分民营企业都对国有企业与民营企业的竞争关系表示不满意，彼此之间的竞争关系有失公平。在对表示“国有企业和民营企业之间的竞争关系不公平”的民营企业中，围绕“这种不公平最主要体现哪一方面”这一问题，认为“部分行业准入对民营企业存在限制”的有

199 家，认为“国有经济利用垄断地位打压民营企业”的有 228 家，认为“二者融资环境存在明显差异”的有 184 家，认为“财税优惠政策力度不同”的有 75 家（见图 3. 3）。这些回答分别从行业监管部门、垄断国有企业、金融部门和财税部门等方面反映了民营企业相对于国有企业所面临的诸多困境。不同所有制经济存在的这种不平等竞争关系一方面抑制了民营经济的发展，另一方面也不利于国有企业提高自身经营绩效，这些都不利于社会资源配置的最大化和经济活力的提高，更不利于国民经济福利的提升。

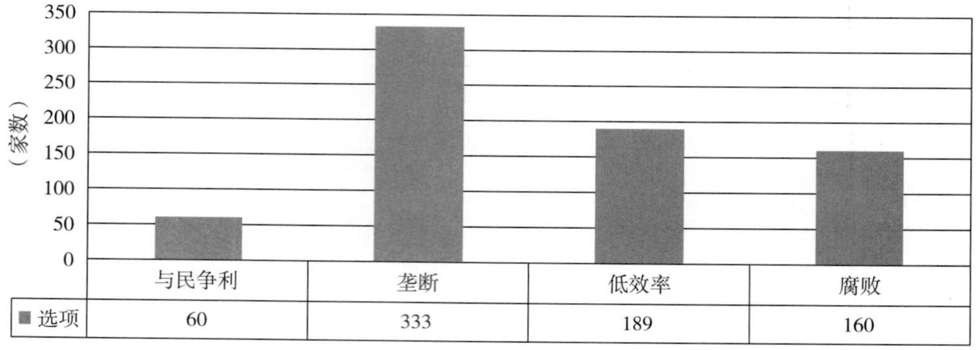

图 3. 1　国有经济存在的最主要弊端的调查结果

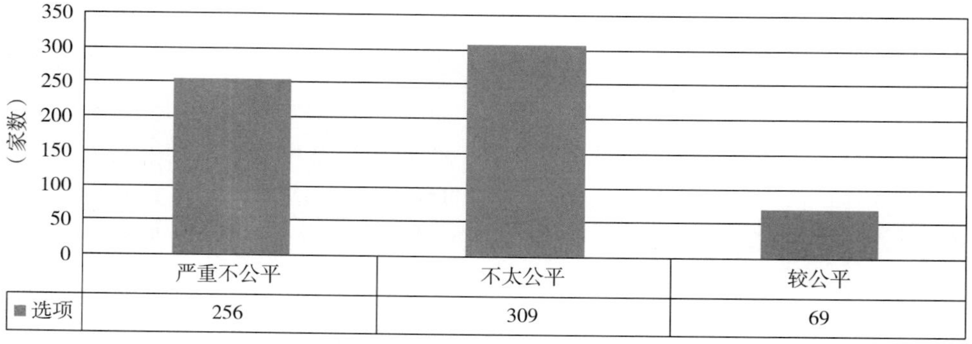

图 3. 2　国有企业与民营企业之间的竞争关系调查结果（一）

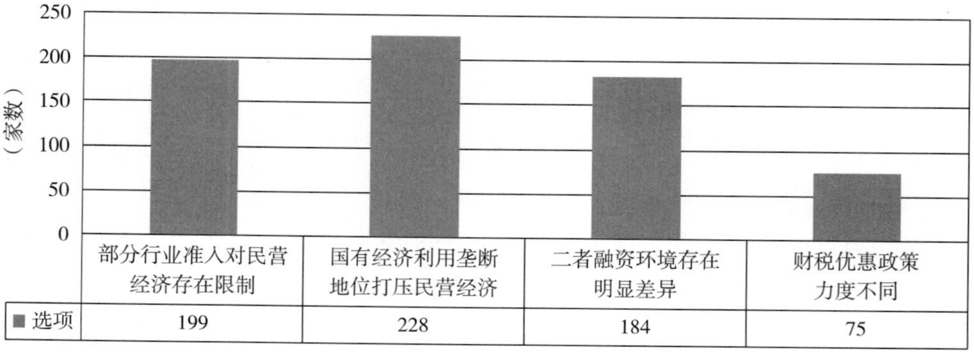

图 3. 3　国有企业与民营企业之间的竞争关系调查结果（二）

3.2.2　当前所有制经济关系对市场经济的影响

（1）国有经济产权制度不完善使市场主体行为发生扭曲

调查问卷中被调查者反映的国有经济存在较为严重的“低效率”和“腐败”问题，其根源在于在国有经济单位没有建立起完善的产权制度所致。尽管“坚持公有制为主体、多种所有制经济共同发展是我国的基本制度”早已经在宪法的层面上得到确认，但是其实现形式一直没有达到一个令人满意的状态。上一阶段国有企业的股份制改革虽然在形式上建立了比较完善的公司治理结构，但是产权制度并没有得到充分完善，新引进的资本参与公司管理的能力和意愿都不足，作为主要出资人的国有资产管理部门的管理监督作用也处于缺失状态，公司委托—代理关系没有彻底理顺，公司也由于管理层的行政化管理致使其受到政府部门的过度干预。因此，股份制改革使国有经济单位获得了股份制的形式，但在本质上仍然是国有股份一股独大，实现了股份制改造的国有经济单位改造前国有独资单位的行为并没有实质性的区别。国有经济产权制度不完善的直接后果是，国有经济单位仍然不能按照市场规则行事，主要表现为：一是国有经济单位经营者的经营目标是经济规模最大化而不是经济效益最大化，更乐于追求资产支配权力的扩大而不能为资本所有方创造最大的收益，这会导致国有经济单位过度投资和低效投资的行为出现；二是国有经济单位管理者缺少足够的监督，管理行政化倾向严重，不仅过度职务消费，甚至在配置内部资源时收受贿赂，腐败现象严重；三是政府部门作为国有经济单位的主要出资人和国有经济单位管理者的任命者，出于部门利益或者暂时的宏观调控需要，往往要求国有经济单位承担过多的非市场取向的行为，比如安排就业和从事投资等，也助长了国有经济单位行为的扭曲。国有经济单位作为主要的市场主体之一，不能按照市场通用规则行事，而只是按照有利于国有经济部分单位管理者和政府部门管理者的意愿行事，市场行为发生了严重的扭曲，势必不利于市场发挥决定性作用的社会主义市场经济体制的建立。

（2）过度分割的所有制经济关系导致了市场不公平竞争

根据调查结果，有将近90%的受访者认为国有企业与民营企业的竞争关系处于不公平的状态，也即国有企业在行业准入和财税金融政策方面都比民营企业占有很大的优势，同时还存在着国有企业利用由此形成的垄断地位在市场上打压民营企业的现象。这种市场不公平竞争关系的形成，主要是由于国有经济与政府部门存在着千丝万缕的联系，包括资产关系和人事关系等，而且在石油、电信、铁路和金融等国民经济关键部门也仍然是国有经济占据着主导地位，国有经济单位彼此之间的关系也比与民营经济的关系更为密切，导致民营企业不仅与财税等政府部门的联系弱于国有企业，而且与金融部门的联系也弱于国有企业，从而使国有企业与民营企业的市场地位严重不对等。但这种市场不公平竞争局面的形成根本上虽然源于所有制经济的结构布局特点，但是国有经济与民营经济彼此之间的没有有机融合，或者说不同所有制经济的过度分割，则是使这种不公平竞争地位形成的现实条件。假如国有经济和民营经济能够通过资本的相互融合及股权的对等表达联为一体，那么原有的体制性歧视及政府国有经济之间从属关系也会被彻底打破，市场不公平的竞争将最终失去存在的现实性条件，各类所有制经济关系也会更加平等，市场竞争机制也才能充分发挥资源配置的引导作用。因此，当前过度分割的所有制经济关系导致了市场不公平竞争，亟需通过更加有效的制度性变革来加以改变，除了部分自然性行业外，其他行业要逐渐摈弃所谓的国有企业和民营企业之类的概念术语，各类出资人与企业都只是投资与被投资的关系，而不是从属关系，都只能以股东身份行使应有的权利，避免出资人对企业的过度干预。

(3) 不平等所有制经济关系使社会资源的配置达不到最优状态

资源有效配置应该以国民福利的提高为最高目标。经济学通常以帕累托效率来衡量资源配置的有效性，即社会资源达到这样一种状态，不降低一部分其他经济主体的福利，就无法提高另一部分经济主体的福利。要达到这样一种有效的资源配置，就要满足交换效率条件、生产效率条件和交换生产的总体效率条件，任何一个条件得不到满足，则社会资源的配置就达不到帕累托效率状态。当前不平等的所有制经济关系就使得社会生产和交换达不到帕累托效率状态。由于国有企业相对民营企业享有诸多的特权，他们就过多地占据了社会资源，由于国有企业生产同样的产品需要投入更多的生产要素，国有企业与民营企业生产同一种商品时，每一种要素的边际产品并不相等；同时，国有企业资金成本低于市场合理成本，民营企业资金成本高于市场合理成本，如果按照成本收益最大化进行投资，那么资金和劳动力的技术替代率对于国有企业和民营企业也是不相等的。因此，要达到帕累托效率状态的生产效率条件无法得到满足，帕累托效率并不能得以实现，资源配置缺乏有效性，社会经济结构也会变得扭曲畸形。总的来说，国有企业将会凭借身份特征获得的资源优势，支配更多的社会资源，但是又不能像民营企业一样生产出同样多的产品出来，在社会资源总量一定的情况下，势必会减少整体社会产出，并降低全体国民福利。我们可以说，当前依然比较严重的产能过剩现象的存在，在很大程度上就是由于国有企业前期盲目过度投资造成的，而国有企业之所以能够获得足够的资金和项目支持，在很大程度上也得益于国有企业与政府和金融部门之间千丝万缕的联系。要使经济结构调整进一步优化，不平等的所有制经济关系必须要彻底加以改变。

(4) 公有制经济占主导却又缺少监督容易滋生体制性腐败问题

公有制经济占主导地位是社会主义中国的根本特征。但是，由于过分强调公有制所有制性质，赋予公有制经济过多的社会性甚至政治性属性，公有制经济单位就特别容易受到相关政府部门的干预，而且这种干预通常并不遵从市场规则，不仅导致公有制经济单位行为扭曲，而且政府部门部分人员还凭借这种干预能力，以权谋私，甚至贪污受贿，使得政府部门公信力受到极大的不良影响。可以说，此前广泛存在的行政权力部门工作人员的贪污腐败，除了一部分由于凭借审批权而获得外，还有很大一部分是由于他们凭借对公有制经济单位的业务影响力和人事安排权力而获得的，公有制经济占主导但是又受控于政府有关部门甚至部门部分人员，体制性腐败就有了土壤。进一步，由于公有制经济单位的领导行为缺少监督，而公有制经济单位通常经济规模和社会影响力较大，他们对公有制经济单位内部事务的处置权也为他们创造了贪污受贿的条件，同时其他一些受控于他们的其他经济单位也为了经营需要不得不向他们行贿送礼，著名的河北“水官”事件就充分反映了这一点。所以，公有制经济占据主导地位却缺少有效监督，并没有直接为全体人民带来明显的福利，反而为相关管理人员或经营人员贪污腐败创造了条件，不仅降低了经济活动效率，而且败坏了社会道德风气，削弱政府公信力，甚至对社会的和谐稳定造成了严重威胁。从这个角度来看，当前的反腐败不仅立足于惩罚威慑，也需要减少工作人员贪污腐败的机会，对政府过度干预形成制约，对公有制经济单位管理者强化管理监督，才能最终达到基本消除贪污腐败和减少公众不满的目的。

3.3　促进混合所有制经济发展是全面深化改革的必然选择

3.3.1　发展混合所有制经济是培育高效微观主体的需要

我国要建立市场发挥决定性作用的市场经济体制，必然要培育高效的微观经济主体，即市场参与者必须是追求企业利益最大化目标下的自负盈亏、自我约束的经济主体。换句话说，除了极少部分自然垄断性企业外，其他企业不应该盲目追求企业规模最大化和管理权限最大化，也不应该不顾企业效益的好坏追求企业员工福利的最大化，因为这些行为会影响到企业成本费用和利润的核算，导致企业的成本收益曲线发生变动，使企业的产量和价格发生扭曲，不能通过最优化行为使资源配置达到帕累托效率，造成社会总福利的不必要减少。同时，如果企业不以企业利益最大化为目的，仅仅是因为受到国家特殊政策的保护而存活下来，更容易我行我素，盲目扩张，而这势必又会导致该行业产能出现过剩，压缩正常经营企业的利润空间，甚至迫使这些有效市场主体惨淡经营甚至退出市场，产生“劣币驱逐良币”现象，从而严重威胁市场经济的有效运行。

以上问题突出表现在国有企业身上，民营企业则存在另外一些问题影响其成为高效微观主体。民营企业大多采用家族治理的管理模式，这种模式在企业发展初期有利于增强企业的凝聚力和避免委托—代理问题，对企业发展具有积极意义；但是，当企业发展到较大规模后，家族治理模式容易导致任人唯亲和排斥外来优秀管理人员的问题，同时也会伴随家族内部的利益纷争，严重干扰企业正常经营管理。

混合所有制的引进对改变国有企业和民营企业经营管理行为都有积极的影响。国有企业如果引进民营企业股权，让民营企业有效参与国有企业经营决策，民营企业自身的利益最大化取向就会对国有企业预算软约束的倾向产生有力的约束作用，对国有企业日常经营过程存在的过度浪费甚至腐败行为产生监督作用，对于解决国有企业委托—代理问题和促使国有企业经营管理者追求企业利益最大化具有重要意义；民营企业引进国有企业股权，民营企业存在的任人唯亲和内部纷争问题也会受到较大程度的抑制，对于完善民营企业治理结构打造高效微观主体具有较大促进作用。

3.3.2 发展混合所有制经济是营造公平竞争环境的需要

公平的竞争环境是市场发挥决定作用的基础。只有当市场竞争是公平的，市场机会对所有市场主体都是平等的，成本和价格才能真正成为引导资源配置的信号和最终推动力；如果市场竞争是不公平的，部分市场主体凭借特殊关系获得优于其他市场主体的市场地位和市场机会时，成本和价格对资源配置的引导作用就会失灵，高成本低质量产品的市场提供者取代了那些低成本高质量产品的市场提供者，就会导致资源误配置，同样的社会资源投资不能获得最大的社会产出，从而进一步影响整个社会福利水平的提高。从微观角度讲，市场竞争环境不公平还会导致部分市场参与者出现意料之外的亏损，使这些市场参与者的生产经营活动甚至个人和家庭生活陷于困境，市场竞争的不公平就最终可能导致社会不公平问题的出现。

根据中国中小企业协会的调查数据，在620个有效问卷回答中，有126家受访企业表示国有企业与民营企业之间的单向或相互持股对于建立公平自由的市场竞争环境意义“非常大”，有250家认为“很大”，有206家认为“一般”，有42家认为“不大”。这些结果表明，虽然有一部分企业认为混合所有制意义不是很明显，但大部分企业仍然认为混合所有制对于促进公平自由的市场竞争环境意义较大。混合所有制经济为什么会对营造公平竞争环境这么重要呢？目前，国有企业相对民营企业具有多方面的优越性，包括一定的市场垄断地位和获取金融资源和人力资源的便利性等，而这些优越性很多都是由于所有制歧视造成的。如果推动混合所有制经济发展，国有企业和民营企业就可能相互交叉持股，不仅能对国有企业市场垄断行为形成一定的约束，也有利于民营企业获取金融资源和引进高端人才，以及最大程度拓展市场机会等。混合所有制经济的发展将有利于消除国有企业和民营企业的划分，而代之以国有股份和民营股份的划分，使民营企业摆脱因所有制身份而受到的各类不公平待遇，有利于公平竞争环境的建立。

3.3.3 发展混合所有制是促进资源自由流动的需要

资源自由流动是社会资源有效配置的前提。市场价格是引导社会资源流动的信号，

但是，如果有体制性障碍，市场价格的信号引导功能并不能有效发挥。目前，我国还存在各类形式的垄断和投资进入壁垒，它们的存在使资源配置不能自由流动，市场价格引导资源配置的作用就会失效，资源配置也就达不到最大化的程度，帕累托效率不能实现。

因此，资源自由流动对于市场发挥决定作用和帕累托效率的实现具有重要作用，那些阻挡自由流动的因素需要彻底消除。

发展混合所有制有助于消除阻碍资源自由流动的因素。发展混合所有制使民营企业可以参股国有企业并行使相应的决策权，从而可以消除部分垄断性国有企业设置的行业进入壁垒；同时，发展混合所有制有助于消除所有制歧视，政府设置的倾向于国有企业而阻抑民营企业投资的行政性壁垒也会逐渐消除。而且，发展混合所有制经济，促使国有经济和民营经济之间的交叉持股和深度合作，突破了不同所有制经济之间的藩篱，本身也就是资源自由流动的体现，有助于社会资源在更宽广的范围内自由流动。

3.3.4　发展混合所有制是避免政府过度干预的需要

我国的改革方向是要建立市场发挥决定性作用的社会主义市场经济体制。客观地说，市场发挥决定性作用并不排斥政府进行宏观调控的作用，但是却要避免政府的过度干预，因为政府过度干预也会影响市场价格信号作用的发挥。由于国有企业的所有权性质，我国政府对国有企业往往提出多方面的要求，特别是希望国有企业承担更多的社会职能，包括干涉国有企业劳动用工和投资布局决策等，同时，政府也回报国有企业在财税、融资和土地等方面的各类优惠。不过无论哪一种行为，都属于政府过度干预的范畴。这些行为进一步扭曲了国有企业经营行为，不利于国有企业的正常经营。

发展混合所有制经济后，国有企业和民营企业身份的界限逐渐消失，而代之以国有股份和民营股份的区分，政府干预国有企业经营的行为将受到民营股份追求利益最大化本质的有力约束。同时，发展混合所有制经济后，政府某些政策优惠也失去了所有制基础，从而出台的财税、金融和金融政策也将更加公平和平等。当前，我国国有企业的力量还很巨大，布局也较广泛，政府干预国有企业的程度也比较严重，迫切需要推动混合所有制经济的发展，让民营经济最大程度进入国有经济，消弭国有企业和民营企业身份的显著差别。

3.4　促进混合所有制经济健康发展的原则和路径

3.4.1　破除公有制经济为主体就是国有经济占支配地位的思想观念

生产资料公有制是社会主义的根本经济特征，是社会主义经济制度的基础。党的十八大《决定》中提出，要坚持“公有制为主体、多种所有制经济共同发展”，以及“必须毫不动摇巩固和发展公有制经济，坚持公有制主体地位，发挥国有经济主导作用，不断增强国有经济活力、控制力、影响力”。这一表述重申了公有制经济的主体地位和国有经济主导作用，这对保持社会主义发展方向和坚持社会主义经济制度是必要和必须的，但是正确理解这一阐述的实质内涵也至关重要，否则极容易导致盲目扩大公有制经济范围并带来国有经济的过度扩张，损及民营经济乃至整体经济的健康发展。

公有制为主体主要体现在“质”的提高及由此伴随的对宏观经济控制力的增强方面，绝不是体现在“量”的简单积累上。公有制经济与私有制经济的区别在于，公有制经济主要实行按劳分配制度，私有制经济主要实行按劳分配和按资分配相结合的制度。公有制为主体是为了保持社会主义方向，换句话说，是要防止其他所有制经济可能出现的对普通劳动者的过度剥削，保证按劳分配和按资分配维持合理比例，使劳动者和资本所有者之间的关系也维持在一个可以为社会大众接受的水平上。只要公有制经济在关乎国计民生和关键行业占主导，就能够保证国民经济按照合乎社会主义方向的道路发展，而不必然使公有制经济在国民经济中占绝对大的量比。事实上，当前的公有制经济主要分布在基础设施行业、重化工行业和部分生产性行业，随着经济结构转型升级，服务经济和科技经济在国民经济中的比重将越来越大，公有制经济将逐渐丧失在国民经济中“量”方面的优势，再谈公有制经济的“量”的作用是不太现实的；而且，我国的改革方向是建立市场发挥决定性作用的社会主义市场经济体制，由于公有制经济的主要意义在于维持社会主义方向，公有制经济的行为必定不能是完全市场化的公有制经济“量”比过大也不利于市场决定性作用的发挥。

国有经济主导作用的发挥是建立在公有制主体地位的基础上，是公有制主体地位的具体体现。同样，国有经济占主导并不意味国有经济在经济生活中占据支配地位，因为支配地位意味着对经济活动的具体操纵。国有经济占支配地位仍然意味着国有经济在关键行业和重要领域内的支配地位，对其他行业或者其他性质的经济活动并不能发挥支配作用。打破国有经济占主导就是在国民经济中占据支配地位的观念，有利于避免国有经济的过分无序扩张，同时也有利于增强国有经济在关键行业和重要领域内的支配地位，最终发挥国有经济乃至公有制经济在国民经济中的主导作用。从这个意义上，国有经济的发展目标绝不是简单的“国有资产保值增值”目标，而应该是在满足一定条件和约束下的“国有资产保值增值”，即必须在特定关键行业和重要领域内充分发展而自然带来的“国有资产保值增值”，而且这种“国有资产保值增值”目标要服从于国有经济恰当发挥主导地位的最终目标。

只有破除了公有制经济为主体就是国有经济占支配地位的思想，国有经济才能避免无序扩张，也才能有效吸纳非国有资本进入国有企业，实现国有企业的产权改造，这一方面扩大了国有经济可控制的资产规模，另一方面可以提高国有企业管理效率和经营绩效，从而不仅可以扩大国有经济在关键行业和重要领域的支配地位，还可以扩大对整个国民经济的引导作用。认识到这一点，将促使国有经济与民营经济的融合，有力地促进混合所有制经济的发展。

3.4.2　根据国有经济功能，制定国有经济分类标准和混合所有制改革目标

尽管混合所有制改革是我国消除所有制差别、推进国民经济发展的重要举措，但是在现实中却存在着许多障碍使混合所有制改革并不能顺利进行。这里主要有三个方面的问题：一是国有企业主要管理者的自利意识，混合所有制改革将削弱管理者对企业随心所欲的控制能力，对企业员工福利也会产生不利影响，从而使国有企业产生了对混合所有制改革的抵制情绪；二是国有企业主要管理者对混合所有制改革中可能碰到的“国有资产流失嫌疑”的担心，这种担心也使其产生了对混合所有制改革的畏惧情绪；三是国有经济性质不同，对不同国有经济实行混合所有制的形式和程度还没有一个切实可行的目标和部署。前两个问题可以通过对国有企业主要管理者进行劝导或者强制的方式来解决，但是第三个问题则是影响混合所有制改革和国有经济布局的全局性问题，必须深入探讨和详细部署。

根据我国当前国有经济发展的状况，我国国有经济可以主要划分为三个方面：一是非营利性的公益性经济，例如公立学校和公立医院，以及自来水供水公司等；二是保障国民经济稳定运行的重大基础设施行业，例如电力、电信和铁路交通等行业；三是除以上两类之外的竞争性行业。不同行业的国有经济承担的使命是不一样的。非营利性的公益性经济，主要是由国有经济单位直接向国民提供公共或准公共产品，同时以此对同行业其他性质经济产生一定的平抑作用，承担服务人民和保障公平的责任；重大基础设施行业的国有经济，主要是为国民经济平稳运行服务和引导生产力布局，并在一定程度上调节整体经济发展的节奏和结构；竞争性行业的国有经济，主要目标就是保值增值，但需要与其他性质经济享有同样的权益和责任，不能赋予其政策优惠和垄断地位，不能以牺牲其他所有制经济发展利益为前提。

根据不同行业国有经济的主要目标，混合所有制经济发展的形式和程度也应该是有所区别的。对于非营利性的公益行业的国有经济，通过给予一定补贴的方式可以引进民营资本，但是需要国有股份保持绝对控股；对于重大基础设施行业，引进民营资本实行混合所有制改革时，也应保持控股，但是只要求保持相对控股就已经足够；对于竞争性行业的国有经济，由于主要目标是追求保值增值，实行混合所有制改革时，应该以非控股为主，最多是相对控股，增强民营股份在企业经营中的话语权和决策权，保证企业的高效率运行。根据不同国有经济的发展目标和类型，分别实行不同形式的混合所有制改革，将能够最大程度地保证混合所有制改革的顺利推进，并最终达到消除所有制歧视及发挥国有经济成分对国民经济发展的引导作用。

3.4.3 推进混合所有制改革遵循由易到难、由小到大梯次推进路径原则

混合所有制改革涉及公有制主体地位和国有经济主导作用发挥等敏感问题，无论是主管部门还是国有企业自身，对此都心存疑虑，积极性也相应不足，阻碍了混合所有制经济的发展。在这种情况下，不宜勉强推进，以防改革失败，而应遵循由易到难、由小到大梯次推进的路径原则，逐渐累积经验，发挥成功案例的示范效应，再继而形成全社会推进所有制改革的潮流，最终实现混合所有制改革目标。

混合所有制改革需要在国有经济资产清查核算的基础上，合理确定股权价值，既避免国有资产流失，又要避免定价过高而使民营企业望而却步。在这种情况下，巨无霸式的特大型国有企业，推动混合所有制改革难度会更大，耗时也会更长，并且也难以保证混合所有制改革的成功。在最初，应选择那些具有进行混合所有制改革意愿的中小型国有企业作为首批试点，同时注意对入股民营企业权益的保护，切实使其能够根据股权多少发挥监督权和经营决策权。对于竞争性国有企业，如果民营企业进入并对之实行控股，国有资产部门应设立专门的资产投资运行公司，负责管理这类权益投资；如果国有股权仍然占据相对或者绝对份额，应探索市场化的职业经理人制度，并与民营股权拥有者共同决定这些人员的任命或聘请。

在中小国有企业成功实行混合所有制改革的基础上，应确定特大型国有企业的混合所有制改革的步骤和时间表，防止这些企业以种种借口阻碍或者干扰混合所有制改革的进行。混合所有制改革一日不成功，公平的市场竞争环境和市场发挥决定性作用都不可能真正实现。混合所有制改革遵循由易到难、由小到大的推进路径原则，绝不是对那存在些问题较多、改造难度较大的国有企业的无限期拖延，否则就可能是混合所有制改革只是止于形式，不能最终实现消除所有制歧视和完善推进市场公平竞争的改革目标。

3.4.4 在各类产权交易所建立专门的国有经济产权交易场地，实行特殊监管制度

增强国有股份的交易频率和流动性对于促进混合所有制改革具有重要意义。在各类产权交易所建立专门的国有经济产权交易场地，可以增加混合所有制改革的透明度和公平性，吸引各类民营企业参与混合所有制改革的积极性，同时可以有效杜绝国有资产“贱卖”和其他形式的流失，减少国有企业实行混合所有制改革时所担心的“国有资产流失”罪名，消除其推进混合所有制改革的后顾之忧。

在各类产权交易所建立专门的国有产权交易场地的同时，也需要对其实行特殊的监管制度，对各种可能存在的国有资产流失情况要严加监督。这不仅要求通过第三方审计对国有资产股权进行适当合理的评价，也要求参与竞价和交易的民营企业之间应该享有自由平

等的权利，在供需两个方面对国有股份的转让进行监督管理。国有经济产权交易是混合所有制改革中兼并重组等形式的积极补充，既是混合所有制改革中民营股份进入国有企业的入口，也是混合所有制改革后民营股份退出混合所有制企业的出口，有利于增强混合所有制企业股份的流动性和相关方参与混合所有制改造的积极性。

执笔：吕风勇（中国社会科学院财经战略研究院助理研究员）

参考文献

[1] 胡月晓．混合所有制改革的意义和对经济体制改革的引领作用．南都学刊，2014（6）

[2] 黄群慧．新时期如何积极发展混合所有制经济．行政管理改革，2013（12）

[3] 李绍荣．中国的经济体制变迁与混合所有制改革．人民论坛·学术前沿，2014（4月上）

[4] 贾康，苏京春．“混合所有制”辨析：改革中影响深远的创新突破．全球化，2014（11）

[5] 贾利军．试论现代市场经济与混合所有制．内蒙古大学学报（人文社会科学版），2000（s1）

[6] 张卓元．混合所有制经济是基本经济制度的重要实现形式．经济日报，2013-11-22（1）

第4章

混合所有制经济发展与国有企业改革

- 引言和文献综述
- 混合所有制经济发展与国有企业治理结构
- 混合所有制经济发展与国有企业活力
- 混合所有制经济发展与国有企业的经营目标
- 深化国企改革，促进混合所有制经济健康发展

4.1　引言和文献综述

自党的十八届三中全会确立将发展混合所有制作为国企改革的新方向之后，在短短几个月的时间里，先后有多家央企宣布启动混合所有制试点，国务院国资委也在中国医药集团总公司、中国建筑材料集团公司开展混合所有制经济试点。多个地方国资委亦纷纷出台混合所有制改革的主要目标、路线图和进度指标，种种迹象表明，新一轮国有企业改革将加速推进。

但近两年的时间里，国企的混合所有制改革的落实进程缓慢，尚处于探索、破局、试点时期，甚至处于焦灼状态。

从理论界看，许多人持乐观态度，但是有人持谨慎态度，甚至还有少数人持悲观态度。厉以宁[①]指出，发展混合所有制经济应当是“国进民也进”，而不是“国退民进”。张东明、史册[②]认为，发展混合所有制更能增强国有资本的活力、控制力、影响力。黄速建[③]指出，发展混合所有制经济正当时的五个主要理由，包括对混合所有制经济提供制度的合法性、更有效地发展公有制经济、更有利于改善公司治理、有利于打破国有资本在一些行业中的垄断和进一步推动非公有制经济发展。

而许多学者认为，国务院国资委履行出资人职责的中央企业，资产动辄上万亿元，在这些企业推动混合所有制改革绝非易事。我国的民营经济发展时间不长，个体资产达到一定体量的还为数不多。即使用上千亿元入股国企，但由于国资盘子太大，非公资本主体很有可能在总股本中占比不到10%。因此，要在大型国企母公司层面吸引民资和其他资本主体，不是国企仅仅敞开就能轻松做到，还要看非公资本主体愿不愿意来。

另有一些人还认为，国有企业实行混合所有制不仅不能提升国有企业竞争力、控制力和影响力，反而会加速国有资产流失，甚至有可能导致国有经济彻底“消失”。夏小林[④]指出，经过20多年的发展，现在许多国企的股权结构已经多元化。在中央、地方国有控股上市公司内部，非国有股权已占压倒性优势。在此基础上，如果进一步“尽可能降低国有股

---

① 厉以宁：《中国道路与混合所有制经济》，商务印书馆2014年版。

② 张东明、史册：“国有企业实行混合所有制若干观念问题思考”，《经济体制改革》，2015年第1期，第122～125页。

③ 黄速建：“中国国有企业混合所有制改革研究”，《经济管理》，2014年第7期，第1～19页。

④ 夏小林：“2014年：国企与改革——兼评被污名化的‘国资一股独大’”，《管理学刊》，2014年第8期，第1～13页。

权比例”，让许多国企的国有资本、国有股权都缩小到“20% 以下”和政府持“黄金股（甚至这种股权也可以放弃）”的极端水平，并在地方出售大批中小型国企，促使财富、收入分配结构进一步向中外私营资本集团大倾斜，可能产生颠覆性的错误。有些学者提出，为了防止国有资产流失，采取混合所有制经济形式发展来推进国有企业改革，一般应当国有资本控股。在控股经营过程中，要善于利用国有资本控股绝对控股和相对控股的方式，把进入企业的一定量私资、外资纳入国有控股企业的统一管理轨道。

一些学者认为，作为一项重大产权制度改革，发展混合所有制经济涉及一系列深层次矛盾和问题，包括国有资本与民营资本进行混合的积极性问题、民营资本投资能力与巨量国有资本的匹配问题、国有资本与民营资本在经营管理方面的明显差异问题、企业员工持股问题、国有企业员工对可能失去职位的担心问题、国有企业用人制度和分配制度与混合所有制相适应问题、国有资产监管体制与混合所有制经济相适应问题、资本市场如何支持混合所有制经济发展问题、防止国有资产流失问题等。每一个问题都可能成为混合所有制改革的关卡。

从实践上看，发展混合所有制，无论是国有企业还是参与的民营企业均心存顾虑。国有经营者不敢混，怕改制有风险，怕国有资产流失承担责任；不愿混，处于优势地位的国有企业存在着肥水不流外人田的想法。不能混，因为国有企业是提供公共产品服务的，如实行混合所有制，会由于资本追逐盈利性而失去国有企业存在的根本意义。他们也对企业控制权心存担忧，怕小股东特别是民营投资者，在投资领域，不能做到及时履行出资义务，又不愿意接受股权被稀释的情况，出现许多“没办法”解决的事情，令国有企业头疼。

对于民营企业而言，同样存在着疑虑。担心混合所有制后没有话语权，合法利益得不到保障，又担心被套牢，特别是从民营企业的角度看，与国有企业相比，他们处于弱势。在政治地位、法律地位和市场地位上都比较低。以混合所有制的形式进入处于垄断行业的国有企业行业领域，会碰的头破血流，血本无归。许多民营企业家都在担心，进入垄断行业后会不会没有话语权，“能说了算的才投资，至少要派个董事”，这是多数民企对于入股国企的基本态度。还有的民营企业认为国有企业实行混合所有制改革开放行业的利润会太低。一些民营企业家认为，民营企业参与国有企业改革的目的就是获取相应的收获，稳定而有保障的发展才是硬道理。但由于目前国有企业存在的官本位严重、体制僵化、运作成本高、工作效率低等问题，对于民企没有安全感。基于此，对于目前的改革和政策，有近七成企业家持“不确定”和“观望”态度。

2014 年 3 月 17 日新华社《瞭望》周刊刊登了采访全国政协副主席、中华全国工商联主席的文章，他说：“在现代股份制企业中，存在国有资本一股独大的现象，民间资本没有控股权和发言权，难以发挥民间资本对市场反应快、决策灵活等优势，民间资本参与积极性不高。”

一方面国有企业担心资产流失，另一方面民营企业则可能会因为改革的不确定性，对改革望而却步。上述这些问题的焦点集中于两方面：一要明确国有企业实行混合所有制的目的。二要清晰界定国有企业发展混合所有制的适用范围。

党的十八届三中全会提出，国有资本、集体资本、非公有资本，是基本经济制度的重要实现形式，有利于国有资本放大功能、保值增值、提高竞争力，有利于各种所有制资本取长补短、相互促进、共同发展。从这一论述中，我们可以归纳出以下两点。

一是国有企业实行混合所有制经济，必须从资本的本质属性入手去分析问题。国有企业的国有资产属于全民所有，这就决定了国有企业改革的目的是提高国民资本的配置效率，实现国民福利最大化。正如张卓元[①]提出的，积极发展混合所有制经济，就是为了充分发挥国内资本的优势，提高它的运营效率，从而促进经济持续增长。经济社会发展至今，各类资本都有各自的优势和特色。李绍荣、周毅提出的，混合所有制经济市场经济中，混合经济成分会提高相同经济成分或不同经济成分之间的竞争程度，从而提高市场经济效率和人民生活水平。一位央企负责人在某次会议上表示，现在央企的实力加民营企业的活力就等于企业的竞争力。如果把国有资本和非国有资本很好地融合起来，就能够增强企业的竞争力；如果国有资本和民营资本能够实现优势互补，就能够提高整个资本的运营效率和竞争力。发展混合所有制经济最重要的目的就是提高资本的运营效率，凡是有利于实现此目标的，才有必要引入民间资本发展混合所有制。

二是既然国有企业改革的目标是实现国民福利最大化，而民营企业进入国有企业的目标是为了实现利润最大化，所以国有企业吸引民间资本实行混合所有制，必须满足利润最大化这一目标。但由于不同类型国有企业在经营目标上存在着差异，由此也决定了并不是所有类型的企业、所有行业的企业都实行混合所有制。要结合中国经济发展的现状和国有企业改革的目的，对国有企业发展混合所有制的范围做出清晰的界定，要因“类”制宜。如湖北十堰市公交民营化改革的 5 年间，共发生四起大规模停运事件，其中的关键问题是民营公司追求成本最小化；长沙市公交实行民营后，由于司乘人员的工资奖金和公交车收入挂钩，于是很多公交车都不愿意搭载那些手持免费乘车优待证的老年人。此外，由于为节约人力资本相对较低的员工，公交车服务质量非但没有提高，反而急速下降。这意味着中国部分城市公共交通的民营化改革是失败的。这一例证告诉我们，必须深入分析企业性质和所处的行业特点，以此来明确什么类型的企业适合发展混合所有制。

中国社会科学院工业经济研究所课题组[②]指出，中国是一个发展中的渐进式的经济转轨国家，这就决定了中国的国有经济在相当长的历史时期内要有一般的市场体制国家在市场经济运行中国有经济应承担的使命，又要有发展中国家在经济赶超中国有经济应承担的使命，还要有转轨国家在渐进式转轨过程中国有经济应承担的使命，我们将其划分为国有经济的“市场经济国家使命”、“发展中国家使命”和“转轨经济国家使命”，针对这三类

---

① 张卓元：“混合所有制促进各种资本优势互补”，http：//ie. cass. cn/。

② 中国社会科学院工业经济研究所课题组：“论新时期全面深化国有经济改革重大任务”，《中国工业经济》，2014 年第 9 期，第 5 ~ 24 页。

“国家使命”，国有经济相应的功能分别是“弥补市场失灵功能”、“实现经济赶超功能”、“培育市场主体功能”。多年改革发展留下巨大的国有经济，总体上承担起上述三大“国家使命”，但这三大使命在具体的国有企业中没有区分。由于“弥补市场缺陷”强调国有企业作为政府实现公共目标的工具或者资源，具有公共政策性，而“培育市场主体”则要求国有企业追求市场盈利性，保证国有资产的保值增值，因此，国有企业面临着“使命冲突”，从而使得国有企业无法与市场经济体制彻底融合。而分类对国有企业进行改革，在适宜的国有企业内，与非公有资本通过取长补短，相互促进和发展，实现国有资产效率提升、资产增值和竞争力的提升，恰恰是当前混合所有制改革所要着力解决的问题。

4.2 混合所有制经济发展与国有企业治理结构

完善现代企业制度，健全协调运作、有效制衡的公司法人治理结构，一直是国有企业改革追求的目标。在规范公司制度方面，1993年，党的十四届三中全会提出我国国有企业改革的目标是建立现代企业制度。2003年底，党的十六届三中全会通过了《关于完善社会主义市场经济体制若干问题的决定》，提出要“使股份制成为公有制的主要实现形式”，同时强调，要建立“归属清晰、权责明确、保护严格、流转顺畅”的现代企业产权制度。2004年6月，国务院国资委出台《关于国有独资公司董事会建设的指导意见（试行)》，并开展董事会试点工作。直至2013年11月，党的十八届三中全会提出，仍然是推动国有企业完善现代企业制度。这反映出，国有企业治理结构中仍然存在着内部治理结构不完善、经营主体地位缺失、监督不力、缺乏有效的激励机制等问题。

4.2.1 存在“内部人”控制现象

董事会人员组成的成员中，企业内部人员占多数①。通过对406家国有企业上市企业进行分析可以发现，董事会平均内部控制率为67%，即内部董事人数占董事长成员总数的2/3。上市公司董事会中，国有股东的代表基本上控制了董事会，非国有股东在董事会的代表性不足。特别是由于出资方的国有资本代理人与作为经营方的国有企业经理人之间的委托—代理关系，及国务院国资委对董事会在任免经理层等方面授权不充分，致使作为出资方的国有资本监管部门与国有企业经理人之间存在着严重的信息不对称，董事会无法按资

① 厉以宁：《中国道路与混合所有制经济》，商务印书馆2014年版。

本高效运作的要求自行聘用合格的经理人，也无权对不合格的经理人予以撤换，致使国有企业经理人可能会产生逆向选择和道德风险问题。

4.2.2　未建立起规范的法人治理结构

国务院国资委监管的大型企业集团 113 家，法人企业 38 家。尽管推行的建设规范董事会试点工作取得了很大成绩，但还有一批国有企业特别是大型国有独资企业仍然没有按照《公司法》实施改制，仍遵循旧有的管理模式，还没有按规范董事会体制运行，致使公司治理结构的失灵问题仍然突出。

4.2.3　缺乏有效的内外部监督机制

从外部监督看，由于参与方式不力或者信息不对称等问题，外部监督无法有效发挥作用。从对国有企业的监管主体看，存在着多头监管。一是国务院国资委监管的 113 家大型企业集团外；二是财政部管理的金融类央企以及包括中国铁路总公司、中国邮政集团、中国烟草工商类独立法人企业 3614 家和中央文化企业 104 家；三是由国务院有关部门监管的企业 9988 家，这部分国有企业管理尚未建立出资人管理制度。从纵向看，国有企业分属于中央、省、市、县等不同的级别，分别由同级政府履行出资人职责，对其监管缺乏统一规范。基于此，外部监管存在着缺位、越位的突出问题。

从内部监督看，监事会“有监无督”。监事会成员中，职工监事的任命“形式上”由职工代表大会决定，实际上职工参与决策和监督的难以有效实施。其余监事“形式上”均由股东会决定，但鉴于国有企业国有股份占有绝对优势，实质上由国有股东决定监事人员，监事会独立性很低，难以有效发挥其监督职责。

4.2.4　缺乏有效的激励约束机制

一方面，作为出资人的国务院国资委缺乏对董事会的监督和激励，对董事会没有相应的评价与考核体系。另一方面，董事会没有对经理层的任免权，国有企业经理层由国务院国资委直接任免，且经理人个人收益与企业价值并不对应，经理人缺乏增强企业赢利的激励，致使国有企业经理行政化、官僚化现象严重。总而言之，国有企业存在较为显著的委托—代理问题，较高的管理成本导致了经营效率低下。

混合所有制是建立现代企业制度的主要组织形式和实现形式，实行混合所有制企业一定要按《公司法》规范的多元投资主体的股份制企业，建立起规范的公司治理架构，按《公司法》运转，从而有利于改善企业的公司治理。再者，混合所有制经济实现了产权主体的多元化，产权多元化要求在投资者、债权人按照要求行使权利和承担相应的义务时，必然有利于改善“一股独大”所带来的内部控制和监管失效的问题。

中国国际海运集装箱（集团）股份有限公司[①]作为国有资本控股的上市公司，以其均衡的股权结构、现代化的公司治理、市场化的职业经理人制度和薪酬机制、完善的监督机制，为国资与国企改革提供了一个很好的范本。一是中集的股权结构是招商局持有25.54%、中远占22.75%、联想弘毅（非国有的机构投资者）占5.16%、社会公众股占46.5%。由于国有股是由招商局与中远两家持有，且持股比例均衡，处于很好的制衡状态，有效抵制了包括各个股东在内的其他机构对企业经营的干预，进而保障了投资者的所有权与企业法人财产权分离和公司的独立地位，使董事会成为各个股东维护权益的最重要机制，构成了有效公司治理的基础。二是由董事会选聘职业经理人代替大股东派遣，董事长由外部人代替内部人。在运作中坚持确保公司的重大决策掌握在董事会手中，不致出现由于股权过度分散而被内部人控制的问题。由于董事会真正有权决定职业经理人的去留和薪酬激励，因此可确保经理人对董事会负责。由于董事长是外部人，董事长只通过董事会行使职权，而不是通过对日常经营的干预来对公司和管理层施加影响，这既有利于突出董事会的核心作用和战略地位，又明确了董事长与总经理之间的责权关系，保障了总经理的管理权和工作效率。这种制度设计，有效地避免了很多国有企业存在的董事会与经营层、董事长与总经理之间职责不清、矛盾不断的内耗。三是采取了市场化的职业经理人制度和优秀的职业经理人团队及市场化的考评和股权激励，使其专注做“商”而不考虑为“官”，使其全身心地发展企业。加之内生的遵纪守法机制与完善的监督机制，形成了“违规成本高、守法收益高”的态势，相当程度上杜绝了违规贪腐的动机。成立30多年来，中集还没有发生过高管腐败和违法的事件。

4.3 混合所有制经济发展与国有企业活力

国有企业的优势在于资金雄厚，管理制度较为规范，拥有人才、技术优势，拥有政策优势，社会信誉度较高，但存在着行政干预过多、机构臃肿、决策效率较低等问题。民营经济的适应能力强、机制灵活、效率较高则是国有企业所欠缺的。实行混合所有制，对于国有企业将会注入新的活力与动力。

发生于2014年5月的大庆油田千名老职工因企业职工子弟无法接班的聚集抗议，在一定程度上揭示了国有企业体制的僵化。与此形成鲜明对比的是，自1979年改革开放以来，

① 看中集如何成功发展混合所有制，http：//news.hexun.com/2015-03-27/174461803.html。

民营企业借助改革的春风，以其抢抓机遇的超强能力和机制的灵活在市场中打拼，融入市场实现迅速发展，充分展现了民营企业资本的活力。

中国建材集团①是搞混合所有制的探路先锋。针对“国”、“民”如何共进的难题，中国建材集团另辟蹊径，在整合浙江4家颇具规模和影响力的民营水泥企业时，为民企端出了“三盘牛肉”。其一，聘请专业机构，结合国际通行的定价模式评估民企资产，保证民营企业家的原始投资得到公平合理的回报，甚至可在公允价格的基础上给予其一定程度的溢价。其二，为民营企业保留30%的股份，使众多民企老总能够分享整合带来的效益以及企业发展的成果，与中国建材形成利益共同体。其三，聘请有能力、有业绩、有职业操守的民营企业家担任职业经理人，以此和国企员工形成“杂交优势”。就这样，中国建材集团在南方本无一条水泥生产线，却顺利牵手多家不同所有制企业，组建成立了南方水泥公司。成立6年间，南方水泥公司联合重组了300多家企业，其中约98%都是民企。如今，南方水泥已成为资产和收入规模居全国第二的水泥企业。中国企业改革与发展研究会副会长周放生亦对这种模式给予高度评价。他指出，中国建材并未简单地买断民营中小企业的股权来实现国有化，而是通过整合，吸收原民企部分股份和经理人，发挥民营企业的活力，形成“国、民共进双赢”的市场化选择。

中国建材集团旗下的中国联合水泥集团有限公司、南方水泥有限公司、北方水泥有限公司和西南水泥有限公司共重组了900多家水泥和混凝土企业。截至2013年年底，中国建材集团各级企业中，混合所有制企业数量超过85%。

值得注意的是，中国建材集团混合了上千家民营企业，但截至目前却没有一家企业“反水”。为了防止整合后出现“集而不团”的问题，中国建材加强管理，提升文化认同，强调合作而非简单合并。其一，中国建材集团搭建了上市公司、业务平台、工厂的三层混合管理架构。第一层，在上市公司中，由中国建材股份公司作为香港上市公司，吸纳大量社会资本。目前国有股占比46.67%，公众投资者持股占比53.33%，2013年营收占集团总营收的48%、利润总额占92%、资产总额占86%。第二层，在四大水泥公司等大型业务平台上，把民营企业的一部分股份提上来，实现交叉持股。第三层，在水泥厂层面的企业里，给原来所有者留30%左右的股权。其二，公司还推行“格子化”管控，包括治理规范化、职能层级化、业务平台化、管理精细化和文化一体化。通过精准管控，将企业的职能分工、经营模式和发展方向都固定在相应的“格子”里，保证几百家重组企业能够行权顺畅、经营有序。其三，加强文化认同尤其不可或缺。董事长宋志平透露，中国建材集团的人才队伍70%都是自我培养，只有30%靠引进，“这样可以保证队伍的稳定性和文化的共同性”。在南方水泥的重组过程中，“文化认同”更是被明文写入联合重组协议。其四，在管理方法上，公司还实施了包括采购集中、财务集中、投资决策集中在内的“五个集中”管理，并推行KPI（关键经营指标）、零库存、辅导员制等措施。一系列一体化管理

① 中国建材：混合所有制探路先锋，http：//finance. sina. com. cn/leadership/mroll/20141231/131621206748. shtml。

措施，使企业逐步发展成为规范的市场运作的企业集团。在此基础上，宋志平进一步提炼出一个广为流传的“融合公式”：央企实力 + 民企活力 = 企业竞争力。

通过这些探索，中国建材集团不仅在战略决策、固定资产与股权投资等层面实现了绝对控股，也充分调动了子公司在精细化管理、技术改造等环节的积极性。中国建材集团所有者权益由20多亿元上升到220亿元，同时，吸纳小股东权益440亿元，以660亿元的净资产撬动4000亿元资产。

宋志平表示，今后将继续加大混合所有制比重，通过证券市场、产权市场和股权投资等多种市场化方式，吸引民间投资者参与企业改革改制。同时，还将大力推进员工持股，在管理层进行中长期激励机制的探索，把劳动要素和资本要素真正结合起来。

4.4 混合所有制经济发展与国有企业的经营目标

从国有企业的经营现状看，2010～2013年4年间，央企总资产增长愈40%，央企净利润总额增幅却仅增为15%，总资产增幅与净利润总额增幅不匹配。处于同一宏观经济背景下的私企，2012年实现利润同比增幅20%，而同期国有及国有控股企业实现利润却下降5.1%，更何况，国企的市场垄断优势和政策优势，远非私企可比。2013年，全国国企净资产收益率为5.3%，扣除前10名央企后，净资产收益率仅为2.6%，大大低于银行五年期定期存款利率4.75%。国企亏损达6.3万户，亏损额高达万亿元，一些企业资产负债率超90%。2013年国企上缴利润仅占利润总额的5.36%。从纵向对比看，会发现国有企业的运营效率已经明显弱化。2010年国企利润总额同比增长为37.9%，2011年为12.8%，2012年为-5.8%。民企500强2012年的财务数据进行对比，税后净利润为4238万亿元，同比下降3.39%，而2012年国企利润总额近2万亿元，但同比降幅却高达7%。

国有企业的目标是实现国有资产的保值增值，增强国有企业的控制力和影响力。2010～2012年，全国规模以上工业企业资产利润率，国有及国有控股企业分别是4.9%、5.4%、4.6%，股份制企业分别是6.6%、8.4%、7.6%。这说明混合所有制经济的效益比较高。

中国建筑材料集团、中国医药集团两个处于完全竞争领域的中央国企，搞混合所有制改革，都进入了世界500强。最近这些年建材的资本收益率在20%以上，高过很多上市公司。中国医药集团[1] 1998年面临资金短缺、历史包袱沉重的经营困境，生存压力和激烈的市场竞争，促使医药集团走上了混合所有制经济的道路。截至2013年底，医药集团企业总户数为648户，其中与民营资本、地方国有资本、外资资本等实施混合所有制的企业为543户，占集团总户数的83.4%。混合所有制企业资产总额1390亿元，占集团总资产的82.6%；营业收入1881亿元，占集团总营业收入的92%。15年间，医药集团的营业收入从1998年成立之初的92亿元增长至2013年的2020亿元；利润总额由1998年的9200万元增长至2013年的64亿元。其中，国药集团与中国民营企业龙头之一的上海复星医药集团共同成立国药控股有限公司，于2009年在香港成功上市，10年间营业收入增长了20倍，利润总额增长了46倍，由一家区域性的医药商业公司迅速成长为流通网络覆盖全国，业务范围涵盖医药批发、零售连锁、医药工业等健康服务全领域的行业龙头企业，市场占有率居全国首位。后成功收购了民营中药企业盈天医药集团有限公司和贵州同济堂制药有限公司。用并购重组与民营资本合作铺建全国药品流通网络等都已经成为央企内实施混合所有制较好的案例。这种采用吸引社会资本、增资的方式，而不是卖出国有股本向私人资本让利的方式，很好地实现了国有经济保值增值和增强控制力。

混合所有制的体制创新，在让中联重科实现跨越式发展的同时，极大地促进了国有资本的放大功能，实现了国有资产保值、增值[2]。从中联重科成立至今，国有资产最高时增值超过800倍。随着中联重科混合所有制的体制创新不断深化，国有资本体现出超凡的市场活力。2001～2013年，中联重科相继在国内外并购英国保路捷公司等企业，整合全球优质资产，迅速拓展了产业链，获得了空前的发展动力。与此同时，中联重科在资本市场的表现同样活跃，在国内、海外进行了卓有成效的融资、成功发行美债并开发了自己的金融服务业务，不断为资本运作开辟新的空间。国有资本的保值增值方面，从2000年上市起的13年间，尽管中联重科国有股比例从49.83%下降到16.19%，但国有资产不断增值，最高时超过800倍，而且从中联重科上市的2000年至2012年，仅国有资产直接分得现金红利就超过12亿元。自中联重科整体上市，实现混合所有制以来，中联重科以优于行业平均水平的表现高速发展。随着中联重科混合所有制的体制创新不断深化、企业行业地位和国际信誉的不断提升，国有资本的影响力也在迅速增强。2008年，中联重科收购CIFA，文化要素在成功实现跨国合作中功不可没。意大利总统将“莱昂纳多奖”颁给詹纯新董事长，代表中国企业的文化软实力也为世界瞩目。2013年，中联重科在福布斯全球企业2000强榜单中排名第779位，成为世界排名第六、国内排名第一的工程机械企业，代表着中国工程企业“硬实力”备受认可。

---

① 国药集团总结混合所有制改革“三板斧”，http：//www. chinanews. com/cj/2014/07 －16/6392044. shtml。

② 宋文阁、刘福东：《混合所有制的逻辑》，中华工商联合出版社2014年版。

4.5 深化国企改革，促进混合所有制经济健康发展

4.5.1 改善国有经济管理体制

党的十八届三中全会的《决定》指出，完善国有资产管理体制，要以管资本为主，加强国有资产监管，改革国有资本授权经营体制，组建若干国有资本运营公司，支持有条件的国有企业改组成国有资本投资公司。

目前的国有企业出资人的职责，由国资委担负。国资委是“一身多职”，既是行政主体、监管主体，又是市场主体，即是裁判员，又是运动员。由于追求的目标不一致，往往会出现矛盾与冲突，导致顾此失彼。因此，需要将出资人的监管职责与市场主体运作职责相分离，做好作为国有资产管理机构设置及其职责定位。解决以往国有出资人“缺位、越位、错位”的问题。在资本运营上，由管企业为主转变为管资本为主，其管资本的职责至少应该包括监管政策的制定和监督政策的执行权，国有资本经营预算、对不同类型的国有企业的功能定位，负责国有资本运营公司或国有资本投资公司的组建、管理等职责，以打破目前“条块分割”的管理局面，消除现行管理体制中的“盲区”，实现对全国国有资本的统一优化配置。

要加快组建国有资本运营公司或国有资本投资公司。目前，国有资本投资平台公司有三种模式，一是类似于汇金模式的国有资本运营公司，二是投资实业方相对单一、主业突出的国有资本投资公司，三是投资实业多元化、主业不突出的国有资本投资公司。要根据现有公司的具体业务、资金状况、功能定位，以试点先行、“一企一策”的方式推进国有资本运营公司或国有资本投资公司的组建。在选取试点时，原则上要选取资产规模较大的、具有较强的资本运作能力、具有治理结构较为完善、风险管控较健全的企业，以较好地发挥试点企业的示范和带动作用。

4.5.2 对国有企业实施分类改革

新时期要深化国有企业改革，需要准确界定不同国有企业的功能，明确对于哪些国有企业应该实行国有独资，哪些国有企业可以实行混合所有制，以及国家对其中哪些国有企业可以一般性参股，对哪些国有企业必须绝对控股、相对控股。

党的十八届三中全会《中共中央关于全面深化改革若干重大问题的决定》提出，要准

确界定不同国有企业功能，国有资本要加大对公益性企业投入，在提供公共服务方面作出重大贡献。国有资本继续控股经营的自然垄断行业，实行以政企分开、政资分开、特许经营、政府监管为主要内容的改革，根据不同行业特点实行网运分开、放开竞争性业务，推进公共资源配置市场化。

国务院国资委在混合所有制改革中提出，涉及国家安全、关系民生的少数国有企业和国有资本投资公司、国有资本运营公司，可以采用国有独资的形式；涉及国民经济命脉和重要行业和关键领域的国有企业，可以保持国有绝对控股；涉及支柱产业、高新技术产业等行业的重要国有企业，可以保持国有相对控股；对于竞争性产业，国有资本不需要控制可以由社会资本控股的国有企业，可以采取国有参股的形式，或者可以全部退出。

公共政策性国有企业，是带有公共性或公益性的、特殊目的的国有企业。它们仅承担国家公益性或公共性政策目标而不承担商业功能。公共政策性国有企业，应该是国有独资企业，其商业性活动应该逐步分离出来。从长远看，公共政策性国有企业将是国有资本投资和监管的重点。

特定功能性国有企业，具有混合特征，应实行国有绝对控股或相对控股。如电力、电信、民航、石油天然气、邮政、铁路、市政公共事业等行业。一般认为，电力产业的输配电网、铁路行业的路轨网络、石油产业的输油管线、天然气行业的输气管线，电信行业的电信、电话和宽带网络，属于自然垄断的网络环节，而电力行业的发电、售电业务、铁路的运输业务、石油和天然气的勘探、销售业务，电信行业的移动电话、互联网、电视网络和增值业务等属于可竞争的非自然垄断环节。混合所有制改革要根据行业特点整体规划、分步实施，应从可竞争的环节开始，通过上市、大力引进非公资本、成立新公司等形式；对于自然垄断行业，则要实行国有资本控股，通过适当引入非公资本，实现投资主体多元化。

对于竞争领域的国有企业，分两种：一种是具有战略意义的国有企业，如钢铁、汽车、化工、造船等，这类企业虽然以盈利为目的，但带有保障民族经济和保障国家经济安全的重要任务，对于这类企业引导非国有资本参与，提高市场竞争，但要维持国有资本的支配性地位。另一种是一般性竞争领域的国有企业，通过混合所有制的方式，更多地让非国有资本和企业经营，甚至于完全退出这些领域。

4.5.3　严格履行法律法规规定的程度，避免国有资产流失

国有企业改制中引入非国有资本，应该秉承公平、公正和公开的原则。依据国有资产法，由国有资产监管机构决定或由公司股东会决定。国有产权持有单位和企业要做细做实清产资、财务审计、资产评估、进场交易、转让价格等各项工作。要通过市场机制引入非公有资本。企业改制中涉及国有产权转让或增资扩股的，应按照有关的国有资产转让法，到依法设立的产权交易市场公开进行。公开信息、公平平等竞争，择优选择投资者。要充分发挥审计和评估的作用，以评估确认的价格作为确定国有资本出资额或国有产权价值的

依据。国有企业推进混合所有制改革，最重要的是要对国有资产进行科学合理的价格评估。首先，要公开透明。比如在产权市场进行买卖。其次，要找有资质的第三方评估机构进行评估，用公允的价值进行评估，最好是找几家进行比较，直至竞价拍卖。

4.5.4 营造有利于混合所有制经济发展的良好环境

对混合所有制改革，既需要可操作性的改革细则，更需要包括健全相关法律法规。要依法平等的保护各类产权。混合所有制的发展最为基础的原则，是不同所有制主体的相互交叉与融合，而实现这种结果的必然过程就是产权交易。为此，要进一步完善以公平为核心的产权保护制度，加强对各种所有制经济组织和自然人的财产产权保护，要健全完善交易规则和各类监管制度，推动产权公开有序转让，保障所有市场主体的平等地位和发展权利。要进一步完善关于国企股权改革的法律法规，具体明确细化混合所有制的实施程序，增强股权改革的针对性、系统性、可操作性。同时要清理和修订行政法规、部门规章及制度，制定清晰透明、公平公正的规则，为各类所有制主体平等参与混合所有制经济发展提供法律基础和保障。

执笔：张从丽（中国冶金科工股份有限公司）

第 5 章

混合所有制经济发展与民营资本成长

- 引言和文献综述
- 当前民营资本成长面临的主要问题
- 混合所有制经济发展与民营资本成长的关系
- 发展混合所有制经济、促进民营资本健康成长的有效途径

5.1 引言和文献综述

当前民营资本成长遇到了诸多的瓶颈，资金融通不便，行业进入壁垒过多，容易受到处于垄断地位国有企业的挤压，行业政策变动频繁难以预期，技术创新能力不足导致同质产品恶性竞争等。这些问题都迫切需要在制度的层面上加以彻底解决，混合所有制可能就是这样一剂破解这些问题的良药。混合所有制将有可能彻底打破国有经济和民营经济的二元化分割，歧视偏见将被消除，资源流动更加通畅，使民营资本成长能够在更大的范围内配置资源。同时，混合所有制经济的发展也可能倒逼民营资本改善治理结构、提高企业管理能力，促进民营资本的积累。

国内有许多学者对民营经济发展面临的制度性障碍以及混合所有制经济发展对民营资本成长的重要作用都进行了研究。杨天宇（2003）认为政府的经济增长和降低失业率、追求自身效用最大化等目标，使其对国有企业具有内生偏好，这种偏好也将内生出一系列民营企业融资、税收负担、市场准入方面的制度性障碍，阻碍民营企业健康发展。刘小玄和张蕊（2014）利用1998~2008年部分企业数据，检验了可竞争行业非经济垄断的存在情况，结果发现，可竞争行业国有企业依靠"权力"保护获得了一定的垄断地位，不过国有企业由此容易产生不思创新和疏于管理的问题，同时国有企业也存在着设租寻租、在职消费和高工资福利的问题，从而这种垄断地位不仅抑制了民营企业的发展，而且没有给国有企业带来超额垄断利润，降低了社会总福利。荣兆梓（2013）则认为，市场环境在公私经济之间已经没有一边倒的总体趋势，国有经济在劳动力成本、税收和非税收社会负担方面处于劣势，民营经济在市场进入和中小企业融资方面处于劣势。蒲宇飞（2013）认为要避免所有制结构刚性化及其导致的资源错配，核心是建立国有经济与民营经济的共舞格局，大力发展动态混合所有制经济，根据经济发展常态和经济危机状态，灵活调整。这些研究表明，当前民营企业发展面临着诸多的困难，但其中一个重要的方面就是国有经济与民营经济的不公平竞争，这种不公平竞争抑制了民营资本的健康快速成长。而进行混合所有制改革、探索适合市场经济需要的公有制经济实现形式，对促进民营资本成长无疑具有重要的意义。

党的十八届三中全会的《决定》中关于混合所有制的论述主要体现在三个方面：一是指出混合所有制是基本经济制度的重要实现形式；二是允许国有经济和其他所有制经济发展成为混合所有制；三是鼓励非公有制企业参与国有企业改革，鼓励发展非公有资本控股的混合所有制。这些论述阐明了混合所有制对基本经济制度、国有企业改革和民营资本发展的重要意义，明确提出发展混合所有制鼓励民营资本（非公有制资本）控股的混合所有制企业，所以政策层面发展混合所有制经济对于促进民营资本成长是一个重大机遇。不过，尽管国家在政策层面上鼓励民营资本参股和控股混合所有制经济，但是在实践层面上仍然会面临重重困难，主要表现在国有企业接纳民营资本的意愿和民营资本行使股东权力的能力等方面。本章将在考察民营资本成长所面临的主要问题的基础上，探讨混合所有制经济发展破除这些问题的可能性及促进民营资本成长的作用，并提出通过发展混合所有制促进民营资本成长的具体实现路径。

5.2 当前民营资本成长面临的主要问题

5.2.1 民营资本成长面临的问题

根据 2015 年中国中小企业协会，《2015 年混合所有制与中小企业发展问卷调查数据库》，在 559 家有效问卷中，回答“民营资本成长面临的最大障碍”这一问题时，有 68 家受访企业认为“人才短缺”是最大障碍，有 271 家受访企业认为“融资困难”是最大障碍，有 76 家受访企业认为“投资领域限制”是最大障碍，有 35 家受访企业认为“市场容量有限”是最大障碍，有 109 家受访企业认为“税费负担过重”是最大障碍（详见图 5.1）。从这些回答中不难发现，民营资本成长过程中面临着要素供给、市场需求、进入壁垒和财务负担压力等问题，特别是融资问题成为民营资本最为关心的问题。采取措施帮助民营资本有效解决发展中所遇到的问题，才能更好地促进民营资本的成长。

分行业来看，不同行业民营资本面临的最大障碍也是不同的。石油加工、炼焦及核燃料加工业、化学原料及化学制品制造业、医药制造业、化学纤维制造业、橡胶制品业、塑料制品业、非金属矿物制品业、黑色金属冶炼及压延加工业、有色金属冶炼及压延加工业等 73 家重化工业企业，只有 3 家认为“人才短缺”是民营资本发展的最大障碍，认为“融资困难”是最大障碍的企业有 35 家，同时，认为“投资领域限制”和“市场容量有限”的企业各有 5 家，另有 24 家认为“税费负担过重”是发展的最大障碍。这些调查结果表明，对于重化工企业而言，资金问题和财务负担问题是企业发展面临的最大问题。农副食品加工业、食品制造业、饮料制造业、烟草制品业、纺织业、纺织服装、鞋帽制造业、皮革、毛皮、羽毛（绒）及其制品等 102 家轻工业企业，有 9 家企业认为“人才短缺”是最大障碍，有52家认为融资问题是最大障碍，有13家认为“投资领域限制”是最大障碍，有6家认为“市场容量有限”是最大障碍，有22家认为“税费负担过重”是最大障碍。与重工业企业相比，有更大比重的民营企业认为“融资困难”和“投资领域限制”是最大障碍。通用设备制造业、专用设备制造业、交通运输设备制造业、电气机械及器材制造业、通信设备、计算机及其他电子设备制造业和仪器仪表及文化、办公用机械制造业等行业87家企业，有12家企业认为“人才短缺”是最大障碍，有41家认为融资问题是最大障碍，有19家认为“投资领域限制”是最大障碍，有8家认为“市场容量有限”是最大障碍，有7家认为“税费负担过重”是最大障碍。这些资本和技术密集型的行业企业，“人才短缺”比前两类行业企业更严重，同时，也有更大比重的企业认为“投资领域限制”是发展最大的障碍。综合比较，重化工企业当前税费负担相对更重，劳动力密集型轻工业企业融资相对困难，资本和技术密集型企业人才更为短缺，而且感觉投资限制也更为严重。

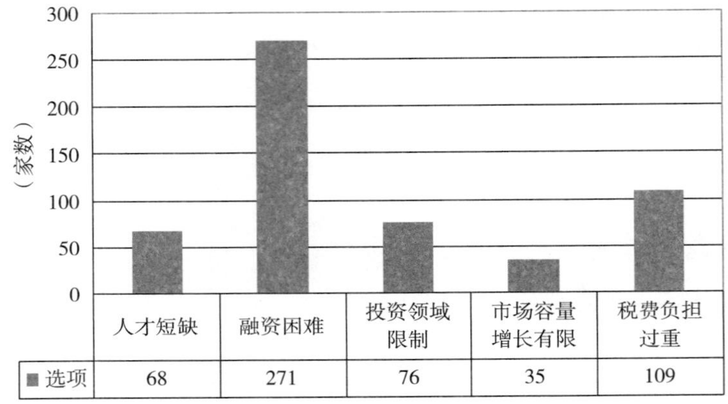

图5.1 当前民营资本成长面临的最主要障碍调研情况

5.2.2 民营资本成长面临问题的成因

1. *规模偏小与所有制性质是导致民营企业融资困难的重要方面*

我国民营企业发展很快，经过30余年的发展，有许多民营企业已经从名不见经传的小微企业发展成为全国乃至全世界知名的大型企业。尽管如此，这些企业在众若群星的民营企业中仍然只是屈指可数的少数。从个别企业角度来讲，它们有成长为大企业的可能，但是从企业整体角度而言，大多数民营企业仍然是中小微企业。规模的偏小导致这些民营企业经营风险大增，抗风险能力低下，单笔融资成本高企，这些都使“融资难、融资贵”问题成为民营企业面临的首要问题。另一方面，由于它们的非公有制身份，较少受到政府的金融政策支持，国有性质为主的银行向之贷款的意愿也明显低于向国有经济贷款的意愿，进一步加剧了民营企业融资的难度。根据调查问卷结果，有近半数的受访企业认为“融资困难”是民营资本面临的最大障碍。而且，这个结果并不表明其他受访企业就没有融资困难问题，只不过不是最大问题而已。

2. 赢利能力相对较低和较少的政策优惠是导致税费负担过重的主要因素

民营企业中有许多企业是中小微企业，在经济形势较好的情况下，凭借较有效率的经营管理赢利能力尚有保证，但是如果受到经济形势恶化的冲击，由于没有足够的市场垄断能力，平常成本已经压到很低，很难再通过“挖潜”提升赢利能力，利润空间会受到明显挤压甚至亏损，导致以流转税为主的税制体系以及刚性费用缴纳带来的税费负担大幅增加。而且，由于民营企业更多身处竞争激烈的竞争性行业，市场竞争状况千变万化，较之那些身处垄断性市场和具有稳定营业收入的国有企业，赢利能力也会变化较大，受到经济不景气冲击的风险也更大。同时，相对于国有企业，民营企业总体上较少享受各类税费政策优惠，加之融资费用高企，使民营企业对税费负担的感受更为灵敏。这些都是诸多民营企业反映税费负担过重的原因，而所有制性质导致的政策优惠差异带来的超额税费负担更为不公平。

3. 限制性领域过多和国有经济垄断形式是导致民营企业投资领域受限制的根源所在

随着民营企业的发展壮大和我国经济结构的调整，很多民营企业需要拓展经营领域，以摆脱原来单一经营带来的风险冲击，以及追逐附加值和赢利率更高的行业项目。特别是目前，由于国外市场需求增长乏力和中国劳动密集型产品竞争力的削弱，很多出口型的民营企业都亟需实现转型升级。但是，由于一般竞争性行业的赢利率偏低，市场饱和度较高，这些民营企业更倾向于进入那些原来具有一定垄断性及限制性的行业。然而，由于我国全面深化经济体制改革还没有完全到位，在审批项目缩减和审批权限下放的情况下，仍然存在大量的限制性行业，原来的国有企业也因不愿丢失原来已经获得的垄断性地位而设置各类进入障碍，这些导致民营企业投资领域受到严重限制，不能根据企业发展需求灵活而便利地进行投资和布局。曾经有许多民营企业进入国有经济比重较高的行业，但是由于受到了国有企业和相关国家管理部门的制裁而损失严重，更是加剧了民营企业进入部分投资领域的担心和不安，投资受限问题成为民营经济多元经营和转型升级的严重障碍。

4. 不公平的人才待遇和僵化的人才体制是导致民营企业人才短缺的体制性根源

人才短缺是民营企业特别是那些技术密集型制造企业面临的主要问题之一。不可否认，民营企业规模过小和未来发展不确定等因素是抑制人才特别是高端科技人才向民营企业转移的重要因素，但是，国有企业和民营企业人才待遇差异及科研人员身份认定问题无疑是导致民营企业人才短缺的体制性因素。国有企业特别是部分央属企业，工资薪金以及福利待遇都远远高出民营企业人才的福利待遇，而且这种优厚待遇并不是国有企业通过市场正当竞争而做到的，仅仅是凭借其垄断性市场地位获得的，这种不公平的人才待遇促使人才特别是高端科技人才倾向于流向国有企业而非民营企业。同时，在职称评定方面，大部分民营企业都没有任何途径和权限进行职称评定，但事业单位和部分国有企业却享有这些权限，进一步加剧了民营企业人才短缺的程度。可以说就业歧视是许多人才不愿意到民营企业工作的重要原因之一。

5.3 混合所有制经济发展与民营资本成长的关系

5.3.1 民营企业对混合所有制促进民营资本成长的认知

从民营企业发展存在的主要障碍来看，所有制歧视是导致民营企业面临诸多问题的主要根源之一，推动混合所有制经济发展，打破不同所有制经济之间的界限，消除所有制歧视，将成为促进民营资本成长的重要动力。根据2015年中国中小企业协会《2015年混合所有制与中小企业发展问卷调查数据库》中的有关调研数据，在635份有效问卷中，接受调查者就“如果考虑参与国有经济，那么是为什么”这一问题的选择回答情况分别是：认为能够获得“更便捷的融资渠道”的受访企业有346家，认为能够更容易进入“新的投资领域”的受访企业有249家，认为有利于“完善产业链条”的受访企业有305家，认为能够维持“与政府更密切的合作关系”的有286家，认为能够提高“集聚优秀人才的能力”的受访企业有212家，认为“有利于企业扩大市场”的有260家。这些调查结果显示，民营企业普遍认为混合所有制特别是参与国有企业对于自身的发展具有重要意义，特别是对于畅通融资渠道、完善产业链条及维持与政府关系方面的作用更加明显。因此，在所有制歧视尚不能完全消除的情况下，混合所有制有助于弱化这种歧视，并且最终可能成为彻底消除所有制歧视的主要推动力。

分行业来看，不同行业民营资本对参与国有企业、发展混合所有制经济的认知也不尽相同。石油加工、炼焦及核燃料加工业、化学原料及化学制品制造业、医药制造业、化学纤维制造业、橡胶制品业、塑料制品业、非金属矿物制品业、黑色金属冶炼及压延加工业、有色金属冶炼及压延加工业等84家受访重化工业企业中，有51家认为参与国有企业可以建立“更便捷的融资渠道”，比例高达60.1%；有32家认为可以更容易获得“新的投资领域”，比例为38.1%；有49家认为可以“完善产业链条”，比例为58.3%；有47家认为可以维持“与政府更密切的合作关系”，比例为56.0%；有33家认为能够提高“集聚优秀人才的能力”，比例为39.3%；有45家认为“有利于企业扩大市场”，比例为53.6%。这些调查结果表明，对于重化工企业而言，解决资金问题和完善产业链是其参与国有企业的主要目标。

农副食品加工业、食品制造业、饮料制造业、烟草制品业、纺织业、纺织服装、鞋帽制造业、皮革、毛皮、羽毛（绒）及其制品等112家受访轻工业企业，有62家认为参与国有企业可以建立“更便捷的融资渠道”，比例为 55.4%；有 56 家认为可以更容易获得“新的投资领域”，比例为 50.0%；有 60 家认为可以“完善产业链条”，比例为 53.6%；有 63 家认为可以维持“与政府更密切的合作关系”，比例为 56.3%；有 37 家认为能够提高“集聚优秀人才的能力”，比例为 33.0%；有 37 家认为“有利于企业扩大市场”，比例为 33.0%。这些数据表明，轻工业民营企业认为参与国有企业对其解决人才和扩大市场的作用弱于融资、获得新的投资领域、完善产业链条和维持与政府合作关系的作用。值得指出的是，112 家受访民营企业中，有 63 家认为参与国有企业可以与政府维持更密切的合作关系，反映了这些民营企业转型升级对政府政策依赖程度较大。

通用设备制造业、专用设备制造业、交通运输设备制造业、电气机械及器材制造业、通信设备、计算机及其他电子设备制造业和仪器仪表及文化、办公用机械制造业等行业 100 家受访企业，有 55 家认为参与国有企业可以建立“更便捷的融资渠道”，比例高达 55%；有 36 家认为可以更容易获得“新的投资领域”，有 36 家认为可以“完善产业链条”，比例都为 36.0%；另有 40 家认为可以维持“与政府更密切的合作关系”，比例为 40.0%；还有 45 家认为能够提高“集聚优秀人才的能力”，有 46 家认为“有利于企业扩大市场”，比例分别为 45.0% 和 46.0%。这些资本和技术密集型的行业企业，更多地认为参与国有企业有助于解决融资问题，而认为参与国有企业可以有助于进入新的投资领域和完善产业链条的受访企业相对较少。

这些调查结果显示，无论哪一类民营企业，都认为参与国有企业对于民营企业获得便利的融资渠道具有重要意义。此外，重工业民营企业还相对重视参与国有企业对完善产业链条的作用，传统轻工业民营企业相对重视参与国有企业对维持与政府密切合作关系的重要性，技术密集型民营企业则相对重视参与国有企业对集聚人才和扩大市场的重要性。

5.3.2　混合所有制促进民营资本发展的作用机制

受访民营企业普遍认为参与国有企业改革对于民营企业的发展具有诸多方面的好处，那么混合所有制改革促进民营资本发展的作用机制是什么？我们着重从公平竞争、融资渠道、市场进入和研发能力等几个方面来分析混合所有制对于促进民营资本发展的作用机制。

①混合所有制经济发展有利于营造更加公平的市场竞争环境，改变民营企业不利的市场竞争地位。自新中国成立以来，一直将公有制经济当作先进生产关系的代表，对私有经济或者民营经济普遍带有一种歧视的态度，在公有制经济为主体、国有经济为主导的社会主义经济下，这种态度使民营经济的发展举步维艰，无论是从国有金融贷款，还是投资项目审批，都与国有经济处于完全不对等的竞争地位。混合所有制经济如果能够充分发展，国有经济和民营经济将形成“你中有我，我中有你”的相互融合的局面，不同所有制经济之间的界限将变得更加模糊，从而各类企业之间的不同主要在于行业属性、规模大小、经营业绩等要素特征，所有制身份不同导致的不公平竞争现象将逐渐得到消除，社会主义市场经济体制也将更加完善。从微观层面讲，民营企业入股国有垄断性企业，还可以利用相

应的表决权抑制国有企业的垄断行为，在一定程度上维持公平竞争的环境，改变自身不利的市场竞争地位。

②混合所有制经济发展有利于缓解民营企业“融资难、融资贵”的问题。“融资难、融资贵”是民营企业面临的普遍问题，严重抑制了民营资本的发展。推进混合所有制经济发展至少可以在三个方面有利于缓解民营企业的融资问题。一是混合所有制经济的充分发展将逐渐消除所有制差别及由此带来的所有制歧视，民营资本融资将更多受到规模和业绩等自身因素的影响，不会再因为私有或民营性质而遭到国有金融机构或者金融监管部门的歧视，将更容易获得贷款或者债券发行额度；二是混合所有制经济的充分发展将为民营企业入股国有金融机构创造有利的条件，民营股份在原国有金融机构中也会发挥相应的决策影响力，促使混合所有制性质的金融机构依靠市场原则而非所有制身份从事金融借贷活动，民营企业将会以更加宽松的条件获得更多的贷款支持；三是民营企业可以通过吸引国有企业投资参股而改造成混合所有制企业，更快地摆脱纯粹民营企业身份的约束，更便利的向金融机构贷款或者申请发行证券额度。

③混合所有制经济发展有利于破除各种进入壁垒，使民营企业获得更多的市场进入机会。我国现在广泛存在的行政壁垒、国有企业垄断壁垒和行业规模性壁垒等，已经对民营企业依据市场原则在更广泛的领域内统筹布局造成了巨大障碍，抑制了资源配置效率的提高。推进混合所有制经济发展可以有效破除束缚民营企业发展的各种市场进入障碍。一是混合所有制经济的发展将使民营企业通过股权直接投资的方式进入到相关行业，并且能够依据权责对应的原则行使经营决策权和享有盈利分配权；二是混合所有制经济的发展还可以使民营企业通过对原垄断国有企业进行股权投资布局关联行业，并通过行使权利约束垄断企业的不平等竞争行为，在分配收益的同时使自身获取更大的发展机会；三是混合所有制经济的发展使各类企业的处于更加平等的地位，除了极其个别的领域外，民营企业可以和国有企业拥有平等的市场地位，共同竞争准入性行业或者项目的进入权，更大程度上拓展生存空间。

④混合所有制经济发展还有助于民营企业研发能力的提高。研发能力对于当前民营企业的转型升级至关重要，特别是对于科技型民营企业而言更是如此。混合所有制经济的发展可以在以下几个方面提高民营企业的研发能力：一是民营企业可以入股研发能力较强的国有企业，加强与其共同研发创新的合作，以此提升自己的研发能力；二是民营企业可以吸纳相关国有企业股权，邀请国有企业派送技术团队帮助提高研发能力；三是民营企业通过混合所有制改造，争取能够拥有与某些大型国有企业一样职称评定权，增强对技术人员的吸引力；四是民营企业实行混合所有制改造后，更容易获取国家实验室等创新平台的建立批复，逐渐培养雄厚力量的研究团队。因此，无论民营企业入股国有企业，还是民营企业吸引国有股权，都有利于提高民营企业对人才的吸引力，有利于企业创新性研究团队的建设。

5.4　发展混合所有制经济、促进民营资本健康成长的有效途径

5.4.1　发展 PPP 模式，以混合所有制形式促进政府、国有企业和民营企业的合作

我国仍处于城市化快速推进和全国发展空间调整阶段，需要投资建设的项目众多，所需资本规模巨大，迫切需要各方资金跟进投资。混合所有制经济很好地将国有经济成分与民营经济成分融合在一起，可以作为政府、国有企业和民营企业密切合作的平台，在完成重大项目建设的同时，也会带动民营资本的健康成长。当前我国正在积极推动 PPP 模式的发展，以更好地吸纳各方资本参与相关项目的合作，PPP 模式的具体形式可以有很多种，由政府、国有企业和民营企业等各方共同出资建立混合所有制企业，以新成立的混合所有制企业作为项目建设的主体，将是推行 PPP 模式的一种重要组织形式。

现阶段各方参与 PPP 项目成立混合所有制企业时，民营资本仍然面临着一些问题和障碍。一是民营资本在新成立的混合所有制企业通常难以取得控股权，市场意识和现代管理理念无法有效引入企业，项目不能形成合理的公司架构，抑制了民营资本参与 PPP 的积极性；二是即使民间取得了新成立的混合所有制企业的控股权，但政府行政干预频繁，严重影响了混合所有制企业的发展；三是 PPP 项目主要是公共设施和基础设施，为公众提供价格低廉的公共产品与民营资本的逐利性之间存在一定矛盾，其定价机制比较难以确定，也一定程度上影响了民营资本参与 PPP 的积极性。未来各级政府应该在允许民营资本控制股权、减少政府干预和确定 PPP 项目定价等方面采取措施取得突破，鼓励民营资本参与 PPP。

5.4.2　控股混合所有制企业，增强民营资本技术创新能力和融资能力

很多行业的国有企业都具有规模巨大、技术实力较强的特征，民营资本正好在融资能力和技术创新实力等方面存在弱点，混合所有制改革为民营资本进入国有企业、提高自身实力提供了良好机遇。所以，民营资本参股相关行业国有企业，将有利于提高民营企业的技术创新能力和融资能力。

根据中国社会科学院经济研究所发布的《宏观经济蓝皮书：中国经济增长报告（2012 - 2013）》，国有企业技术创新最差，混合所有制企业最强。该报告指出，混合所有制主要由

原来的国有企业改制转换而来，总体而言民营股份占据主导地位，产权归属比较明晰，企业治理结构合理，同时又可以享有某些国有体制下的资源优势，承接了原有企业的融资渠道、技术研发团队等，所以具有更强的技术创新能力。这些论述表明了混合所有制经济的优势所在，既可以发挥民营经济的体制灵活性，又可以继承原国有企业的丰富的要素资源。不过，这种优势的相互补充，还取决于民营资本是否可以取得混合所有制的控股权，而这种控股权对很多实行混合所有制改革的国有企业而言都是不愿意失去的。因此，未来推进混合所有制改革时，应对不属于关键领域和国计民生行业的国有企业实行出让控股权，特别是对技术密集型和资源密集型的国有企业，要采取措施鼓励控股权的出让，让民营资本的灵活经营管理体制能够真正注入混合所有制企业中来，使混合所有制企业真正做到体制高效和丰富资源的优势有机融合，促进包括民营资本股权在内的各类经济成分的共同快速发展。

5.4.3 混合所有制改善国有经济治理结构，避免过度挤压民营资本

尽管部分混合所有制改革企业需要由民营资本控股，但是在关键领域和重要行业国有经济控股混合所有制企业仍然是必要的，不过由于民营资本的参股，这些国有经济控股的混合所有制企业治理结构还是会进一步趋于完善，民营资本在企业决策中的话语权和影响力也会提升，对于避免这些企业过度挤压民营资本也是会有很大作用的。

改制前的垄断性国有企业，通常为了维持自身的市场垄断地位，或者为了获取垄断利润，普遍存在着一些歧视和打压民营资本的行为，例如，对于民间市场供给者采取压价、对民间市场需求者采取抬价等方式挤压民营资本的利润空间和生存空间等。这些行为严重抑制了民营资本的成长。当大量相关领域的民营资本能够参股这些企业时，尽管单一个体民间企业对垄断性国有企业的经营行为有限，但是如果这些民营资本联合起来，依据责权利对等的原则，仍然可以对垄断性国有企业的经营行为产生重大影响，特别是在改善自身市场地位时更是如此。不过当前存在一个问题是，很多民营资本进入了垄断性国有企业以后，新的混合所有制企业控股权还是掌握在国有经济手中，企业治理结构不能相应完善，股份多少和行使权力的大小不相匹配，导致参股的民营资本话语权和决策影响力较弱，抑制了民营资本进入国有企业的积极性。因此，未来在进行混合所有制改造时，要切实保障入股民营资本的权益，充分发挥股权影响力，才能真正保障民营资本的利益，避免遭受垄断性国有企业的挤压，促进民营资本的成长。

5.4.4 发展多层次的资本市场，助力混合所有制改革

多层次资本市场的发展可以为国有股权和民营资本的自由流动和交换提供便利性，同时也有利于不同性质股权的定价发现。十八届三中全会《决定》明确提出，混合所有制经济主要表现为国有资本、集体资本、非公有资本等交叉持股、相互融合。民营资本可以较为便利地通过举牌、参与增发、股权转让等方式参与国企混合所有制改革。在一些国有资

本不需要控股的竞争性领域，可以通过二级市场减持把国有企业控制权转让给民营资本或者战略投资者，实现并购重组。国有资本可以尝试以优先股的形式存在，减少对上市公司的行政管控；利用收益权信托、收益权债券等创新形式实现存量资产证券化等。

资本市场的重要功能是价格发现和提高流动性。资本市场的完善将可以使民营资本较为自由地参与混合所有制改革，同时对改制后的混合所有制企业也具有一种约束作用，否则民营资本可能会通过资本市场退出投资。资本市场的价格发现功能又可以使国有企业在实现混合所有制改革时候少了对“国有资产流失”嫌疑的担心，提高了国有企业改制的积极性。正是资本市场具有这些作用，资本市场将能有力地促进混合所有制经济的发展，并以此带动民营资本的快速成长。

执笔：吕风勇（中国社会科学院财经战略研究院助理研究员）

参考文献

[1] 刘小玄，张蕊．可竞争市场上的进入壁垒——非经济垄断的理论和实证分析．中国工业经济，2014（4）

[2] 蒲宇飞．完善动态混合所有制结构 焕发经济活力．经济问题，2013（11）

[3] 荣兆梓．也论国有经济与私营经济的不平等竞争．政治经济学评论，2013（3）

[4] 杨天宇．我国民营经济发展的制度性障碍研究．改革，2003（6）

第 6 章

混合所有制经济发展与中小企业成长：机会与挑战

- 引言与文献综述
- 发展混合所有制：中小企业更好发展面临的机遇
- 混合所有制经济：中小企业更大发展面临的挑战
- 促进中小企业参与混合所有制经济的政策建议

6.1　引言与文献综述

6.1.1　引言

混合所有制经济的论点可以追溯到凯恩斯的《就业、利息和货币通论》“让国家之权威与私人之策动力量相互合作”。20 世纪 30 年代，凯恩斯主义逐渐成为各西方发达国家的主导经济思想，国有资本与私人资本融和的混合所有制经济形态不断扩张，混合所有制经济大大提高了企业的竞争力和产业集中度。

我国对混合所有制经济探索也历经多年，但推进缓慢，效果不明显。同时，近年来，我国中小企业的发展也到了新的瓶颈期。改革开放以来，中小企业在我国国民经济中的地位日益提升，其生产总值已占全国 GDP 总量的六成以上，在新产品研发、专利以及吸纳就业方面更是举足轻重。但“十二五”后半期以来，中小企业在我国经济增长总体下行、产业结构失衡、内需不足的宏观形势下开始暴露出一系列问题，如生产成本高、管理落后、技术落后、高耗能、高污染等问题，采购经理指数（PMI）徘徊于临界值 50% 之下，中小企业亟须突破困境，转型升级。中小企业发展能否搭上混合所有制经济的“列车”实现成功“突围”成为社会关注的热点话题。2013 年，党的十八届三中全会重提要积极发展混合所有制经济就是基于以上中小企业发展的困境而提出的，同时还主要考虑了以下问题：一是我国国有资本目前仍大量分布在一般竞争领域，国有资本与民争利，没有充分发挥国有资本的带动、支撑和引导功能；二是国有企业虽然规模庞大，但运营效率低下，企业包袱重，很多企业经营难以为继；三是传统产业和制造业部门普遍存在产能过剩，新兴产业技术难以突破。中小企业大多集中于过剩的传统产业和新兴产业中，转型升级和技术革新所需的融资环境差、缺乏对技术人才的吸引力。针对以上困境，政府重提发展混合所有制经济问题，强调要对各种所有制形式一视同仁，凡是能够为经济发展贡献力量、对推动社会进步和改善社会福利有益就应该大力发展。在这种政策鼓舞下，中小企业拥有了与国有资本进行合作的政策环境。

中小企业亟需转型升级，在梳理了中小企业转型升级路径之后发现，公平竞争的市场环境是其“华丽转身”的最核心要素。民营中小企业参与国有企业的混合所有制改革会迎来哪些发展机遇？面临什么样的挑战？国有资本与中小企业资本力量悬殊，中小企业如何保障自身权益、保障自己的话语权，怎样的合作能保证双赢是必须在混合所有制改革前厘清的问题。

6.1.2 文献综述

（1）中小企业参与混合所有制经济发展的机会研究

2015 年，中小企业发展困难重重，主要存在三大问题：一是生产要素成本持续攀升，中小企业招工难，物流成本走高、原材料等成本增长过快，企业负担很重；二是中小企业创新能力不足，缺乏高层次专业人才；三是中小企业融资环境差，阻滞企业发展。这些因素严重影响了中小企业转型升级，必须寻找一条新路径进行突围，与国有企业合作进行混合所有制经济改革就是路径之一。

混合所有制经济，就是公有资本与非公有资本的合作，涉及国有企业与非公有制企业双方。合作必须有利于双方才能促成，中小企业与国有企业均可因合作受益。因此，现有文献主要是从国有企业和民营企业、中小企业两个视角分析发展混合所有制经济的必要性，分析合作的收益和挑战。

厉以宁（2014）认为，发展混合所有制经济至少有五大好处，如可以提高国有资本的配置效率、有利于促进市场经济发展，有利于增加企业活力等，主要是从国有企业和资源配置效率视角剖析发展混合所有制的利弊，缺乏对中小企业的关注。李毅中（2014）将发展混合所有制视为民营资本或中小企业进入特许经营领域的重要途径。高明华等（2014）梳理了我国混合所有制经济的政策演变过程，总结了以往混合所有制经济失败的原因，认为应该在竞争性领域全面推动混合所有制经济发展。民营企业或中小企业的参与，可以帮助国有资本提高运行效率，中小企业也能获取更多投资机会。童友好（2014）立足国有企业改革，对发展混合所有制提出了六个要解决的问题，并指出中小民营资本与国有垄断资本混合的路径，暗示了中小企业参与混合所有制经济的最重要机遇即为拓展投资领域。江苏省是我国最早开展混合所有制经济改革的地区，改革基础扎实、形式多样，范围广泛，效果显著。2014 年 3 月，江苏省工商联对省内混合所有制企业进行了调查，结果显示，中小企业与国有资本的混合有利于中小企业经济实力的增强。调查组认为，混合所有制经济打破了各种所有制之间孤立封闭的局面，有利于中小企业突破行业壁垒，有利于解决中小企业发展面临的体制和要素障碍。姜涛（2014）认为，混合所有制经济可以帮助中小企业获取国有企业的影响力、品牌声誉等生产资源，为自己赢得更大的发展空间。和军、季玉龙（2014）认为，争取公平的投资和经营环境是中小企业参与混合所有制经济的主要红利，混合所有制经济有助于中小企业打破投资领域的准入障碍，中小企业可以借助国企的影响为自己争取更多的资源，同时减少在政策上的受歧视程度。李敏（2014）对中小企业参与混合所有制经济持乐观态度，她认为，通过合资经营、参股国资项目等方式，中小企业将在资本、投资领域和竞争力方面获得极大提升，混合所有制企业可以帮助小投资者做大，大企业做强，帮助企业升级。这对目前经营空间狭窄、生存艰难的中小民营企业发展是个振奋人心的福音。

(2) 中小企业参与混合所有制经济发展的挑战研究

在政策支持的大环境下，央企管理者和央企、地方政府与地府国企已经开始行动，近半数省份出台了国企改革相关方案，被列入试点的国企股票受到资本热捧。与之相对，中小民企却仍在冷冷观望。究其原因，担心参与混合所有制改革后无法获得平等话语权、自身利益受损是阻碍中小企业参与的重要原因。中小企业与国有资本进行混合所有制经济合作，力量悬殊。学术界对中小企业或民营企业可能面临的障碍进行了热烈讨论。

李毅中（2014）认为，做好顶层设计是保障民营资本、中小企业参与混合所有制经济的前提。他认为在混合所有制改革中中小企业将面临如下几个问题：一是垄断行业改革非常困难，中小企业、民营企业很可能依然会遭遇“玻璃门”、“弹簧门”、“旋转门”等政策障碍，阻止中小企业开辟新的投资领域；二是国有经济经营体制改革非常缓慢，信息披露不透明、内部人控制、监督监管机制缺失等问题会损害中小企业的权益。高明华（2014）认为必须通过制度建设规范双方的合作，消除合作双方芥蒂。否则中小民营企业将面临以下严峻的挑战：一是国有股极可能“一股独大”，中小企业权益会受到侵害；二是董事会的选举和决策过程可能会不透明，国资管理机构通过董事会干扰企业经营的可能性很高；三是财务信息披露方面由于不透明，无法防止大股东“掏空”企业，造成中小企业利益受损；四是企业高管的评聘和激励受到国资管理部门的干扰较大，干扰企业的科学管理和运营。李佐军、田惠敏（2014）从中小民营企业的立场出发，从权益保障方面分析了中小企业参与混合所有制经济可能出现的问题。他们认为，中小企业的行业准入门槛高、获得控股权机会少、股东投资收益权得不到保障和企业话语权是缺失等四个问题是中小企业参与混合所有制经济的重大挑战。邱霞（2014）系统分析了中小民营企业参与混合所有制经济热情不高的原因。她认为，沉没成本高、内部人控制、“柠檬市场”三大问题让中小企业对参与混合所有制经济望而却步。李敏（2014）认为话语权是中小企业参与混合所有制经济的关键。由股权悬殊带来的管理和经营权不平等是中小企业参与混合所有制改革的最大障碍。应焕红（2014）认为中小企业参与混合所有制经济的最大障碍是混合意愿、混合比例和体制壁垒三大问题。中小民营企业资本规模小，担心没有话语权，因此混合意愿不高；中小民营企业被限制参股比例，无法发挥中小企业决策灵活的优势，政府有“甩包袱”嫌疑；中小企业面临着政策环境制约，“玻璃门”“弹簧门”等隐性约束短期不会消除，与国有企业相比权益不平等、机会不平等，规则不平等。

从对文献的梳理结果来看，现有文献的重心在于如何帮助国有企业在混合所有制经济中摆脱经营困境，提高运营效率。为实现该政策设计目标，学者们将民营企业或中小企业最关心的权益保护问题作为顶层设计的触发点，提出的政策建议围绕如何打消民营企业或中小企业的顾虑问题，对混合所有制企业的制度设计和政策提出了实施方案。换言之，人们较少关注中小企业如何在参与混合所有制经济中摆脱自身发展困境问题，中小企业发展问题，在学术探讨和舆论中已然输给国有企业。

6.2 发展混合所有制：中小企业更好发展面临的机遇

6.2.1 发展混合所有制经济为中小企业发展带来“政策红利”

（1）宏观发展环境“红利”

十八届三中全会报告指出，“发展混合所有制经济……有利于各种所有制资本取长补短，相互促进，共同发展”。有评论称十八届三中全会为改革的新里程碑，原因在于此次会议提出了经济、政治、文化、社会和生态文明“五位一体”的全面改革，“是对 35 年改革历程的全面总结和新一轮改革的进军动员”。会议强调了公有制经济和非公有制经济的重要地位，强调公有制与非公有制经济都是社会经济发展的重要基础，强调的力度超过历次三中全会。据统计，非公有制经济中约 95% 为中小企业，非公有制经济地位的提升也同时意味着中小企业的地位提升。

此外，十八届三中全会还将市场在资源配置作用提升至“决定性”高度，显示政府在未来将发生较明显的角色变迁，由市场上的“运动员”改当“裁判员”，政府与市场的边界会越来越清晰。在此指导思想下，政府对行政审批和收费制度进行了整顿，取消了大量不合理收费项目。政策红利开始持续释放，中小企业的发展环境得以优化，如税费负担降低、融资环境改善。尤其是小微企业受惠幅度更大，2014 年税费约减免了 400 亿元，还享受了大量的财政补贴。

（2）微观层面的发展“红利”

中小企业在发展中面临的最大障碍是融资环境恶劣、人才引力不足和竞争地位不平等，类似二等公民。反观国有企业则在国民经济中长期处于绝对优势地位，相当于“嫡长子”，在资本规模、市场地位、融资、产业准入、人才储备、资源获得等方面处处优先。发展混合所有制经济，中小企业（非公资本）与国有资本合作，有助于中小企业借助国有资本这棵“大树”，改善融资困境、扩大资本，吸纳人才，弥补自身发展的不足。以融资为例，中小企业与国企的混合，使得中小企业能够比较轻松地获得信贷、财政补贴、IPO 上市等融资优势。如徐州万通公司食品酿造公司本是一家中小企业，为发展引入国有资本恒顺集团，改制后的公司成为淮海经济区最大的酿醋生产基地。因此，中小企业参与混合所有制经济犹如“背靠大树好乘凉”，助力企业发展。图 6.1 是中国中小企业协会于 2015 年 1 月对全国中小企业的一项抽样调查结果。

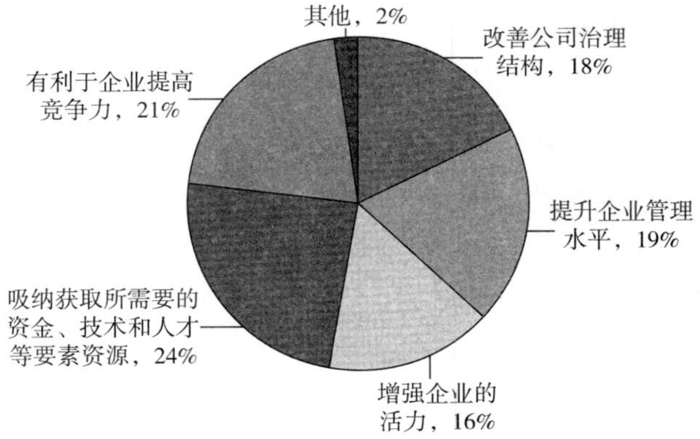

图 6.1　混合所有制经济对中小企业的影响调查

数据来源：中国中小企业协会，《2015 年混合所有制与中小企业发展问卷调查数据库》。

调查数据显示，639 家中小民营企业对参与混合所有制经济可能的预期红利进行了投票，总票数 1575，各项得分情况如下：参与混合所有制改革可以为中小企业获取更多的生产要素比例最大，24%；其次为帮助企业扩大竞争力，比例为 21%。19% 的票数显示参与混合所有制改革可以帮助中小企业提升管理水平。数据表明，资金、技术、人才、影响力是中小企业对参与混合所有制经济的最大期待。

6.2.2　体制变革为中小企业发展带来新机会

大力发展混合所有制经济，大力提升非公有制经济的地位是改革开放以来我国经济体制改革的里程碑，也是改革的新节点。国有经济与非公有制经济同为国民经济的基础，若泾渭分明，互相封闭，资源配置效率会受到影响：国有经济缺乏竞争与活力，非公有制经济无法获取足够的优质资源。发展混合所有制经济，打破资本的身份限制，消除各种所有制之间相互孤立、封闭的环境，平等对待各种经济体，有利于实现资源配置的公平，有利于提高效率，有利于实现不同所有制企业间的优势互补。发展混合所有制经济对中小企业而言更是意义重大。国内外竞争的加剧和经济增速的下滑使得我国的中小企业生存与发展的空间日益被挤压，中小企业亟须转型升级，亟须找到新的盈利模式。电力电信、铁路民航、石油石化、金融保险等行业存在着明显的资本准入问题，国有资本集中度高，非公资本和企业难以插足，中小企业更是望洋兴叹。新旧《非公经济 36 条》虽然已经出台多年，但是包括中小企业在内的众多非公企业仍在“玻璃门”和“弹簧门”外徘徊，中小企业的融资环境、投资比例和投资形式依然受到多方限制，很难享受与国企同等的待遇。

垄断行业内国企独霸一方，国企获利丰厚，效率不高；低端制造业领域，中小企业你争我夺，市场份额所剩无几，企业苦苦挣扎。走混合所有制道路，是中小企业获取新投资机会的有效路径。中小企业通过参股、参与项目合作等方式可以在政策资源、资金、投资领域、竞争力等方面获得极大的提升，发挥混合所有制经济的经营协同效用。

6.2.3 行业竞争加剧为中小企业转型升级指明新路径

我国中小企业普遍呈现家族管理特征，产权和管理权大都为家族成员持有和把控。这种管理模式虽然存在着决策效率高的突出优势，但也无法掩盖决策风险过大的弊端。国企的资金实力、技术创新能力、人才吸纳能力均是中小企业无法比拟的。多元化的股权结构可以保证中小企业决策的科学性，也能为中小企业吸引到优秀的专业人才，国企更能吸引高端技术人才。混合过程中，企业的融合必将带来管理、技术和人才的互补与提升。

流水不腐户枢不蠹。垄断将市场变成死水一潭，不利于企业经营效率的提高。发展混合所有制经济，垄断行业引入更多非公资本和中小企业，不同所有制企业间优势互补，协同合作，不仅有助于国有企业提高资本效率，也有助于中小企业转型升级，向产业链高端发展。

6.2.4 融资成本改善为中小企业赋予新环境

融资难、融资贵向来是中小企业发展中的一个难题，在信用评级体系缺失的大环境下，中小企业在融资市场遭遇了明显歧视，但融资便利恰恰是国有企业的优势。国有企业背靠政府这棵“大树”，融资便利且融资成本低。中小企业若能顺利参与混合所有制经济，其融资环境将会有较大的改善。可以说，中小企业对参与混合所有制经济的热情相当程度上是聚焦在解决融资问题上的。

2005 年以来，中小企业的贷款增幅都远低于国有企业。国企不但享受了贷款优先权，在信贷占比上拥有绝对优势，在优惠利率的享受上也是舍我其谁。如国企可以享受比基准利率下浮 10% 的优惠利率，在 IPO 上市、定向增发以及发债等其他金融政策上也有特惠权。中小企业在融资时则正好相反，受固定资产占比少、现金流不稳定等原因的限制，中小企业必须依赖担保或者联保才有可能获得融资机会。而担保或者联保是有成本的，一般都须在银行贷款基准利率的基础上上调 3 个点，同时要缴纳贷款额度 20% 比例的保证金。融资上的非国民待遇迫使中小企业更多转向民间影子银行或者其他途径获得机会，当然这种融资成本是非常高的。据统计，中小企业以民间融资途径获得的贷款成本高出正规金融机构约 30%，更有甚者高出 100%。在这种极其不公平的金融资源配置规则下，中小企业非常期盼通过参与混合所有制经济能获取同国有企业一样的市场地位，获得低成本的融资机会。

6.2.5 规范运营为中小企业的管理提供新模式

中小企业参与混合所有制经济可以优化其运营架构、规范企业管理。我国中小企业大多数实行的是家族管理模式，产权由家族成员持有，管理权也被牢牢控制于家族成员手中。虽然这种管理模式决策效率高，但也可能是成也萧何败也萧何，决策效率高的同时，决策风险也过大。这种模式适用于企业创办之初或者企业规模较小的时候；当企业发展规模稍大后，风险会与日俱增。缺少专业的职业经理人规划与决策，单凭家族成员以往的规划和决策势必阻碍企业的进一步发展。

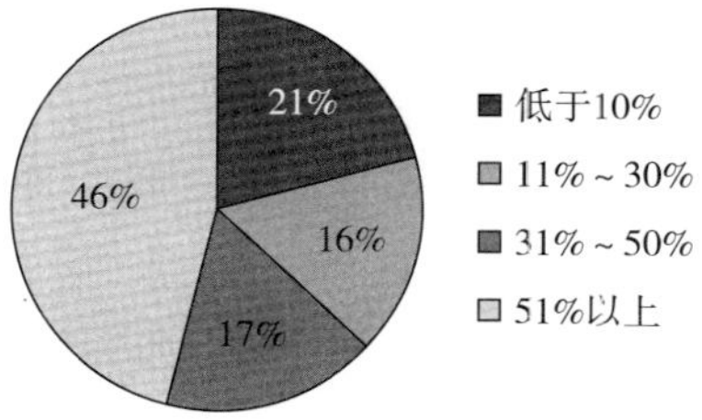

图 6.2　中小企业家族控股比重

数据来源：中国中小企业协会，《2015 年混合所有制与中小企业发展问卷调查数据库》。

国有企业经营管理的行政色彩比较浓厚，这与国企的管理体制有关，企业领导人既是管理者也是行政官员，更看重个人仕途，企业管理机关色彩浓厚，层级多，这导致国有企业的管理决策效率低下。

中小企业和国有企业的管理均存在着弊端。但当两者融合时，当换化为多元化的股权结构，建立适合混合所有制企业的治理机制时，这些弊端可以在很大程度上消除。多年的统计资料表明，混合所有制企业可以有效革除国有企业和中小企业管理积弊，资产营运效率高，创新能力强。混合所有制企业一般都实现了员工持股，资本所有者与劳动者形成了利益共同体，可以极大调动多方的工作积极性，进而增强企业的活力，提高了市场竞争力。

6.3　混合所有制经济：中小企业更大发展面临的挑战

6.3.1　企业管理者思想有待进一步解放

发展混合所有制经济，国有企业与中小企业均“心事重重”：国有企业担心资产流失，也不愿分享市场蛋糕；中小企业担心身单力薄，无法保证自身合法权益。不想混，不敢混是当前企业家存在的两种截然不同的想法。顾虑重重下，双方行动都比较谨慎，混合的推进比较缓慢。不可否认，双方企业的这种“谨慎”态度与当下混合所有制的顶层制度设计不够完善有关，但与双方的思想不解放也息息相关。一方面，需要对中小企业家的顾虑和怀疑进行解释和引导，以制度、法制建设保证中小企业家的合法权益；另一方面，必须敦促国有资本的管理者进行观念转变。国有企业素来有国家“嫡长子”称谓，企业领导人也多是政府官员调任，长期以来形成了身份上的优越感，这种优越感可以通过市场准入的审批、政策优惠等国民待遇差异体现出来。国有企业管理者鄙视中小企业，不屑与非公资本外的企业合作，对混合所有制经济比较抵触，他们不愿意、不适应身份的改变。此外，“郎顾之争”后国有资产流失问题挑动了亿万国民的神经，国有企业混合所有制改革后国有资产是否会流失、如何界定流失都是极其敏感的问题，国有企业领导者也会因此对混合所有制改革持谨慎态度。

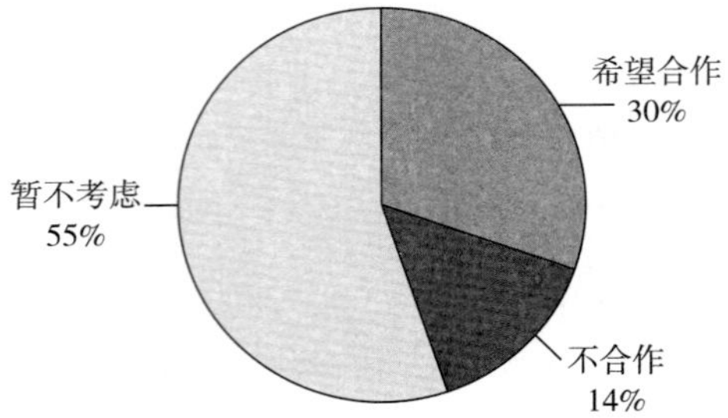

图6.3　中小企业对参与混合所有制经济的态度

数据来源：中国中小企业协会，《2015年混合所有制与中小企业发展问卷调查数据库》。

图6.3显示，中小企业对与国有企业合作的态度倾向性明显，即仅有三成的中小企业有比较积极的合作态度，愿意参与混合所有制经济；更多的中小企业选择观望、暂不考虑。

6.3.2　管理体制机制有待进一步改革

历年混合所有制经济改革失败的一个重要原因是改革没有触及公司治理机制的配套改革，改革方案中对如何提高混合所有制企业的经营效率，如何保护混合所有制企业中中小投资者的权益，如何规范混合所有制企业的治理等问题鲜有涉及，这些细节问题正是发展混合所有制经济的关键，关系到混合所有制经济改革中合作双方的互信机制构建。缺乏这样的制度设计，国有企业与中小企业都无法把控混合所有制改革后的管理走向，互不信任，互相提防，缺乏合作的基础。

在现行的国有企业领导人管理制度下，所有国有企业领导人都拥有行政级别，一把手均由上级主管部门任命，建有企业管理者与官员双重身份，受国资委与组织部双重管辖。这样的体制安排可以保证企业领导者在企业与国家党政机构间进行适当流动。官员企业家一般更关心自己的行政性晋升，即仕途。该制度安排下，企业领导者的个人目标与企业的发展目标之间容易出现偏差，容易出现“委托—代理”问题，国有企业领导人无法成为真正意义上的职业经理人，企业的管理更容易偏向行政化，管理上带有浓厚的机关色彩，官本位思想严重，体制性贪腐问题突出，罔谈建立规范的现代企业制度和公司治理结构。国有企业的公司治理无法摆脱政府多重目标的干扰，从而容易偏离企业经营目标。中小企业的经营目标是以营利为终极目标的，与偏离营利目标的国有企业合作无疑存在着高风险和诸多的不确定性，导致合作的一方不愿意混合所有制改革，另一方不敢混合所有制改革。

6.3.3　政策歧视有待进一步消除

政府高度重视中小企业的发展，也一直在努力改善中小企业的经营环境，但由于政策落实缺乏考核与监督，缺少第三方评估和监督机制，导致中小企业在实际的经营中仍然处于劣势，政府对中小企业的实际重视程度不够。如江苏省工商联调查组的调查发现，地方政府受“抓大放小”思想的影响，强调“大企业进入，大项目带动”，为大企业打开绿色通道，对中小企业漠不关心。中小企业在办理审批手续时仍然遭遇办事难、手续繁琐的困扰，“门好进，脸好看，事照样难办”。此外，地方政府赋予国有企业与中小企业不同的国民待遇，在行业准入、用地审批方面明显歧视中小企业。最突出的歧视莫过于融资问题，由于缺乏信用评价机制和担保机制，中小企业贷款融资难仍然没有实质性缓解。

政策对中小企业的态度“口惠而实不至”，阻碍了中小企业发展，增加了中小企业参与混合所有制改革的难度和顾虑，“怀疑+观望”是中小企业对参与混合所有制经济的普遍态度。

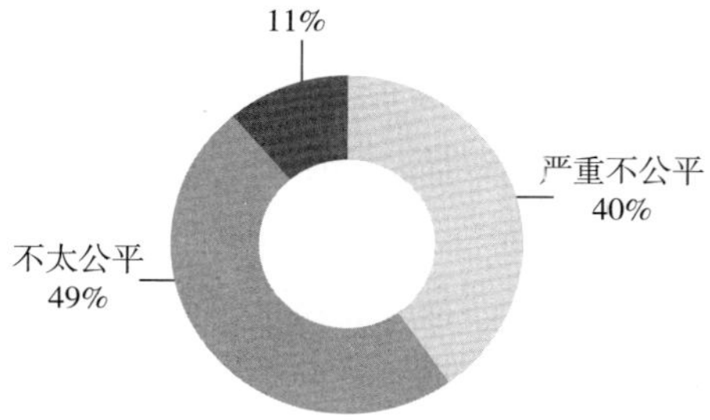

图6.4　中小企业对市场竞争的公平感受

数据来源：中国中小企业协会，《2015年混合所有制与中小企业发展问卷调查数据库》。

调查问卷显示，有89%的中小企业感到与国有企业无法平等竞争，受到了市场歧视，有40%的企业感受到了严重市场不公。通过进一步的调查，发现中小企业主要感受到来自以下四个方面的不公平待遇。

图6.5数据显示，国有资本凭借自身的垄断地位对中小企业打压是各中小企业面临的第一歧视源；第二，行业准入让中小企业感受到了严重的不公平；第三，中小企业面临的融资歧视至今无法有效解决；第四，中小企业无法享受与国有企业同等的财政和税收优惠政策，这四个方面让中小企业感受到严重的不公。

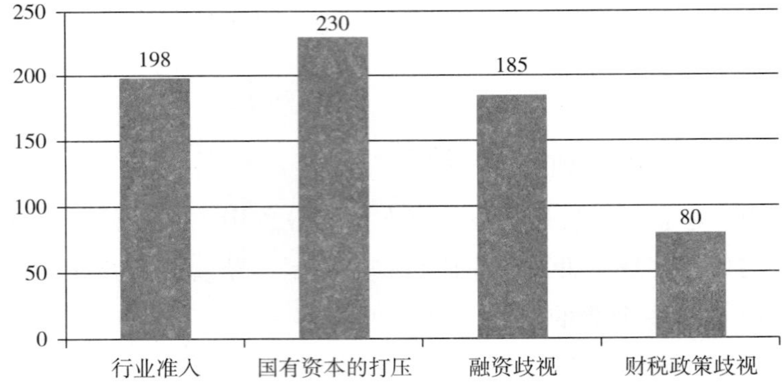

图 6.5　中小企业市场歧视的来源

数据来源：中国中小企业协会，《2015年混合所有制与中小企业发展问卷调查数据库》。

6.3.4　中小企业权益保护的制度和法制环境有待进一步完善

法律保护投资者权益的核心原则是“谁投资、谁经营、谁占有、谁支配、谁受益”，投资者的权益大小与资本额大小有直接关联。与国有企业的资本规模相较，中小企业势单力薄，很难取得企业决策权，中小企业的投资收益权也就缺乏保障。国有企业与政府之间关系千丝万缕，政企边界不清和政府公权介入使民营企业投资权益受损。国有企业与政府之间有着千丝万缕的联系，为保护国有经济权益，政府不惜干预司法。中小企业与国有经济的合作往往被冠以侵蚀国有资产的嫌疑，从众多国有企业与中小民营企业的财产纠纷案例中可以发现中小民营企业胜诉的案例凤毛麟角。

从法律体系的完备性来看，虽然《宪法》从根本法层面肯定了非公经济的合法地位，《物权法》也明确对私有财产和国有财产的同等保护权，然而这还不足以保障中小企业的合法权益不受侵犯，无法制止不同身份的企业平等获得、平等使用生产要素，公平公正地参与市场竞争。发展混合所有制经济的法律环境有待完善，尤其是要细化对产权保护和产权流动的法律法规，防止大股东利用优势地位侵害小股东的权益。

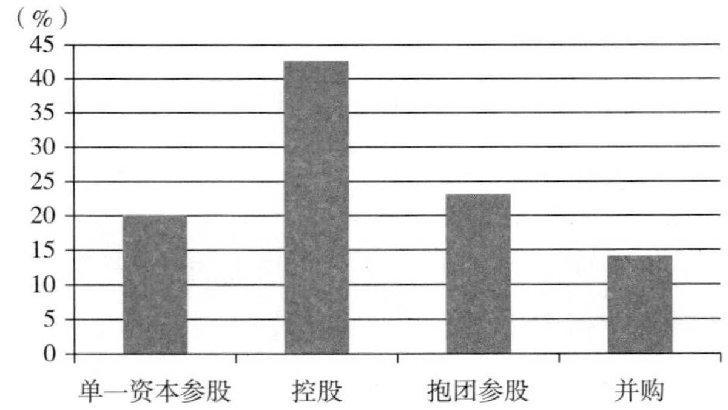

图 6.6　中小企业对参与混合所有制经济的期望方式

数据来源：中国中小企业协会，《2015年混合所有制与中小企业发展问卷调查数据库》。

图 6.6 数据显示，43% 的中小企业希望以本企业控股的方式参与混合所有制经济合作，在四个选项中比重最大，这反映出中小企业在考虑与国资合作中对自身权益保护最为敏感。当然，中小企业依靠自身力量几乎无法实现期望的合作目标，因此有 23% 的企业选择以抱团的方式参与混合所有制经济。20% 的中小企业考虑可以单独与国有资本合作，只有总数的两成，保护自身权益是中小企业参与混合所有制经济的最重要考量标准。

2014 年 2 月 19 日，中国石油化工股份有限公司宣布将放开油品销售领域，引入社会和民营资本参股，持股比例由市场决定。此外，中石化还与大润发、西藏卓玛泉等企业合作试水其他产业和项目，以此标榜进行混合所有制改革的决心和诚意，此举被视为国企进行混合所有制改革的标杆性举动，一时社会热议不断。然而，中小民营资本并没有被中石化的诚意“感化”。他们认为，虽然中石化在改革试水中拿出了一块“肥肉”与其他投资者分享，但试水的板块并没有真正涉及能源、资源等行业上游利益。面对雄厚的国企资本，中小民营投资者仍然不可能获得相同的权益。且国有企业热心于混合所有制改革的项目多为亏损或者前景不佳的业务，鼓励中小民营资本参股合作，政府和国企有“甩包袱”嫌疑。万达董事长王健林直言不讳：“如果要混合，一定是民营企业控股，或者至少我要相对控股。如果国企控股，不等于我拿钱帮国企吗？那我不是有毛病吗？不能干这个事。”由此可见，缺乏对中小投资者的权益保护，中小企业对待混合所有制经济的态度将一直是冷冷观望。

6.4　促进中小企业参与混合所有制经济的政策建议

6.4.1　建立健全混合所有制经济治理体系

混合所有制经济，是不同所有制资本间的合作，有利于合作双方取长补短、相互促进、共同发展。互利、双赢，才会有合作。因此，鼓励中小企业与国有企业混合经营的一个前提就是构建一个互利、共赢的制度，互相信任，深入合作。一个科学的治理机制应考虑保护股东权利、董事会治理、企业家能力提升等多个目标。

首先，要保护混合所有制企业中所有股东的权利，并实现股权的相互制衡。中小企业与国有企业合作进行混合所有制改革最大的顾虑就是被国有股“牵着鼻子走”。虽然合作初衷是各取所需，一方面促使国有资产更好地融入市场，与其他所有制资本取长补短、弥补经营效率低下的不足；另一方面中小企业可以背靠国字头“大树”，为自身发展赢得更大、更好的发展空间。但是，若合作的双方资本悬殊，在实际的经营活动中合作就无法保证能够按照预定的路径发展，合作目标也无法实现。大股东极有可能利用优势地位侵害中小股东权益，如对公司经营业务加以不合理干预，滥用表决权、公司信息披露不透明等现象均会出现。江苏省工商联课题组的调查也对此予以证实。调查问卷表明，在与国有企业混合所有制改革的中小企业中有大部分表示国有股的日常经营管理不透明；在重大决策过程中中小股东缺乏话语权。为保证所有股东权利不受侵犯，保证各个股东具有平等参与公司治理的权利，政府必须放弃对国有资本的任何政策支持和保护，规定国有资本不能享有特别权利。

其次，要提高混合所有制企业的董事会治理水平。董事会不仅要对代理人尽职尽责，还应做到不被利益干扰，切实履行对经营层监督的职责。为保护中小企业股东的权益，可考虑在董事会中设立较多的独立董事，吸纳中小企业股东参加。

最后，要提高混合所有制企业的企业家能力。在厘清董事会职能后，引入职业经理人制度，职业经理人要保持独立性和能动性。应从经理人市场招募职业经理人，以贡献大小对经理人进行考核。

6.4.2 中小企业抱团参与，提升控股机会和地位

激发中小企业的热情，激励其积极与国企进行混合经营，关键在于保护中小企业的权益，这需要通过增加中小企业在混合所有制企业中的控股机会和地位实现。当然，在公益性、安全性和战略性领域中国有资本依然必须处于绝对控股或者相对控股地位；但在竞争性领域和国有资本经营效益低下的领域，国有资本应当逐渐退出控股地位，由民营资本来承接。民营企业中绝大多数是中小企业，其资本实力与国有资本无法比肩，单个中小企业很难在混合经营中发声。但当中小企业集聚在一起抱团参与治理时，其力量将不容小觑。政府应该积极引导中小企业以抱团投资方式与国企合作进行混合经营。鼓励中小企业参与和组建股权投资基金和产业基金，利用基金管理团队的专业能力提升公司治理能力，帮助中小企业提升在混合所有制经济中的地位。

此外，应大力创新合作方式，有选择性地放开国家重点项目、国企重大项目，吸引中小资本单独参与或者抱团参与。现在多地市政府正在推行 PPP 项目，中小企业可以抱团的形式，抢抓 PPP 模式推行契机，参与发展混合所有制经济。

中小企业还可以通过依靠纵向兼并重组扩大企业规模和提升企业竞争力，也就是中小企业通过增加产业链上下游产业的竞争力来争取与国有企业的合作资本。当然，这离不开政府扶持。政府应该制定相关政策，如税收减免、信贷优惠、财政补贴等手段鼓励中小企业开展面向产业链上下游双向和价值链高端的兼并与重组，帮助中小企业形成产业关联度高、竞争力强的发展路径，赢得与国有企业平等对话的权利。

6.4.3　完善中小企业投资收益权保障机制

保护中小企业的投资收益权，就是以法律形式或者政策手段保证中小企业对其在混合所有制经济中形成的资产（包括有形与无形资产）具有使用、占有、经营、收益和支配的权利。

第一，应该在中小企业参与混合所有制改革之初以合同形式明确中小企业投资收益保障条款，明确中小企业股东与国有股股东的责权利。股权结构直接决定了控制权结构，中小股在混合所有制改革中极有可能遭遇国有股股东滥用资本多数原则对其剥削行为。为保障中小企业利益，可以在合同中考虑两点：一是在表决权设计中充分考虑中小股东的股权比例，所设计的表决生效股份高于控股股东股权比例，以制约大股东违背中小股东权益的行为，并将其写入公司章程；要将国有实物资产金融化，进行合理的资产评估，建立第三方监督机制，确保合作的公平公正。

第二，以法律形式建立私人财产保护制度。目前的法律由于缺乏实施细则，尚不足以保证各种所有制经济同等地受法律保护，无法保证各种所有制企业依法使用生产要素、公平公正地参与市场竞争，尤其是在产权保护和产权流动方面的保障制度还有待完善。若缺乏基本的产权保护制度时，中小企业与庞大的国有企业合作混合所有制改革，无疑是“羊入虎口”。要细化《宪法》中关于私人财产保护的条文，提升法律的可操作性。政策体系还应该健全、完善现代产权制度，只有归属明晰、权责明确、保护严格、流转顺畅的现代产权制度才能吸引中小企业参与混合所有制经济。

执笔：赵三英（华夏幸福集团研究院副教授）

参考文献

[1] 卫兴华，何召鹏．从理论和实践的结合上弄清和搞好混合所有制经济．经济理论与经济管理，2015（1）

[2] 赵晓．混合所有制的逻辑．北京：中华工商联合出版社，2014

[3] 财政部财政科学研究所课题组，我国中小企业发展支持政策研究．经济研究参考，2015（8）

[4] 和军，季玉龙．国企混合所有制改革红利与实现途径．中国特色社会主义研究，2014（5）

[5] 李敏．平等的话语权是发展混合所有制的关键．中国石油和化工经济分析，2014（9）

[6] 王志．对现阶段发展混合所有制经济的几点思考．改革与战略，2015（1）

[7] 张卓元．积极发展混合所有制经济，促进各种资本优势互补共同发展．经济理论与经济管理，2014（12）

[8] 高明华等．关于发展混合所有制经济的若干问题．政治经济学评论，2014（10）

[9] 江苏省工商联课题组．加快发展混合所有制经济，充分释放民营经济发展活力［J］．新社会阶层，2014（6）

[10] 李佐军，田惠敏．保障民营企业在发展混合所有制中的权益．中国石油和化工经济分析，2014（9）

第 7 章

混合所有制经济发展与中小企业成长：困难与选择

- 引言与文献综述
- 混合所有制经济：中小企业更好发展面临的困难
- 混合所有制经济：中小企业更大发展的路径选择
- 结论

7.1　引言与文献综述

7.1.1　引言

中小企业健康发展对我国国民经济意义重大。我国中小企业的数量占比达 99%，贡献了六成以上的 GDP，上缴税收收入超过 50%，为城镇居民提供了 75% 以上的就业机会。此外，科技型中小企业还是技术创新的生力军，我国 65% 以上的专利，75% 以上的技术创新，80% 以上的新产品开发，都是由中小企业完成的。因此，中小企业的发展关系到国民经济的平稳，关系国计民生，是个重大的战略任务。中小企业由于规模小，竞争力弱，很容易受到经济波动和危机的干扰。尤其是近年来，外部需求低迷，内需不振，人民币持续升值导致国际竞争加剧，我国中小企业出口受挫。此外，我国中小企业面临着生产要素成本攀升、创新不足、融资环境恶劣的不利局面，发展举步维艰。

十八届三中全会提出要积极发展混合所有制经济，鼓励非公资本与国有资本合作，取长补短，共赢互利。这为中小企业提供了新的发展平台和增长空间。

学术界从理论上对中小企业参与混合所有制经济的必要性进行了系统阐述，如厉以宁认为，混合所有制一方面可以帮助国企建立健全法人治理结构，另一方面可以帮助中小民营企业打破家族制管理模式，有利于中小企业的发展、壮大。来自如江苏、浙江等中小企业发达省份的调研报告也显示了混合所有制经济的优越性。但是，许多中小企业家对参与混合所有制经济还是顾虑重重，无意“以身试水”。是什么原因导致中小企业没有兴趣或不敢与国有企业进行混合所有制经济合作？合作的难点在哪里？该选择一条怎样的科学的合作模式鼓励中小企业参与混合所有制经济？本章试图解决以上问题。

7.1.2　中小企业参与混合所有制经济的困难研究

自十八届三中全会重新强调发展混合所有制经济以来，政府和国资管理机构对推动改革的热情急速升温。中小企业的表现却很冷静，因为现阶段在关键问题上国资和中小民资仍存在着分歧和争议，阻碍了改革的深入。李佐军、田惠敏（2014）认为，中小企业参与混合所有制经济的困难在于进入困难（行业准入限制）、管理困难（对混合所有制企业的经营、干预困难以及分配困难）、法律保护权较小三个方面。这些困难体现出中小企业与国有企业在地位、财产权以及机会、规则等四个方面的不平等关系。其中最核心的困难是缺乏对中小企业权益保障方面的制度安排。王志（2015）认为，解决中小企业参与混合所有制经济要在操作层面上解决3个问题："谁来混？在哪混？怎么混？"，其中"怎么混"才能保证中小企业的合法权益不受侵犯是这些问题中最关键的。江苏省工商联课题组对江苏省混合所有制企业进行调查后发现，除了思想不解放、体制障碍以及市场准入等方面的困难之外，中小企业自身存在的管理问题是阻碍其与国有企业进行混合所有制改革合作的一个重要原因。中小企业自身有两大突出问题：一是大多中小企业治理结构还不规范，企业家行为存在着明显的随意特征，公司治理亟须规范；二是家族式管理问题突出，企业现代化管理水平低。据统计，我国企业中建立董事会的不足10%，成立股东大会的仅有四成左右。中小企业与国有企业在管理模式、经营决策和企业文化方面差异很大，如果混合所有制改革矛盾将凸显。邱霞（2014）认为影响中小企业参与国有企业混合所有制改革的最大障碍是投资风险太大，而收益具有不确定性。国有企业政企不分的治理结构增加了中小企业投资的沉没成本，内部人控制和"柠檬市场"带来了收益的不确定性，这些因素让中小企业对混合所有制改革失去了信心。中小企业与国企相较，无疑是弱小的。如何降低混合所有制企业中的国家控股比例、能否对社会资本一视同仁、能否变革行政干预的管理模式是中小企业决定是否参与混合所有制经济的关键（李敏，2014）。应焕红（2014）认为目前中小企业参与混合所有制经济的主要障碍有三个方面：混合意愿、混合比例和体制壁垒。中小企业投资领域受限、公司治理缺陷是妨碍中小民营资本参与混合所有制经济的主要原因（李毅中，2014）。

7.1.3 中小企业参与混合所有制经济的路径选择研究

国企的短板，在于缺乏中小企业的经营活力；中小企业的困境，在于无法享受和国企平等的待遇。从理论上说，混合所有制这种形式可以取长补短，互利共赢。但在操作层面，由于双方在关键问题上还存在分歧，导致双方"划江而治"。当前亟须解决的问题，就是找到一条合适的路径，让双方放下戒备和歧视，让中小企业敢于与国有企业混合经营，让国有企业欢迎中小企业的加入。目前，学术界对该问题进行了热烈探讨。

厉以宁（2014）为民营企业或民间资本参股、控股混合所有制开出了处方。他认为，首先要制定合作的基本原则，即自愿参加，不强迫，不摊派。其次，要从三个方向着手消除中小企业或民营企业的顾虑：一是国资委不应继续插手干预国有企业经营；二是完善国有企业的法人治理结构；三是国有股减持、退出、转让过程必须规范化、公开化。唯有如此，才能消除国有企业管理者的顾虑，不必担心日后被扣上侵吞国有资产的"帽子"，中小企业也不必为国有资产增减问题"背黑锅"。余菁（2014）认为发展混合所有制经济可以选择多条路径，按照发展主体的所有制身份可以分为两条发展路径：一是国有企业主导推行的混合所有制经济，二是非公有制企业主导推行的混合所有制经济。鉴于中小企业的资本规模偏小，企业竞争力较弱，以国有企业为主导的发展路径更贴合实际要求。国有企业主导下的混合所有制经济又可以通过三个途径实现：一是鼓励中小企业参与国企改革（参股）；二是鼓励中小资本参股国有资本投资的项目；三是实行员工持股，形成资本所有者和劳动者利益共同体。这三种途径适用的企业类型不同，操作时应该量体裁衣。王志（2015）为中小企业参与混合所有制经济提出了自己的路径安排：首先是进行国有企业改革，去行政化，建立合理的公司治理结构；各级政府应该通过政策支撑，为中小企业营造公平竞争的市场主体地位。高明华等（2014）认为，必须通过公司治理指引和法律安排规范国有企业行为，让中小投资者敢于、愿意参与国有企业的混合所有制改革。刘崇献（2014）为中小企业参与混合所有制经济总结了四条可供选择的路径：一是与国有资本联合投资新建成混合所有制企业；二是通过原单一所有制国有企业增资扩股方式加入，形成混合所有制企业；三是原本单一所有制国有企业公开上市，中小企业资本认购股份形成混合所有制企业；四是中小企业通过购买原国有企业流转的股票或者转让的资产等方式形成混合所有制企业。童有好（2014）认为中小企业进入国有企业的经营领域路径是多元的：一是获得"特许经营权"，中小民营企业与政府公共服务部门签订合同，承担公共部门业务，承担商业风险同时也获得相应收益；二是与国有企业共同兴建新项目、组建新公司。通过产权增量变革，鼓励中小企业注资参与项目建设；三是鼓励中小企业参股垄断部门。

学术界关于中小企业参与混合所有制经济的困难与路径的系统性论述是欠缺的。绝大部分文献都是立足于资本归属的视角，讨论民营企业如何与国有企业开展混合经营，进一步可以说学术界更关心的是国有企业如何通过与其他非公资本合作帮助自己解决经营困境，实现国有资本保值增值，对民营企业，尤其是民营中小企业的关心是远远不够的。然而，民营企业中约有 99% 的企业属于中小企业，因此对民营企业参与混合所有制经济的讨论对中小企业也有很大的适用性。由前文综述可以发现，学术界对中小企业参与混合所有制经济的困难和路径选择所进行的论述观点基本一致，即担心自身资本弱小而丧失话语权，并最终伤害自身利益是中小企业对参与混合所有制经济的最大顾虑。用法律和现代公司治理机制保障混合所有制经济中中小企业的权益则是解决中小企业顾虑的钥匙。本文认为，学术界尚缺乏对中小企业参与混合所有制经济面临的障碍和解决方案进行系统的梳理与总结、设计。此外，如何帮助中小企业借混合所有制经济改革之际解决自身面临的转型升级问题也有待学术界的深入研究。

7.2　混合所有制经济：中小企业更好发展面临的困难

7.2.1　中小企业更好发展缺乏外界环境的正向激励

中小企业为更好发展，亟须转型升级。吴家曦（2009）认为转型就是企业在不同产业之间的转换和不同发展模式之间的转变。升级就是企业提高迈向更具获利能力的资本和技术密集型经济领域的能力的过程，即企业在产业链和价值链上位置的提升，一般通过创新和整合来实现（Gereffi，1994）。研究认为，中小企业转型升级受内部—外部因素、主观—客观因素、拉动—推动因素、压力—能力因素等多因素触发，其转型升级是否成功很大程度上依赖于外部环境。

2007年金融危机以来，我国的中小企业经营环境持续恶化，亟须转型升级。但国内学者对浙江、江苏、广东等中小企业集中的地区进行市场调查后发现，中小企业转型升级受到五个因素的严重制约：一是企业税费重，二是企业融资难，三是企业创新意愿低（创新风险大），四是高级人才短缺，五是对市场缺乏信心。这五大因素都源于外部竞争环境压力，阻碍了企业转型升级。改变企业经营的外部市场环境，让正向的外界环境去激励企业积极变革是解决中小企业转型升级困境的有效方法。

中国中小企业协会对我国各地代表性的中小企业进行了问卷调查，在“贵企业是否认为引入国有或其他所有制资本有利于改善公司治理”调查栏中，约54%的中小企业主表示参与混合所有制改革将有利于改善公司治理，说明中小企业仍视混合所有制改革为提升自身实力的一种有效手段，具体见图7.1。

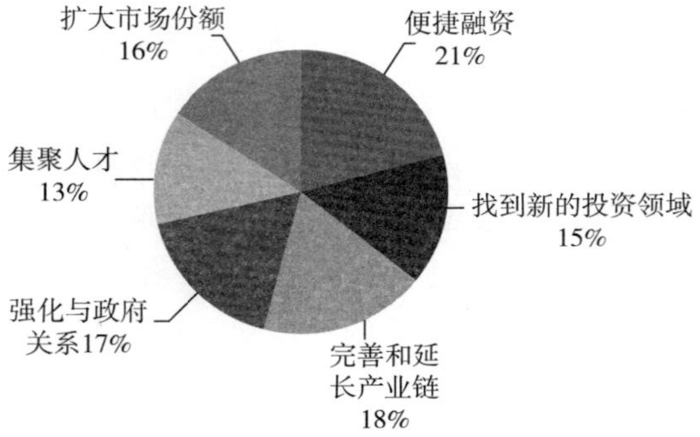

图7.1 中小企业对参与混合所有制经济的态度

数据来源：中国中小企业协会，《2015年混合所有制与中小企业发展问卷调查数据库》。

中小企业与国有企业合作开展混合所有制经营，可以在很大程度上改善其外部经营环境。背靠国有经济的“大树”，中小企业将在融资、高端人才吸纳、创新、市场信心等方面获得显著“红利”。然而，机遇与挑战并存，在目前的国有企业治理体制下，中小企业参与混合所有制经济还存在许多困难。

7.2.2 中小企业参与混合所有制经济面临诸多挑战

中小企业参与混合所有制经济需要具备三个基本条件：一是要有合作的意愿。合作的意愿受中小企业家自身认识和政策环境的影响；二是要有合作的可能。合作，意味着合作双方均能公平获利。如果参与混合所有制经济合作令中小企业利益受损，则该合作是不可能发生的；三是有话语权。要能保证中小企业在混合所有制企业经营与决策中发声，公有资本不能“一股独大”，搞一言堂。万达集团董事长王健林曾坦言“如果要混合，一定是私营企业控股，或者至少我要相对控股……否则国企控股，不等于我拿钱帮国企吗?”作为总资产3800亿元的万达集团，属于大型民企，对混合所有制经济有控股要求是有这个底气和魄力的。一般的中小企业是不奢望控股的，但一定要求混合所有制企业的制度安排体现出对民营中小资本的利益保护和合理的经营权诉求。从实践来看，中小企业参与混合所有制经济的这些条件尚不成熟，表现如下。

（1）进入困难

①顶层设计不到位，混合所有制改革路径不明朗，导致中小企业不敢参与。顶层设计不完善是中小企业不敢参与混合所有制经济的重要原因，这主要体现在四个方面。

一是混合所有制企业的股权结构设计缺乏依据，如何区分绝对控股、相对控股或者部分持股，国有资本进退难以把握。国有资本比重加大，是国进民退；国有资本比重减少，是国有资产流失，近年来类似这样关于国进民退或者国退民进的争论不断，如“郎顾之争”。这些争论束缚了国有资本的战略性调整，也影响了中小民营资本进入垄断性和基础性行业。

二是混合所有制经济的目标和任务不明确，致使中小企业无法确定行动方向。一直以来，国资的监管存在着“一抓就死，一放就乱”的死循环，其中主要原因就是没有对企业进行分类监管，没有针对性，没有具体性。国有企业的分类监管对中小企业参与混合所有制经营意义重大，因为并非所有的国有企业或行业都适合中小企业参与混合所有制改革。类型不同，企业的经营目标迥异。只有首先对国有企业发展混合所有制的范围界定清楚，并给出相应评价体系，混合所有制改革的双方才能有据可循，才可以摆脱“摸着石头过河”的旧有行为范式。学术界将国有企业大致分为三类：A类企业关系国家战略安全和核心利益、关系国民经济命脉，如航天、军工类行业的国企。这类企业采取国有独资模式，产品与服务采用国家定价。这类企业不适合混合所有制改革，中小企业（民营）不能参与。B类企业属于公共服务类国有企业，数量较多，承担政府公共服务目标以及政策性职能，这类企业适用国家控股或独资的管理模式，产品或服务采用政府指导定价。这类企业包括供水、供电、燃气、道路、桥梁、公共交通等。C类企业是竞争类国有企业，这类企业数量众多，重要程度较低，经济属性更强，可以采取相对控股或参股的资本模式，产品或服务采用市场定价。这类企业有商贸、房地产、制造加工等企业，是中小企业可以参与混合所有制改革的主要对象。

三是混合所有制经济的发展方式有待探索，政策支持需要落实。我国对混合所有制经济的实践虽然早已开始，但效果并不理想。现在亟须总结经验、教训，丰富和拓展混合所有制经济的新路径、新方式。政策支持方面，应该通过法律法规清除依附于行政权力和垄断行业形成的各种歧视性规定。应该着力消除多种政策软压力，制定、实施统一的市场准入制度。

四是未建立系统的风险防范机制。混合所有制企业中，中小民营资本“身单力薄”，要建立对中小投资者的利益保护机制，防止非公中小资本被“挤出”，要保护投资者的信心，防止人才、资金大量外流。在一些关系国计民生的产业中，要把握好非公资本的进入尺度，避免出现危及产业安全的问题。

②行业准入门槛高。大多数中小民营企业分布在各类竞争性产业领域，在一些低端的制造业领域已经出现了过度竞争和恶性竞争，许多中小企业挣扎于生死边缘。国有资本大多分布于基础性和资源性垄断行业，凭借自然垄断或者行业准入长期获取垄断利润，资本利用率不高，竞争不足。这些领域是中小民营企业眼里的蓝海，与国有资本走混合所有制道路是中小企业驶向蓝海的一条有效路径。然而，调查数据表明有55%的中小企业家表示对混合经济不乐观，表态“暂不进入，等待制度明朗”。中小企业家的这种谨慎态度源于我国对民营经济的发展一直停留于口惠而实不至的诸多隐性障碍，新旧《非公36条》自出台以来遭遇了无数制度性和政策性障碍，实施细则不明确，缺乏操作性，导致“弹簧门”“玻璃门”层出不穷，政策无功而返。

其次，中小企业在参与混合所有制经济中的投资比例和投资形式受到诸多限制，国有资本对中小民资存在着“天然抵触”，导致一些曾经走混合道路的中小企业最终退出，如早期的民营航空公司和民营加油站等。行业限制、市场准入歧视等不平等竞争现象普遍存在，以上原因抬高了中小企业参与混合所有制改革的门槛，打击了中小民企的混合所有制改革热情。

高门槛的背后，中小企业参与混合所有制经济的最大障碍是中小企业（民企）与国有企业的地位不平等：国有企业是“嫡长子”，中小民企则是“庶出次子”，政治地位不平等，国有企业具有天生的优越感，优先获取市场资源，中小企业天生“矮半截”，不敢奢望通过混合所有制经济谋取自身发展。一旦中小民企入股或者并购国有资本，国有资本管理部门常常会以国有资产流失等条款干涉企业间的并购行为。

③混合所有制改革各方防范心理较重。无论是国有企业还是中小民营企业，其对参与混合所有制的戒备、防范心理都比较重：经营状况良好的国有资本管理者不希望中小民营企业介入切分市场蛋糕，经营状况糟糕的国有企业则希望通过混合所有制经济改善自身经营状况，但同时又顾虑难以界定国有资产流失与否，思想包袱较重。中小民营企业担心自身力量弱小，这一次的公私合营大运动只是为他人做嫁衣裳。

（2）混合过程中的困难

①中小企业因为股权小而无话语权。一个企业的股权结构决定了控制结构，我国企业股权相对集中，股东大会所讨论的事项基本由大股东和控股股东内定，中小股东基本没有话语权。实践中，有许多中小民企与国企混合经营失败的案例，如杭州湾大桥建设过程中，许多中小民企曾参与，却不得已退出，原因就在于股份少，没有话语权。相较中小企业，国企无论是在资源积累方面还是融资贷款方面都具有先天的优势，在合资企业里国有股东因此更为强势。没有话语权，中小企业对混合所有制企业的经营就无法发挥干预和影响，大多数国有企业机构臃肿庞大、行政效率低下，这样的混合不仅无法实现协同良性发

展，还有可能将中小企业拖入低效率经营的泥淖。

②合作双方的管理模式均存在弊端，增加了混合所有制改革的风险。混合所有制企业发展的初衷，一是根除国有企业的低效率弊病，增强活力；二是实现国民共赢，对中小民企而言，更是一个转型升级的契机。国有企业的弊病，在于所有权与经营权不分离，政企不分、政资不分。企业经营不遵循市场规律，依照政府红头文件和行政命令行事，导致机构臃肿、人浮于事，效率低下。国有企业还受到国资、财政、审计、纪检等部门的组成的巡视组多头监管、交叉监管，导致企业管理者不求有功但求无过的管理心态，始终无法解决产权关系及其激励机制问题。中小民企不同，以市场为行为导向，行政决策效率高。但是，多以家族式管理为主，企业管理现代化水平低，决策质量受家族成员素质的严重制约，导致决策效率高的同时决策风险也大。此外，中小企业还存在着治理结构不规范的弊端，企业家行为随意性很大。难以想象，合作双方均“带病”合作，必定分歧不断、矛盾不断，混合所有制经营难以成功。

③企业文化冲突。赵晓（2014）认为，混合所有制改革就是“混”与“合”的有机统一，“混”是资本的多元化，“合”是战略方向合、集团管控合、企业文化合。企业文化引领企业发展，混合所有制企业不仅仅要有资本的融合，文化上也要融合。国有企业的文化由行业主管机构与企业家群体引导形成，党委、工会、团委等机构组织健全，定期开展活动，对员工关爱更加人性化。部门间的合作讲究合作、不拆台，甚至于为了迎合领导意图而相互补台。中小企业的文化由企业家引导形成，一般追求提高经济效益，不惜一切减少成本，对员工重义务、轻权利，缺乏人文关怀，重利轻义。双方的文化皆根植于不同的背景和环境，核心价值观大相径庭。混合所有制改革后的企业文化在一定会发生碰撞，员工在不同文化价值观下行事，企业管理的混乱和冲突短期内无法消除。中小企业若参与混合所有制改革，一定要制定与企业发展战略匹配的企业文化。

(3) 退出困难

实践中，混合所有制企业未必能按照设计路径顺利混合，一定会有失败的、错误的混合。混合所有制改革中，若面临责权不明、治理机制不健全，又没有健全退出机制的保障，中小企业是不会主动参与混合经营的。因此，退出机制是必不可少的，退出机制可以保证资源合理、顺利地再配置。具体而言，中小投资者更容易从上市的混合所有制企业中退出，转让、抛售股权是解决的途径。但与未上市的国企合作，退出就存在显而易见的困难。当中小投资者想全身而退时，内部转让股权会因为缺乏足够的话语权而受到阻碍。在二级市场上，中小企业也会面临因股权小、公司规模等原因而无法顺利转让股权的困境。困境的背后仍是股权大小问题，若国有企业经营机制不转换，混合所有制改革双方在经营中面临分歧时中小企业投资者是没有话语权的，抽离资本是困难的。针对该问题，有学者曾建议建立弱势股东保护机制，如在公司章程中特别约定，允许弱势股东一方能以公司赎回股份、另一方强制受让股份。

以上关于中小企业参与混合所有制改革的障碍和困难可以通过图 7.2 的统计调查数据

体现出来。

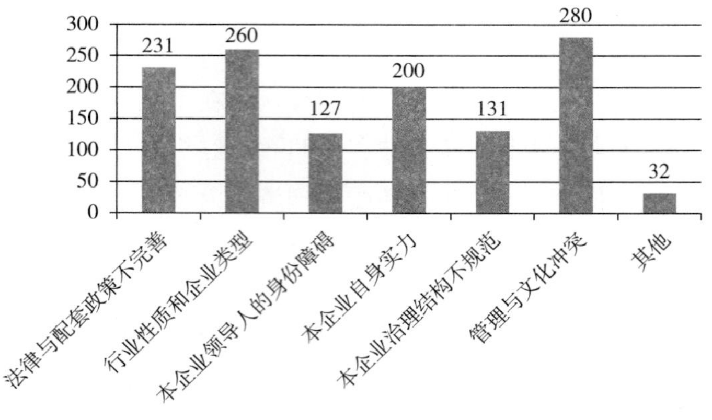

图7.2 中小企业对参与混合所有制经济的态度

数据来源：中国中小企业协会，《2015年混合所有制与中小企业发展问卷调查数据库》。

民营经济研究中心对中小企业计划引进国有资本进行混合所有制改革的主要顾虑或障碍进行了问卷调查。统计结果显示，中小企业主对管理与文化等方面的冲突顾虑最大，其次是对混合所有制改革的行业性质和企业类型比较关注，不同行业决定了合作的可能性大小；企业性质不同，关系着中小企业在合作中的话语权大小。中小企业的第三个疑虑来自混合所有制改革的法制环境和配套政策，缺乏可操作的法律和政策规范，中小企业的权益无法得到保障。接下来，中小企业主对自身的治理结构不甚满意，认为目前的企业管理模式将是混合所有制改革的一个障碍。同时，中小企业也担心国有企业方面的管理者双重管理身份会影响合作。

7.3 混合所有制经济：中小企业更大发展的路径选择

曹建海和黄群慧（2004）建立了中小企业成长的“三维模型”，着重指出企业制度转型和管理模式创新对中小企业成长具有决定性意义。有学者（大前研一，2013）认为，企业更大发展需要领导者下定决心，准确辨识企业经营环境，并努力使企业适应环境的变化。由此看出，企业领导者对企业经营环境的适应，管理制度转型和管理模式创新是中小企业更大发展的要素。中小企业在面临转型升级瓶颈的当口恰遇新一轮的混合所有制经济改革，企业应该顺时而动，借混合所有制改革变革自身管理制度和管理模式，迎接新的成长。据对先行参与混合所有制改革的中小企业家调查，混合所有制改革成功的企业可以真正形成“国民共进”的融合体系，可以提高企业的活力和竞争力。为保证中小企业成功参与混合所有制改革，需要对中小企业参与混合所有制改革的路径进行深入探讨和总结。

7.3.1　中小企业参与混合所有制改革的合作方式选择

（1）中小企业“抱团”，以资本市场为依托参与混合所有制改革

国有资本与各种非公资本交叉持股而形成的股份制企业是发展混合所有制经济的重要形式，有利于各类资本取长补短、相互促进。双赢，混合所有制改革才能成功。中小企业单个资本量无法与国有资本比肩，混合所有制改革后难以获得话语权，无法干预企业的经营决策，这样的混合所有制改革失去了制度设计的初衷，改革没有意义。国企的资源和中小企业的效率叠加效应产生于双方对等的话语权，“抱团”参股，组建中小企业间的战略联盟，共同参与混合所有制改革是改变中小企业自身势微言轻的一条佳径。

中小企业首先应该明确自身发展定位和目标，再选择合适的战略伙伴，依托自身的资源、能力与需求，组建战略合作联盟，构建契约关系，以实现优势互补、风险与成本分担、资源共享，增强在混合所有制改革企业中的话语权和影响力。具体而言，中小资本与国有资本可以通过两种合作方式构建股份制企业：一是中小企业购买国企的部分资产或者业务；二是中小企业参与资本市场融资。资本市场是中小企业参与混合所有制改革的最佳路径（赵晓，2014）。这是因为资本市场信息透明度高，市场化程度高，资产定价较为公平，很难发生私下交易。另外，资本市场的监管不仅来自国资、证监等部门，还有群众的强力监督，可以防止出现不公平交易的情况。需要说明的是，这个资本市场不仅仅是指A股市场，还包括新三板、区域股权市场等，没有上市的企业都可以在产权市场挂牌交易。中小企业在资本市场融资又有四种具体方式：购买国有企业的股票；购买国有企业的债券；认购产业投资基金；ABS项目融资。

（2）发展公私合作伙伴关系

公私合作关系是指公共部门与私人部门间的合作经营关系，简称为PPP合作。该合作关系基于合作方各自经验，通过利益、资源共享和风险共担机制，组建合作项目，共同提供公共基础设施和公共服务等产品。PPP合作方式，中小民营资本得以进入新产品和服务领域，延伸自身的经营领域，通过与政府间的密切合作可以很大程度上改善获取资源的环境；政府通过吸引民间中小资本进入，也可以缓解财政资金紧张问题，降低政府债务风险。PPP项目的参与者均为有相关项目经验的企业，产品和服务的供给更加专业。因此，中小企业进入公共产品和服务的供给领域，有利于提高公共服务的效率。PPP在中国有三种主要模式：外包类、特许经营类和私有化类，其中特许经营是国内主要采用的模式。实践中，中小资本对PPP模式并不热情，因为为PPP模式保驾护航的法律制度环境还有待优化。项目中，政府身兼裁判员与运动员双重角色，无法保证政府按约定履行义务。事实上，政府由于处于强势和优势地位，失信违约的案例不在少数，对投资人的融资成本、项目收益产生严重影响。中小企业若通过PPP模式参与混合所有制改革，必须为PPP模式提

供稳定的法律环境。当前PPP项目的投资周期多会跨越2个以上官员任期，这很容易因官员更迭造成项目的搁浅。因此，需要用立法的方式规范PPP项目，避免政策朝令夕改，激励中小资本积极参与。

（3）分类推进，一企一策

不是所有的行业都适合混合所有制改革，中小企业参与混合所有制改革前必须充分了解行业特点，避免盲目进入后方向不清。一般竞争性行业的国有企业是混合所有制改革的先锋和主力。十八届三中全会《决定》已经明确提出，国有资本应“更多地投向关系国家安全和国民经济命脉的重要行业和关键领域”，这意味着未来国有资本将逐渐退出一般性竞争性领域。因此竞争性行业中的国企是中小企业未来大胆参与混合所有制改革的阵地，中小企业要抓住这个突破口，抱团大胆参与，务求控股。从实践层面来看，混合所有制在竞争性领域已有许多成功案例可供参考。中国建材和国药集团两家央企作为试点企业，在过去的几年时间中已经混合了上千家中小民营企业。

那些关系国家安全和国民经济命脉的关键领域、基础性支柱产业和重要行业中的国企，其经营目标是多元的，多为公益性、垄断性企业。中小企业若参与这些行业企业的混合所有制改革，即便有“非禁即入”的政策明示，但软门槛比较多，风险比较高。很多行业是垄断性的，利润高，令中小企业垂涎。以中石化为例，2014年上半年，中石化试点成品油销售，同时规定了社会资本的参股比例上限30%，被社会热议中石化诚意不足，中小企业若参与有“陪太子读书”的意思。其他领域，诸如电力、金融、铁路、电信等国有企业所抛出的混合所有制改革项目，也被社会指责不是蛋糕而是鸡肋，国有企业混合所有制改革的动机有甩包袱嫌疑，中小企业在这些行业的混合所有制改革步伐需要慎之又慎。

若参与垄断行业的企业混合所有制改革，中小企业可以采取标尺竞争和特许投标两种方式取得国企和公用事业单位的低回报、非核心业务。

标尺竞争，是激励垄断部门降低经营成本的一种激励方法。垄断部门中，政府与处于垄断地位的国企之间属于委托—代理关系。代理人之间没有直接的竞争，由于信息不对称，代理人很少有提高生产效率的动机。标尺，就是以其他地区运营同一产业的高效率企业的绩效指标为参照物，委托人根据代理人的相对绩效对其进行补偿。标尺竞争的目的是促进代理人之间的竞争，中小企业以该方式参与垄断行业的部分业务，有助于形成垄断各部门间彼此竞争的局面，从而激励企业降低成本，提高效率。目前，标尺竞争在西方发达国家的政府管制领域得到了广泛应用，效果良好。

特许投标，是指在政府管制领域引入竞争机制，通过招标的形式，在某产业或服务领域中让多家企业竞争独家经营权（特许经营权），在一定质量要求下，由提供最低报价的那家企业取得特许经营权。理论上看，特许投标理论通过引入竞争而能提高经济效率，可以大大缓解管制者与被管制者之间的信息不对称问题，可以减轻管制者的负担。自20世纪70年代以来，特许经营被推广到公共部门的管理活动中，尤其是在公共事业供给领域发挥了显著的作用。

这两种方式一方面可以优化国有企业的资产结构、化解过剩产能、提高核心资产回报率、降低债务杠杆，另一方面可以发挥中小民资经营灵活高效的优势，为中小民营资本开拓新的成长空间。

（4）鼓励中小企业纵向兼并重组，加入国有企业的产业链条

产业链是部门或者产业不同环节之间基于特定的技术经济关联、逻辑和时空布局关系而形成的链条式企业关系形态。总体上看，国有企业资产规模庞大，涉及产业链条长，龙头企业经营核心业务，往往处于产业链条的上游。非核心业务由众中小企业经营，围绕在龙头企业周围，形成长长的产业链条。国有企业的改革方向是抓大放小，剥离辅业，这意味着产业链条的下游将有一大批中小国企“改旗易帜”。这对中小民企是个绝佳的机会，中小企业可借助资本市场与中小国企合作，如参与零配件加工、营销、仓储、物流等将业务、触角延伸到龙头国有企业的下游，专业分工在某段业务，与国有龙头企业密切合作，形成完整的产业链条。

7.3.2 中小企业参与混合所有制改革的权益保护方式

（1）优化股权结构

国有上市企业的股权高度集中，呈现一股独大的局面，拥有绝对或相对控股权，中小股东很难制衡大股东从而丧失话语权。丧失话语权的中小股东权益是无法保障的，必须对混合所有制改革企业的股权结构进行优化，即变单一股权结构为多元股权结构，通过投资主体的多元化降低国有股的比例，分散股权，形成共同控制、共同监督的管理格局，避免中小股东的地位边缘化。优化的方法有以下四种。

一是数家中小企业联合起来抱团控股。各股东之间保持一定的股份差异，最大的股东股份不能高于其他中小股东股份之和，公司的控制权会随着股份的平衡而相对均衡，国有股和中小企业法人股之间相互制衡。

二是增资扩股，减持国有股。降低国有股比重的重要途径就是扩股，通过配股或者增发新股扩充公司总股本。当然，扩充的股本必须为非国有性质，以达到稀释国有股比重的目的。此外，通过资本市场对部分国有股进行战略性转让、减持也可以减少国有股比重，优化企业股权结构。目前，上市国企普遍采用定向增发方式进行股权再融资。通过非公开发行，向特定对象发放股票，引入新的机构投资者，可以强化对公司的监管，降低代理成本，提高上市公司业绩。与配股和公开增发新股相较，定向增发的手续更加简单、门槛更低，因而受到许多混合所有制改革企业的青睐。

三是拆分国资项目。一些竞争性的国资混合项目涉及的资本额巨大，中小企业单独或者抱团也无法或很难达到控股，导致中小企业不敢接盘，接不起。可以考虑对这类项目进行适当的拆分，促进横向和纵向的有序竞争。鼓励中小企业“个转企、小升规、规改股、股上市”，壮大自身实力。随着混合所有制改革的推进，中小民营企业自身实力在增长，控股的条件逐渐成熟，最后再实现中小民资控股局面。

四是实施员工持股。员工持股可以优化企业产权结构，将企业高度集中的产权结构转变为国家股、法人股、其他社会公众股、员工股等多元股权结构。此外。员工持股计划有利于改制企业的平稳过渡。当中小民营资本注入国有企业中时，员工在感情上难以接受，管理上也有很大的风险。但若实施员工持股，可以帮助实现企业内部的平稳过渡，帮助企业留住核心人才。

（2）完善股东大会和董事会

股东大会是公司的最高权力机构，对公司经营管理有广泛的决定权。股东大会的组织原则是按照资本多数决，即在股东大会上，股东按照其所持股份或者出资比例对公司重大事项行使表决权，经代表多数表决权的股东通过，形成最后决议。在该组织原则下，国有股一股独大对公司经营具有绝对的权利，中小股东无法表达自己的诉求。中小股东若要希望通过股东大会将自己的意志转化为公司的意志，需要公司拥有良好的会议召集制度和决议机制。中小企业在参与混合所有制改革时可要求赋予董事会以外的中小股东一定的召集权，此举可防止大股东拒绝召开股东大会。决议机制方面，可采用多种表决方式，如累积投票、分类投票、按比例投票等。中小企业可要求混合所有制改革企业对表决权制度进行修订，如允许中小股东委托代理人代为表达对公司决策的参与与监督。互联网时代，中小企业投资者可充分利用信息网络联结广大中小股东，与广大中小股东形成一个利益群体，以影响公司决策。

董事会是股东大会的业务执行机构，董事会决策的科学性、合理性与否直接关系到公司治理的成败。我国国有企业的董事会存在问题较多，主要有三大问题：一是董事会行政化现象普遍，企业董事多来自上级组织部门或国资委任命；二是董事长权利高度集中，是企业的“一把手”，其权利已经超越董事会，却没有受到相应的监督，董事长行为的道德风险比较高；三是董事会活动受到新老“三会”的干预，影响其治理职能。党委会、职代会工会是国有企业的老“三会”，机构仍存在；现代企业制度要求企业成立了股东大会、董事会和监事会，这是新“三会”。新老“三会”并存，关系混乱，干扰了董事会的决议。

中小企业参与混合所有制改革，为保证自身权益不受侵犯，必须要求改革董事会工作。必须改变董事会成员由国有资本管理部门任命和由经理人员组成的局面，否则董事会形同虚设。若董事会工作受控于经理层，丧失独立决策权和监督权，甚至双方合谋，会侵犯股东利益，产生内部人控制问题。应协商增加其独立董事机会，以保护自身利益。从保护中小股东利益和完善公司治理的角度来看，混合所有制改革企业的董事会成员应该去行政化。董事会有效性的核心原因在于其独立性，能独立于股东大会和管理层之外，独立自主进行管理决策，这通过董事会中独立董事的人数和董事长与经理兼职的比重两大指标反映出来。通常，独立董事应占董事人数的 3/4 以上。混合所有制改革企业的董事会成员应为企业与金融机构的高层管理人员，以及法律、财务与市场方面的专家，董事会成员不能与经理层重复或合一。混合所有制改革的企业应该增加独立董事的独立性，完善独立董事的监督和制衡职能。

（3）健全职业经理人制度

若企业产权清晰，企业活力大小取决于用人机制，职业经理人制度则是破解企业用人机制瓶颈的关键环节。职业经理人在一个产权和经营权分离的企业中承担着法人财产的保值增值责任，以其高度专业化、职业化的优势全面负责企业的经营管理。职业经理人是企业中价值最大的人力资本，是企业核心竞争力、持续发展能力的决定性因素。一个优秀的职业经理人拥有丰富的专业管理知识和实践经验，能把脉企业发展方向，高效配置企业内外资源。

我国国有企业大多数在形式上已经建立了职业经理人制度，但这个制度有名无实，有表无里。因为董事长、总经理以及其他关键岗位的高管均由上级主管部门或国资部门任命。董事长是法人代表，但往往同时是企业的党委书记，是企业的一把手，拥有企业决策权、执行权和监督权，多项权利集于一身，职能错位。企业经营好坏很大程度上就取决于董事长个人能力和素质，既容易出现重大决策失误，也容易滋生腐败。国企的职业经理人由官员转变身份而来，一般缺乏运作企业所需的专业技能和实战经验，个人前途由上级部门决定，导致其行为模式也是向上负责，迎合领导，追求短期业绩，忽视企业长远发展，罔顾股东利益。2014 年我国有 113 家央企，其中 53 家央企决策人拥有副部级行政级别，这些企业的领导者在国企、部委和省级行政区之间流动频繁。

混合所有制改革后的企业若仍沿袭过去的职业经理人制度，企业是无法走出经营困境的，中小企业是无法与这样的队友合作的。因此，混合所有制改革的企业应该去行政化，建立规范的职业经理人制度。措施如下：

首先，经理人的选拔、任命必须通过人才市场公开招聘、考试确定。

其次，混合所有制改革企业建立职业经理人评价机制。可考虑把企业各项经济指标、核心竞争力、发展战略和企业文化作为主要评价指标，予以量化。科学地设计评价标准与方法，对职业经理人进行等级评定，依照考核结果决定续聘还是解聘。

第三，建立职业经理人信用档案，杜绝败德行为。

第四，建立对职业经理人的长期激励机制。如果任期短，职业经理人很容易因契约期短而丧失长期努力的动机。长期激励机制，就是要激发职业经理人的工作热情，培养长期努力动机，形成长期自觉行为，为公司长远发展积极谋划。同时自觉约束自身行为，降低道德风险。目前，年薪制是最常用的长期激励方法，此外还可以用职务消费、股票期权、持股分红等方式激励职业经理人长期努力，避免出现短期行为。

7.4 结论

混合所有制经济改革，不仅是国有企业改革的重要方向，同时也为中小企业转型升级提供了一条重要战略路径。就目前来看，国有企业与中小民营企业还是就混合所有制改革问题存在诸多担忧和焦虑。国有企业担心混合所有制改革后失去超国民待遇，视中小企业为“蛋糕争抢者”，同时也担心背负国有资产流失的罪名；中小企业虽然视混合所有制改革为一次发展的契机，但碍于自身政治经济地位的悬殊而不敢参与混合所有制改革。现阶段仍存在一些明显的障碍，阻碍了中小企业参与混合所有制改革的决心：进入困难、合作的困难以及退出的困难。进入困难方面，顶层设计不到位，混合所有制改革路径不明朗，导致中小企业不敢参与，其次是进入的行业门槛比较高。中小企业与国有企业的思想不够解放，双方步步为营的防范心理也增加了混合所有制改革的难度。合作过程中，中小企业“身单力薄”，话语权少，双方的管理模式和企业文化差异大，这些因素也动摇了中小企业参与混合所有制改革的信念。如果混合所有制改革失败，中小企业如何全身而退？实践中，政府尚未在制度设计上给出明确的安排，这些顾虑是中小企业对混合所有制改革冷眼旁观的原因所在。为激发中小企业参与混合所有制改革的热情和信心，需要对症下药，解决中小企业的顾虑。可以从中小企业参与混合所有制改革的方式和权益保护方式两个方面设计参与路径。参与方式方面有四条路径：一是中小企业“抱团”，以资本市场为依托参与混合所有制改革；二是中小企业与垄断部门发展公私合作伙伴关系；三是分类推进，一企一策；四是鼓励中小企业纵向兼并重组，加入国有企业的产业链条。权益保护方面，主要依靠改善公司治理保证中小企业股东的权益，有三个主要路径：一是优化股权结构；二是改善股东大会和董事会；三是建立职业经理人制度。

中小企业参与混合所有制改革的路径安排是否科学合理，混合所有制改革是否能够实现改革的初衷仍需要通过试点逐步验证。改革中，会有阻力，会有失败。做好顶层制度设计，让法律为中小企业保驾护航，才能消除阻力，混合所有制改革才有成功的可能。

执笔：赵三英（华夏幸福集团研究院副教授）

参考文献

[1] 财政部财政科学研究所课题组．我国中小企业发展支持政策研究．经济研究参考，2014（8）

[2] 应焕红. 促进浙江混合所有制经济进一步发展. 浙江经济，2014（23）
[3] 赵昌文，许召元. 国际金融危机以来中国企业转型升级的调查研究. 管理世界，2013（4）
[4] 单东. 浙江中小民营企业转型升级问题研究. 经济体制比较，2013（2）
[5] 李毅中. 发展混合所有制经济要落实到企业做好顶层设计. 宏观经济管理，2014（4）
[6] 赵晓. 混合所有制的逻辑. 北京：中华工商联合出版社，2014
[7] 童有好. 发展混合所有制经济应着重解决六个问题. 经济纵横，2014（8）
[8] 和军，季玉龙. 国企混合所有制改革红利与实现途径. 中国特色社会主义研究，2014（5）
[9] 翟峰. 公司治理视角中的中小股东权益保护. 上海企业，2013（1）

第8章

混合所有制经济发展与中小企业法人治理结构

- 引言与文献综述
- 混合所有制经济与中小企业法人治理结构现状
- 完善中小企业法人治理结构，促进混合所有制经济发展

8.1　引言与文献综述

混合所有制经济与法人治理结构是经济学界早已讨论的问题。在广泛且不乏深刻之见的讨论中，各界从混合所有制的经济内涵、混合所有制的重要作用等多个角度，论述混合所有制与法人治理结构的诸多问题，以期对现阶段发展混合所有制经济的改革举措，提供思想认识基础和方案设计逻辑线索。

一是从混合所有制经济的内涵出发，揭示混合所有制与法人治理结构的关系。认为微观层次的混合所有制经济的核心内容就是指企业的股权结构，通常也称之为“所有权结构”，包括公司股权类型及比例。股权结构决定公司治理结构的基础。贾康、苏京春[①]指出，现阶段的“混合所有制”改革，所启动的却是一整套制度框架体系建设，需要落实到现代企业制度和法人治理层面。混合所有制可以内在于标准的“现代企业制度”的股份制框架。张卓元[②]提出，积极推进国有企业混合所有制改革，对竞争性行业来说，主要是完善股权结构和公司治理。李绍荣、周毅[③]认为，十八届三中全会《中共中央关于全面深化改革若干重大问题的决定》中提出的混合所有制与以前对混合所有制的阐述不一样，有了新的内涵，之前更多强调的是混合经营等，但是这次国家更注重股权形式的资本混合，淡化经营混合，走向经营主体市场化，不过度干预经济。

二是从混合所有制的重要作用入手，论述混合所有制对法人治理结构的影响与作用。黄速建[④]提出，多元产权主体的构成必然要改进董事会结构和决策流程，健全信息披露制度，这些都有利于改善国有企业的公司治理。秦斗豆[⑤]认为，混合所有制是提高企业治理绩效的有效途径。一种观点认为，混合所有制有利于治理的规范化，促进管理层正常更迭制度的形成和市场化考核与薪酬制度的形成。另一种观点从股权集中度与股权结构的角度展开论述。从股权集中度角度看，如果股权集中度过高，大股东可以通过股东大会、选派董事等方式行使自己的意志，可能会侵害小股东利益，不利于公司健康持续发展。民营资本“一股独大”，通过会导致大股东家族和企业不分，就容易造成内部人员和家族成员待

---

① 贾康、苏京春：“‘混合所有制’辨析：改革中影响深远的创新突破”，《全球化》，2014 年第 11 期，第 19 ~ 27 页。

② 张卓元：“混合所有制促进各种资本优势互补”. http：//ie. cass. cn/。

③ 李绍荣、周毅：“中国的经济体制变迁与混合所有制改革”，《学术前沿》，2014 年第 4 期，第 72 ~ 78 页。

④ 黄速建：“中国国有企业混合所有制改革研究”，《经济管理》，2014 年第 7 期，第 1 ~ 19 页。

⑤ 秦斗豆：“混合所有制是提高企业治理绩效的有效途径”，《中国市场》，2014 年第 3 期，第 82 ~ 88 页。

遇不平等、家族事务与企业事务相牵扯，导致无法吸引和保留有效人才，创新精神减退。但股权过分分散，一方面可能造成决策效率低下，另一方面某些股东为了争夺控制权和搭便车而影响公司正常经营，股权过分分散和过分集中都对公司治理绩效产生消极影响。从股权结构角度看，在我国现阶段，单一性质的企业很难有效解决因所有权与经营权没有有效统一所导致的治理绩效低下，表现出来的现象就是民营企业盲目决策、人才制约、文化不和谐，而国企则是人员积极性不足、道德风险等问题。一方面，不同性质的股权出于对各自利益的关心会形成制衡机制，促使企业规范经营，形成有效的监督机制，防止产生追求个人利益最大化等内部控制人现象，彻底解决国有资本代理人缺位、监督和治理能力缺失的现象。另一方面，不同性质股东会形成 1 +1 >2 的效应。产生经营协同、管理协同和财务协同。

三是从完善混合所有制治理结构入手进行分析，对实施混合所有制改革提出意见和建议。高明华、杜雯翠、谭玥宁、苏越[①]提出，改革开放以来国有企业发展混合所有制的改革是不成功的，关键在于没有解决好民间资本进入的动力问题。因此，民间资本进入的动力问题是本轮推动混合所有制改革的核心。这需要从股东权利保护、董事会治理、企业家能力提升等多个方面设计一套完整有效的公司治理机制，各个机制相互配合、相互制约，才能实现混合所有制经济的健康发展。夏小林[②]指出，在推动国企“完善现代企业制度”的政策议程中，完善政企关系、公司治理结构和法律环境及选择合适的经理人等，应该比一味追求股权分散更有正面的实际意义。刘桑[③]提出，要大胆引进员工持股，探索混合所有制企业员工持股的改革实践，形成资本所有者和劳动者利益共同体。要积极探索混合所有制企业员工持股办法。要积极推进规范董事会建设，依法落实董事会职权、严格董事履职责任。有许多学者提出，在企业股权方面，避免国有股“一股独大”，以市场为导向，形成合理有效的股权结构。民营资本通过公平竞争也可以实现控股。即使国有控股尽可能实现国有资本相对控股，避免民营资本的权益被侵害，实现国有资本和民营资本相互制衡、相互融合、共同发展。祝波善[④]认为，在公司股权结构方面，在大多数竞争性的领域，国有绝对控股其实并不必要，相对控股、参股都是可以的。为了保护中小股东的利益，关键在于董事会上面。中小股东要有能力推荐他的董事，要加强独立董事和社会其他方面的董事，要对控股公司的控制权、表决权进行限制。

综上所述，虽然学者对企业的法人治理结构从诸多角度进行了讨论与研究，但从中小企业特别是民营企业与混合所有制关系的角度研究的少，针对性和有效性有所欠缺；定性

---

① 高明华、杜雯翠、谭玥宁、苏越：“关于混合所有制经济的若干问题”，《政治经济学评论》，2014 年第 8 期，第 122 ~138 页。

② 夏小林：“2014 年：国企与改革——兼评被污名化的‘国资一股独大’”，《管理学刊》，2014 年第8 期，第 1 ~13 页。

③ 刘桑：“关于对混合所有制改革的思考与对策—混合所有制的路程还有多远”，《发展研究》，2015 年第 1 期，第 51 ~54 页。

④ 赵为、朱诸：“混合所有制改革：公司治理是关键”，《中国信息报》，2014 年 7 月 4 日。

描述和个案讨论多，定量研究少。党的十八届三中全会明确提出，要完善产权保护制度，建立产权明晰、权责明确、保护严格、流转顺畅的现代企业制度。中小企业是社会主义市场经济中的重要组成部分，不断提升企业的治理水平是混合所有制的要求，也是参与混合所有制的前提。基于此，认真分析目前中小企业法人治理结构的现状，归纳梳理中小企业参与混合所有制经济的顾虑及关注点，无论是对于中小企业，还是对于成功实现混合所有制均具有重要的现实意义。

8.2　混合所有制经济与中小企业法人治理结构现状

此章节主要是针对问卷调查进行详细分析，一是客观反映中小企业法人治理结构中存在的问题。二是客观反映中小企业对混合所有制改革中法人治理结构的关注点。

8.2.1　中小企业法人治理结构的现状

（1）企业产权结构情况

企业产权结构是否合理对企业发展至关重要。在调查问卷中，占比最多的是有限责任公司，有 40% 的企业；有 17% 的企业是股份有限公司，有 4% 的企业是个人独资企业，有 2% 的企业是合伙制企业，有 3% 的企业是外资企业。

由问卷调查可知，一方面样本调查的中小企业中，占绝大多数的是有限责任公司，仅有 2% 的企业是合伙制企业，产权结构呈现明晰化和多元化的可喜变化，从表现形式上具备了现代企业制度的主要特征。这说明随着企业规模的不断扩大和经营管理关系的日趋复杂，加之市场竞争日益激烈，中小企业意识到，如果企业仍保持原有的单一的、封闭式的产权结构，既难以实现规模经济效应，也难以获得企业发展所需要的资金、技术等要素，实现企业产权结构的多元化、社会化，从而形成与现代市场经济相适应的现代企业产权制度，是中小企业成长发展、保持活力的内在要求和必然趋势。

另一方面，样本调查中，仅有 17% 的中小企业是股份有限公司，而现代企业制度最主要的产权特征是按《公司法》规范的多元投资主体的股份制企业，这说明中小企业特别是一些民营企业只是初步建立起现代企业制度，公司治理结构还不够规范，也在一定程度上制约着中小企业参与混合所有制改革的步伐。

（2）中小企业决策模式的情况

在调查问卷中，通过“贵企业主本人及其家族成员拥有的股权在本企业中的比重”这一问题，来评价中小企业的决策是否规范、科学、有效。在522份有效样本中，企业主本人及其家族成员控股超过51%的企业占总样本企业的比重为47%，企业主本人及其家族成员控股在31%～50%的企业占总样本企业的比重为18%，企业主本人及其家族成员控股在11%～30%的企业占总样本企业的比重为17%，企业主本人及其家族成员控股在10%以下的企业占总样本企业的比重为18%，有近50%的企业仍由企业主本人及其家族成员控股，说明中小企业的股权结构仍不是开放式的多元化，"一股独大"的股权结构使得企业主及其亲属掌握了股东大会的主导权，即这些企业仍具有高度家族控制的特点。

一方面中小企业虽然大多采取了有限责任公司的形式，建立了股东大会、董事会、监事会、管理层等组织架构，企业治理结构从形式上已逐步趋于规范化；但企业仍然由企业主及其亲属控制，一些重要决策仍以企业主个人决策方式为主，说明还未形成良好的治理机制，治理机构的决策作用还未得到充分发挥，会影响企业决策的质量与水平，也不利于企业风险的防范。

综上，我国中小企业法人治理结构仍处于"形似神不似"向"形神一致"方向转化的进程中。法人治理结构呈现多元化、治理结构形式日益规范化与家族治理模式的色彩依然浓厚并存的特征，这是中小企业面临的较为明显的问题，也是阻碍中小企业发展的重大障碍。

8.2.2 中小企业法人治理结构与混合所有制经济发展的关系

（1）中小企业参与混合所有制改革有利于改善自身的公司治理结构

实行混合所有制改革，多元化的产权主体，有利于改善一股独大带来的内部人控制和监管失效的问题，有利于完善股东结构、董事会结构、监事会和经理层管理制度和相互之间的权利制约与监督，促进有效公司治理的形成具有重要作用。

此次问卷调查中，在"贵企业是否认为引入国有资本或其他所有制资本有利于改善公司治理"这个问题中，有299个企业选择了"是"，占有效样本的55%；有240个企业选择了"不是"，占有效样本的44%。认为引入国有资本或其他所有制资本有利于改善公司治理的企业还是占了多数。

在"您认为引进国有资本进行混合所有制改革对贵企业的主要作用是什么"的问题中，有42%的企业选择了"有利于改善公司治理"，有44%的企业选择了"提升企业管理水平"，有40%的企业选择了"增强企业的内生动力和活力"，有60%的企业选择了"吸纳获取所需要的资金、技术和人才等要素资源"，有51%的企业选择了"有利于企业扩大经营优势，提高竞争力"，有5%的企业选择了"其他"。基于公司治理机制与企业管理水平高度相关，企业管理水平提高的必要前提是有健全的组织架构和规章制度。由此看，有80%的企业将混合所有制改革的主要作用定位和集中于企业公司治理和建立现代企业制度。

事实上，混合所有制经济在中国早已存在，中共十八届三中全会再次强调混合所有制经济，主要是进一步明确了混合所有制的制度意义，即混合所有制能够进一步推动企业进行股份制改革，是建立现代企业制度的主要组织形式和实现形式。

（2）中小企业参与混合所有制改革，需落实到现代企业制度和法人治理层面

必须借助规范和完善公司治理结构，建立现代企业制度，规范产权主体，特别是大股东的行为，实现同股同权同责，这是中小企业特别是民营企业参与混合所有制改革的前提，也是其在混合所有制改革中实现自身权利与利益的有效保障。即混合所有制改革要想推行下去，必须以不同所有制的企业都是标准的现代公司制为前提，否则混合所有制改革难以推进。

在此次问卷调查中，通过“贵企业为由不同所有制合资的混合所有制企业，如下哪种机构可对企业运营发挥重要作用”这个问题，评价混合所有制企业治理结构对企业运营的重要程度。有48%的企业选择了股东大会，有60的企业选择了董事会，有24%的企业选择了监事会，有13%的企业选择了党组织，有17%的企业选择了职代会，有15%的企业选择了工会，有23%的企业选择了企业主。这说明无论是民资参与国企，还是国资参与民企业，发展混合所有制经济，就应该大力推行现代公司治理制度和法人治理结构，强化股东大会、董事会和监事会等的组织架构建设，建立规范有序、协调运转、相互制衡的公司治理结构，这对于混合所有制改革成功与否至关重要。

在此次问卷调查中，通过“贵企业计划引入国有资本进行混合所有制改革的主要顾虑或障碍是什么”这个问题，找出中小企业参与混合所有制改革需要解决的主要问题。有33%的企业认为是法律法规制度与配套政策措施不完善，有42%的企业认为是本企业行业性质和企业类型，有19%的企业认为是本企业领导人的身份障碍，有30%的企业认为是本企业不具备足够实力，有19%的企业认为是本企业治理结构不规范，有39%的企业有怕失去经营决策话语权等的顾虑与担心。

与此同时，在此次问卷调查中，通过“在企业层面，在选择混合所有制改革前，最关注的是哪方面法律”，映射中小企业对参与混合所有制的关注点。有64%的企业选择了关注产权方面的法律，有46%选择了治理结构方面的法律，足以证明，中小企业首要顾虑和担心的法律法规制度与配套政策措施不完善中主要的是治理制度和规则在内的法律保障与配套制度。

在“国家现在鼓励发展混合所有制经济，您对参与国有经济有什么顾虑”的问题回答中，在570份有效样本中，有334个企业选择了“担心公有资本一股独大，自己没有决策权”，有242个企业选择了“担心政策朝令夕改”，有249个企业选择了“担心政府对企业行政干预”，有294个企业选择了“担心管理模式有冲突”，有181个企业选择了“担心企业文化冲突”。排在第一位的顾虑点是公司治理问题。这充分证实了控股与话语权等公司治理问题是中小企业参与混合所有制改革首要考虑的问题。

综上所述，中小企业特别是民营企业实行混合所有制，将在包括治理制度、规则等在内的公司治理的结构、决策程序；管理层的身份、级别和待遇；控股与话语权等事关公司治理的诸多方面面临一系列的调整。

正如刘迎秋[①]提出的，从理论逻辑角度看，混合所有制企业里的国有资本与非公有制资本共生、共存、共赢、共发展，是毫无疑义的、必须的和不容置疑的。但从经济实践角度看，混合所有制经济里能不能共生、共存、共赢、共发展，关键在于如何建立有效的产权明晰、归属清晰、权责明确、保护严格、流转顺畅的现代产权制度。一是保证不同资本的同股同权同酬，这是混合所有制经济组建和健康持续发展的最基本的保障。如果在决策权和利润分配上，比例与股权内在一致，则符合同股同权同酬的原则，否则意味着存在着同股不同权，同股不同酬，即决策权不平等，收入分配不公平。在此次调查问卷中，回答“您认为国有企业与民营企业之间的单向或相互持股对于建立公平自由的市场竞争环境意义大吗”的570份有效样本中，有120个企业选择了“非常大”，有213个企业选择了“很大”，有168个企业选择了“一般”，只有34个企业选择了“不大”。这足以说明，企业的股权结构对于建立公平、竞争的市场环境至关重要。在“如果有合作意愿，贵企业最希望哪种方式与国有企业合作”的问题回答中，570份有效样本中有108个企业选择了“单个资本参股”，228个企业选择了“单个资本控股”，127个企业选择了“与其他民营资本抱团参股”，70个企业选择了“并购”。这足以说明，中小企业参与混合所有制改革要通过公司治理机制解决好股权问题。对于混合所有制而言，“一股独大”不是问题的关键，问题在于是否建立了一种合理而公平的制度，这种制度使各个投资主体能够处于平等的地位，能够相互监督、相互制衡，不出现任何一方滥用自己的权利侵害其他投资主体权利的问题。但目前的现实是现有的产权保护和产权流动的法律保障体系还不完善，混合所有制中国有资本与非国有资本的产权结构、股权结构不明确及相关的权利保护或法律制度规则不到位，哪些企业可以由民营企业参股、控股、股权比例如何分配等都还不明确，一些民营企业心存疑虑，担心与国有企业在一起会发生矛盾，担心国有资本一股独大，自己没有决策权，会发生国有资本侵吞民营资本，由此也导致混合所有制改革停滞不前。

二是影响民营企业参与混合所有制改革的一个重要因素是企业主的身份问题。民营企业家与作为国有企业领导人的身份不同，按照现行的国有企业领导人管理制度，所有国有企业领导人都有一定的行政级别，同时承担“企业家”角色和“党政官员”角色。这种具有行政级别的国有企业领导人管理制度使得国有企业领导人无法成为职业经理人，而民营企业的“企业主”身份在混合所有制企业中如何确定也没有相应的规定与制度，由此影响企业向混合所有制方向改革。

三是关于管理层激励机制和骨干员工持股的相关配套政策有待进一步完善。在对“若转变为混合所有制企业，贵企业以下经营项目是否显著提升”问题的570份有效样本中，有301份认为，混合所有制会实施新的激励机制。这说明企业已经意识到，引入股权激励对于增强企业的凝聚力和向心力，促进企业长远发展具有重要意义。而现实是在推进混合所有制改革时，原有关于股权激励特别是员工持股的政策是一种原则性规定，缺乏具体的

① 刘迎秋谈混合所有制路该如何走：共存共赢共发展，http：//news.xinhuanet.com/fortune/2013－12/27/c_125922744.htm。

操作细则与实施办法。因此，下一步在混合所有制的改革进程中，迫切需要健全完善员工持股与完善激励约束机制，员工持股的范围、比例、退出等方面的制度体系。

8.3 完善中小企业法人治理结构，促进混合所有制经济发展

8.3.1 进一步明晰企业产权

建立有效的产权明晰、归属清晰、权责明确、保护严格、流转顺畅的现代产权制度，保证不同资本的同股同权同酬，为中小企业经济健康持续发展提供最基本的保障。

进一步建立健全有关产权保护和产权流转的法律体系。我国中小企业的股权多元化改革大多停滞不前，其中一个重要的原因是现有的产权保护和产权流动的法律保障体系还有待进一步完善。

明确家族成员自然人之间产权关系。基于中小企业很少对家族成员之间的产权进行界定，埋下日后家族成员间产权纠纷的隐患，且伴随企业的发展会不可避免地在家族成员之间重新界定等现实情况，应当对家族成员之间的产权关系做出明确的界定，以避免家族成员可能出现的矛盾的尖锐化而导致的企业解体。

明确出资人的股权和公司财产权之间的界限。出资者所有权与企业法人财产权相分离，按市场经济运行规律创新企业制度，所有者与企业的关系演变成了出资人与企业法人的关系。

8.3.2 保持混合所有制企业中所有股东权利并实现股权的相互制衡

混合所有制企业应该承认和保护以股东为核心的全部利益相关者的权利。在企业股权方面，避免国有股“一股独大”，以市场为导向，形成合理有效的股权结构。民营资本通过公平竞争也可以实现控股。即使国有控股尽可能实现国有资本相对控股，避免民营资本的权益被侵害，实现国有资本和民营资本相互制衡、相互融合、共同发展。

要完善相关公司治理指引。政府应该完善具有强制性的法律安排。如国有资本地位上，法律应明确混合所有制企业不因国家出资设立而拥有特殊的市场主体地位，混合所有制企业与其他竞争性企业一样，均受到《公司法》等法律的规范。在国资监管模式方面，法律应明确政府监管机构的职责范围，不要干预混合所有制企业的人事和经营，但可以委

托代表参选董事和进入董事会，通过董事会传递国有资本的意志。在分配方式上，法律应明确混合所有制企业国有资本与民营资本按照市场原则进行公平的利润分配；应明确国有资本收益的上缴方式、额度计算方法及分配原则；应明确国有资本的收益归全民而不是归企业；企业获得国有资本收益应履行符合公众受益的法律程序。在民营企业保护方面，应明确国有资本与民营资本股东享有同样的权利和义务，国有股东不享有特别的权利，法律应明确民营资本退出机制。

8.3.3 提高混合所有制企业的董事会治理水平

完善的董事会治理机制是企业发展混合所有制经济的保障。如果引入民间资本的同时董事会实际上仍然控制在国有股东手中，那么就会降低民间资本参与混合所有制的积极性，也不是成功的混合所有制改革。新加坡淡马锡模式成功的精髓就在于董事会制度。其董事会中的董事分为三种：股东董事、独立董事和执行董事。独立董事最多，由能力过关的企业家担任，他们或者来自私营企业，或者来自跨国公司，在企业管理中都有丰富的经验。执行董事只负责具体决策的执行。这样既可以减少股东董事对董事会的过多参与和不当干预，也有利于决策与执行相分离。

我国《公司法》有规定，公司全体股东组成股东（大）会，公司应设立董事会（执行董事）和监事会（或监事）。混合所有制经济应按照股权结构、权责对等的原则，进一步健全公司治理组织架构，完善和细化公司治理制度、议事规则和决策流程，明确董事会、管理层、监事会等在治理结构中的职责权限分配，确保决策的各个环节规范运作，保证公司治理各组成部分各司其职、有效制衡、协调运转，形成科学高效的决策、执行、监督机制。

要明确董事会的职责并有效履行董事会的职责，必须在董事会构成和董事会治理机制上下工夫，增强非国有企业参股国有企业的动力。在董事会中必须有较多的独立董事，并且必须有非国有股东的代表。股东会要拾取累计投票制，以保证非国有经济主体有代表进入董事会。同时增加独立董事，可以使独立董事达到一半以上的比例，因为独立董事并不是某一个股东的代理人，而是所有股东的代理人。也可减少执行董事人数，最好控制在2人以内。确保董事和董事会独立有效履行职责。

8.3.4 要大力发展职业经理人市场，更好地发挥企业家作用

混合所有制经济要获得发展，必须在厘清董事会职能的前提下，高度重视企业家的独立性和能动性。建立企业家市场选聘机制和能力评价体系。可由政府牵头，行业协会承担，组建职业经理人的准入与等级评定机构，由专家团队建立起与适应我国国情的准入条件与标价标准体系，按照准入条件对职业经理人的资格进行核准，并定期对其水平进行认证。对高层管理者贡献的评价应与企业的盈利情况、为股东带来的回报等相挂钩，激励形式应该多样化，要着力加强中长期激励。特别是在当前，人力资本越来越成为企业贡献中

的主要方面，为了减少职业经理人的行为取向与价值取向与股东设想不一致所产生的代理风险，更好地激发人力资本的积极性和作用，企业所有者有必要实施相应的激励机制。对于管理层、技术人才等骨干员工，可先行试点，探索采取业绩股票、股票期权、限制性股票、岗位分红权等激励方式，进一步完善与业绩考核紧密挂钩的中长期激励机制，并建立完善骨干员工持股的范围、比例、退出等方面的制度安排，以最大限度地调动和激发各要素所有者的积极性，留住人才，助力企业的可持续发展。

但需要强调的是，在完善激励机制的同时，决策失误的责任追究与赔偿等约束机制的强化同等重要。为此要配合健全完善职业经理人的约束与信用机制。建立职业经理人信用档案，制定职业经理人职业标准，对他们的薪酬水平、职务消费、股权与分红等激励进行严格的规范化管理，并建立严格的监管制度，以对经理层的败德行为实施惩罚。

执笔：张从丽（中国中冶集团办公厅政研室）

参考文献

[1] 贾康，苏京春．“混合所有制”辨析：改革中影响深远的创新突破．全球化，2014（11）

[2] 张卓元．混合所有制促进各种资本优势互补．http：//ie. cass. cn/

[3] 李绍荣，周毅．中国的经济体制变迁与混合所有制改革．学术前沿，2014（4）

[4] 刘迎秋谈混合所有制路该如何走：共存共赢共发展．http：//news. xinhuanet. com/fortune/2013 - 12/27/c_125922744. htm

[5] 黄速建．中国国有企业混合所有制改革研究．经济管理，2014（7）

[6] 秦斗豆．混合所有制是提高企业治理绩效的有效途径．中国市场，2014（3）

[7] 高明华，杜雯翠，谭玥宁，苏越．关于混合所有制经济的若干问题．政治经济学评论，2014（8）

[8] 夏小林．2014年：国企与改革－兼评被污名化的“国资一股独大”．管理学刊，2014（8）

[9] 刘粲．关于对混合所有制改革的思考与对策—混合所有制的路程还有多远．发展研究，2015（1）

[10] 赵为，朱诸．混合所有制改革：公司治理是关键．中国信息报，2014－07－04

[11] 辛颖．混合所有制改革蹒跚前行．法人，2014（11）

[12] 余菁．“混合所有制”的学术论争及其路径找寻．改革，2014（11）

第9章

混合所有制经济发展与中小企业市场营销

- 引言和相关文献综述
- 中小企业市场营销的现状及问题
- 混合所有制经济发展与中小企业市场营销创新
- 混合所有制经济发展与中小企业营销创新的对策建议

"混合所有制本质上是产权的重新组合、优势的相互补充、能力的相互协作和推进提升"①，在此过程中，各种生产要素得到更有效的配置，经济活动达到帕累托改进。作为经济活动的重要环节之一，市场营销的核心也是通过更高效的配置各种营销资源，促进产品或服务更好满足消费者需求的过程。混合所有制经济的发展，有利于不同规模企业的营销优势互补，激发中小企业营销创新的活力。本章在回顾相关文献的基础上，首先，结合课题组问卷调查数据库，展现和剖析了中小企业市场营销现状；其次，对混合所有制经济发展和中小企业市场营销之间的关系进行深刻剖析；最后，提出了混合所有制经济发展环境下中小企业营销模式创新的对策建议。

9.1 引言和相关文献综述

从4P、到4C、再到4R②，市场营销理论经历由以厂商为主导向以客户为主导，并进一步向企业和客户之间互动与双赢转变。当前，在积极响应客户需求、积极维护客户关系的同时，企业在市场营销过程中更加注重成本控制与营销回报，进而达到营销投入与产出的平衡。

市场营销即企业通过整合各种有形或无形资源，以促进产品或服务更好地满足消费者需求的过程。通过市场营销，信息得到相对充分的传递，企业与消费者之间的信息不对称得到缓解，营销资源的配置更加有效率，从而使企业更有利于把握和捕捉市场机会、提升盈利能力。一方面，市场营销有助于企业 know - what（Hult 和 Ketchen，2001）。满足消费者需求是企业生产活动的出发点和核心，通过市场营销，企业能够对不同目标市场客户的信息（如产品和服务的需求量、价格承受区间、偏好、消费行为触发点等）得到充分了解，对竞争对手的营销策略和产品特征进行充分比较。另一方面，市场营销有助于企业 know - how（Morgan 等，2009），基于收集的市场信息，企业可以根据消费者需求调整产品或服务的性能、特点等属性，满足消费者偏好；并结合消费者偏好和同业情况对各种营销

① 刘迎秋："混合所有制是生产力取得更大发展的必然要求"，载于《中国经济时报》，2014 年 10 月 16 日。

② 4P 即企业营销的核心应包括以下四要素：产品（Product）、价格（Price）、渠道（Place）、促销（Promotion）；4C 具体表现为：由产品（Product）向顾客转变（Custom）、由价格（Price）向成本转变（Cost）、由渠道（Place）向方便转变（Convenience）、由促销（Promotion）向沟通转变（Communication）；4R 即企业营销的核心应包括以下四要素：关联（Relativity）、反应（Reaction）、关系（Relationship）、回报（Retribution）。

资源进行充分整合，选择出合适的营销策略（如产品策略、价格策略、渠道策略等）。在此过程中，有效配置各种营销资源是企业市场营销的核心。企业可以依托企业内部所拥有的各种资源（如投入产品经理、营销经理等人力资源、资金、房屋场所等固定资产、产品等），也可以依托企业外部所能够支配的资源（如客户信息、营销平台、人力资源、社会关系等），开展现场客户交流、客户拜访、专业展览、广告等营销活动。

从已有的文献来看，相比大型企业，受制于规模等因素，中小企业的市场营销具有差异化特征。第一，从营销的灵活性和敏锐度来看，中小企业更易发挥“船小好调头”的优势，能够根据消费者需求和同业竞争变化，迅速改变其营销策略；而大型企业由于机构设置层级相对复杂，对市场信息的响应能力相对缓慢。具体来看，对于大型企业，从基层销售人员对市场信息的掌握，到逐级反馈至决策层，到决策层根据反馈信息做出决策，再到决策下发到基层执行，层层环节都需花费一定时间，而且有可能增加决策的噪音；国有企业在此方面可能会表现得更为突出（吴继忠，2003）。而中小企业决策环节相对较短，委托—代理问题相对较少，市场信息能够较快传递到决策层，并采取相应的应对措施，及时调整营销策略。Reijonen（2010）同样研究表明，中小企业营销呈现出简单随意、非结构化特征，但对市场的灵敏反应并不妨碍其取得成功。第二，从营销的风格来看，企业营销风格的选择易于受到公司规模的影响，大型企业更加偏好于稳妥、谨慎的保守风格，而中小企业更倾向于积极、扩张的激进风格（张立、高英智，2015）。大型企业通常在行业中占居主体地位，基于经营的稳定性和连贯性，经营与营销策略相对更为保守。而中小企业通常在行业中处于追赶角色，为获得相对更大的市场份额、相对较快的收入增长，或仅仅是为了企业生存下去，更易采取相对激进的激励机制，这使其更有动力采取相对激进的策略。例如，加多宝集团坚持激进的市场营销风格，在“大品牌、大平台、大事件”的营销策略指引下，持续投入巨额营销费用，2014 年营销份额高达 15% 左右，稳居罐装饮料销量第一名。第三，从营销的工具或手段来看，大型企业采用的营销工具更为多样，但中小企业的营销手段更为灵活。受人力、财力限制，中小企业在营销投入上难以与大型企业相比拟，这使其选择的营销手段较为受限，难以在电视、报纸杂志、展览会等各个营销渠道处处开花；但同时，营销投入的制约使中小企业在营销手段的运用上更加灵活，在关系营销的同时，更加强调营销的独特性和新颖性。

当前，在三期叠加的经济背景下，市场需求疲弱、产能过剩矛盾突出是中小企业经营发展中普遍面临的问题。为适应经济转型和竞争加剧的外部环境、寻求新的生存和发展机遇，除生产技术、组织方式等领域外，中小企业在市场营销方面进行大量的尝试与创新。例如，姜文芹（2010）将当前中小企业营销模式创新归结为集约化营销、低碳营销、社会责任营销、品牌营销和科技营销等策略。基于对大型企业和中小企业在营销灵活性与敏锐度、营销风格与策略、营销工具与手段等角度的差异化分析，不难发现，中小企业和大型企业（尤其是大型国有企业）能够通过优势的相互补充、能力的相互协作提升生产经营和市场营销的效率。因此，在混合所有制经济发展趋势下，研究中小企业市场营销模式创新与优化更具有现实意义。

9.2　中小企业市场营销的现状及问题

结合中国中小企业协会《2015年混合所有制与中小企业发展问卷调查数据库》，本节对中小企业营销现状进行分析，对中小企业市场营销中存在的问题进行探讨。

9.2.1　中小企业市场营销的现状分析

“混合所有制与中小企业发展问卷调查数据库”从品牌建设、营销渠道、营销模式等维度对中小企业市场营销活动进行调查；其中，剔除无效问卷后，涉及本章议题的有效问卷共计549份。

（1）中小企业品牌建设情况

从课题组的调查数据来看，中小企业品牌营销意识正在逐步增强。表9.1显示，2015年，被调查中小企业中，拥有自有品牌的企业占比达到67.6%，较2014年上升2.6个百分点。如果加上同时生产自有品牌和贴牌产品的企业，2015年中小企业自有品牌拥有率达到80.0%，较上年提升4.2个百分点。同时，中小企业在品牌营销过程中，以客户为中心的经营理念正在被普及，与消费者的沟通互动也在逐步增加。以网站建设和维护为例，随着信息技术的运用，门户网站作为企业的电子名片和网络营销端口，得到企业的普遍认可；企业纷纷通过创建公司网站，向客户进行产品特点、服务理念等信息的宣传。根据表9.2调查数据，被调查中小企业中，尚未建立自主网站平台的企业比重正在下降，2015年较上年减少4.8个百分点；拥有自主网络平台且经常更新网站信息的中小企业占比达到26.9%，较2014年提升4.1个百分点；而在网站上设置沟通渠道的中小企业占比达到25.8%，较上年提升0.2个百分点。

表9.1　中小企业品牌建设情况（%）

	2014年占比	2015占比	占比变化
自有品牌	65.0	67.6	+2.6
贴牌生产	4.2	7.9	+3.7
自有品牌+贴牌生产	10.8	12.4	+1.6
连锁加盟	4.3	6.0	+1.7
其他	15.7	6.0	-9.7

数据来源：2015年数据根据中国中小企业协会《2015年混合所有制与中小企业发展问卷调查数据库》整理而成，2014年数据根据中国中小企业协会《2015年混合所有制与中小企业发展问卷调查数据库》整理而成。

表9.2 中小企业网站建设与维护情况（%）

	2014年占比	2015占比	占比变化
没有自主企业网站	24.5	19.7	-4.8
拥有独立的企业网站，但很少更新网站信息	27.1	27.6	+0.5
拥有独立的企业网站，网上信息经常更新	22.8	26.9	+4.1
拥有独立的企业网站，网上信息经常更新；设置了客户网上反馈意见的渠道	25.6	25.8	+0.2

数据来源：同表9.1。

（2）中小企业营销渠道建设情况

在经济增长疲弱的背景下，中小企业普遍增加了市场营销的力度。根据调查数据（表9.3），2015年中小企业市场营销活动显著增加；其中，采取公关软文、印刷品发放形式营销的企业占比上升了24.2个百分点，通过电视广告、广播广告、报纸或杂志广告营销的中小企业占比分别上升了21.9、17.4和13.5个百分点。从营销渠道选择方面，客户交流会、客户拜访、参加各类专业展会仍是中小企业主要的营销渠道，被调研企业的渠道使用率分别高达62.0%和56.5%。这说明，对大部分中小企业而言，面对面交流和沟通仍是最通行的营销方式；公关软文、网络广告的渠道使用率也相对较高，2015年分别达到50.3%和40.4%，考虑到软文公关多通过论坛、贴吧、微博、微信等网络渠道，这种低成本的网络营销方式逐渐获得大多中小企业的青睐[①]；报纸、杂志、电视、广播等传统渠道的渗透率低于40%，其与网络营销渠道渗透率的对比也间接反映出消费者在传统媒体和网络媒体关注度的转变。

表9.3 中小企业营销渠道运用情况（%）

	2014年占比	2015占比	占比变化
客户交流会、客户拜访	59.5	62.0	+2.5
参加各类专业展会	48.4	56.5	+8.1
公关软文、印刷品发放	26.1	50.3	+24.2
网络广告	28.5	40.4	+11.9
报纸/杂志广告	20.1	33.6	+13.5
电视广告	5.0	26.9	+21.9
广播广告	2.0	19.4	+17.4
其他	6.8	6.4	-0.4

数据来源：同表9.1。

此外，从中小企业营销渠道的运用数量来看（表9.4），中小企业营销渠道呈现出多元化发展态势。根据调查数据，2015年，仅使用1种营销渠道的中小企业占比为22.3%，较

① 印制品的使用率也相对较高。但其通常依附于其他营销渠道，并与其他渠道共同发挥作用。基于此因素考虑，营销渠道使用率排名第三的实际上是网络广告。

2014年下降了1.9个百分点；使用1～3种营销渠道的中小企业占比达到65.8，较上年下降了6.1个百分点，而使用3种以上营销渠道的企业占比达到33.3%，较上年提升10.8个百分点。由此可见，多营销渠道并举成为大多中小企业的营销策略选择。

表9.4　　中小企业营销渠道运用数量（%）

	2014年占比	2015占比	占比变化
1种	24.2	22.3	-1.9
2种	21.4	24.1	+2.7
3种	30.9	19.4	-11.5
4种	14.0	15.0	+1.0
5种	1.8	11.0	+9.2
5种以上	7.7	8.3	+0.6

数据来源：同表9.1。

（3）中小企业营销模式变化

数据显示，被调查中小企业营销模式创新的意愿在增强。2015年，对当前营销模式较为满意，且不考虑营销模式转变的企业比重仅为15.2%，较上年大幅下降7.3个百分点；有15.1%的中小企业虽然对当前营销模式并不满意，且认识到营销模式改变的重要性，但是仍愿意讲究延续传统模式，这可能是受制于经济疲弱环境下的财务制约。而与之同时，65.0%的被调查中小企业有营销模式创新的意愿，较2014年提升6.1个百分点；其中，有18.7%的企业正在着手进行营销模式创新，较上年提升1.2个百分点；而有46.3%的中小企业基于对新的、更有效的营销模式缺乏了解，暂时尚未启动营销模式创新，该比重较上年也出现明显的提升。

表9.5　　中小企业营销模式创新意愿（%）

	2014年占比	2015占比	占比变化
对目前的营销模式非常满意，未考虑改变	22.5	15.2	-7.3
对目前营销模式虽不是非常满意，但愿意将就，即便认为营销模式对经营非常重要	12.7	15.1	+2.4
对目前营销模式虽不是非常满意，但因为觉得营销对本企业不重要，而愿意将就	5.8	4.7	-1.1
虽然认为目前的营销模式对企业做出贡献，但有意对营销模式进行创新与优化，只是因为对新的、更有效地营销模式尚缺乏足够的了解与思考，所以暂时尚未启动营销模式创新	33.1	35.6	+2.5
虽然对目前的营销模式非常不满意，但是因为对新的、更有效地营销模式尚缺乏足够的了解与思考，所以暂时尚未启动营销模式创新	8.3	10.7	+2.4
正在着手营销模式创新	17.5	18.7	+1.2

数据来源：同表9.1。

在中小企业市场营销模式创新过程中，由传统销售渠道向网络销售渠道转变是其主要创新方向之一。表 9.6 的调查数据同样反映出该趋势。2015 年，仅通过传统销售渠道（经过批发商和零售商）营销的中小企业比重由 46.6% 下降至 39.0%；而从传统销售渠道发展到网上直销的中小企业比重超过传统营销渠道占比，达到 42.0%，较上年提升 7.4 个百分点。这表明，随着互联网的普及，网络营销的作用得到日益凸显。

表 9.6　　中小企业营销渠道转变情况（%）

	2014 年占比	2015 占比	占比变化
一直是传统销售渠道（经过批发商和零售商）	46.6	39.0	-7.6
从传统销售渠道（经过批发商和零售商）发展到网上直销	34.6	42.0	+7.4
其他	18.8	19.0	+0.3

数据来源：同表 9.1。

9.2.2　中小企业市场营销中存在的问题

调查问卷同样反映出中小企业市场营销过程中存在的一些问题，突出表现在以下几个方面。

第一，部分中小企业市场营销的品牌建设意识仍有待加强。品牌作为无形资产，是中小企业竞争力的外在体现，也是市场营销过程中获得消费者认可度的基础。凭借消费者对品牌的认同，中小企业可以相对更容易打开市场，增加客户黏性。例如，海尔集团从最初的冰箱延伸到空调、洗衣机、电视机等其他家电产品，成为家用电器行业的领导者，其中，品牌营销起到功不可没的作用；其他案例如脑白金、加多宝等。但根据调查数据（表 9.1 和表 9.2），被调查中小企业中，2015 年贴牌生产的企业比重由 2014 年的 4.2% 上升至 7.9%；没有网站或者虽然拥有网站，但网站缺乏维护的企业比重达到 47.3%，虽然较上年略有下降 4.3 个百分点，但仍接近一半左右。这表明，部分企业品牌意识仍较为薄弱，网站建设流于形式，对市场营销和产品宣传所能起到的作用有限，这不利于企业营销竞争力的提升。

第二，部分中小企业高层营销管理缺位，缺乏长期营销规划。营销管理是一门系统性工程，涉及统筹企业内外各种营销资源，根据市场需求等信息制定营销策略，并对生产决策和生产创新起到重要支持作用。营销的高层管理有利于充分调动各部门营销优势，避免营销部门单打独斗；有利于加快决策流程，根据市场动态变化及时调整营销策略及模式；有利于制定连续性的营销规划，决定企业中长期营销方向。研究成功的品牌营销案例，无一不发现企业高层在营销管理中起到决定性作用。以周黑鸭为例，公司高层确定“会娱乐更快乐”的营销理念，并基于此理念开展系列营销活动，如将时尚元素引入实体店面和产品包装上，重新定义消费场景；通过地铁冠名时间、《变形金刚 4》广告植入等手段，增加消费者关注度；通过 APP、微博、微信公众号实现与消费者的即时互动，支持门店信息查询、定位和在线支付等功能，增强客户体现等（田志龙等，2014）。根据调研，部分中小企业脱胎于家族企业，管理者虽然较为重视营销工作，但长期缺乏专业的营销管理人员，营销开展具有明显的局限性和非系统性，营销的管理机制不够灵活高效，营销资源的统筹配置能力相对不足，从而制约营销效率的提升。

第三，受规模和资金制约，部分中小企业的市场营销能力显得捉襟见肘。与大型企业相比，大部分中小企业的品牌优势不足、市场占有率有限、融资难度和融资成本相对偏高，这增加了企业营销能力建设的难度。具体来讲，从市场开拓方面来看，大多中小企业品牌缺乏知名度，客户认可度相对偏低，客户和渠道的开发和维护成本较高，这在中小企业发展初期显得更为严峻。从营销人员方面来看，由于中小企业知名度有限、稳定性不足，以及工作环境和工作待遇难以与大型企业相竞争等因素的存在，优秀营销人员极易从中小企业向大型企业流出；如果考虑到中小企业管理机制不健全等可能因素，中小企业留住优秀营销人员就显得更为困难，易于出现优秀营销人员长期匮乏的局面。从营销费用投入方面来看，资金实力制约使中小企业难以承担大额的广告等营销费用投入，而是更多地依靠客户面对面交流、参加各类专业展会、发放印刷品等传统营销手段开拓市场与维护客户关系，企业经营扩张的难度相对较大。

第四，受制于内外部因素，部分中小企业的市场营销创新能力也相对不足。调查数据显示（表9.5），有10.7%的受调查中小企业尽管对当前的营销模式非常不满意，但是由于对新的、更有效的营销模式缺乏足够的了解和思考，而暂时放弃营销模式的创新；更有35.6%的中小企业认识到营销模式创新与优化的重要性，但由于营销创新能力不足而暂时延续现有营销方式。市场营销创新能力不足主要可归结为两方面原因：一方面，中小企业面对相对较强的融资约束，更多的将精力和资金投入到生产运营及营销活动的支持等方面，在对营销创新的思考与研究领域难以兼顾；另一方面，中小企业营销创新的制度环境和市场氛围尚未形成，政府部门、行业协会等非营利组织对中小企业营销创新的支持力度较为有限，这也在一定程度上制约了中小企业营销创新能力的培养。

9.3　混合所有制经济发展与中小企业市场营销创新

十八届三中全会通过的《中共中央关于全面深化改革若干重大问题的决定》明确提出要积极发展混合所有制经济，并认为混合所有制经济是基本经济制度的重要实现形式，有利于国有资本放大功能、保值增值、提高竞争力，有利于各种所有制资本取长补短、相互促进、共同发展。具体来看，混合所有制经济主要是指国有资本、集体资本、非公有资本等不同所有制经济成分通过股份制、联营等形式，成立有限责任公司或股份制有限公司，共同从事生产经营活动①。从实现形式来看，混合所有制的本质是股份制，企业基于自愿原则，共同协商股权比例，并按照控股比例行使应有的权利和义务，如分工派息的权利、经营管理的权利、债务分担的义务等。从混合所有制改革的现状来看，当前典型的混合所有制经济形式主要包括大型国有企业吸收部分民营中小企业入股或员工持股、国有企业与民营企业合作成立相关有限责任公司或股份制有限公司，以期实现优势互补和相互协作。混合所有制改革本质上正是产权的重新组合，优势的相互补充、能力的相互协作和推进提升（刘迎秋，2014）；在此过程中，各种生产要素得到更有效的配置，经济活动达到帕累托改进。作为经济活动的重要环节之一，市场营销的核心也是通过更高效的配置各种营销资源，促进产品或服务更好地满足消费者需求的过程。混合所有制经济的发展，有利于不同规模企业的营销优势互补，激发中小企业的营销创新活力。

9.3.1　混合所有制经济发展与中小企业传统营销模式优化

混合所有制经济的发展有助于不同规模企业的营销优势互补，降低市场营销的成本，并提升市场营销的能动性和收益性。其突出表现在以下三方面。

第一，混合所有制经济发展有助于不同规模企业的营销资源的合作和共享。混合所有制经济结构下，不同参与主体在市场营销过程中所能掌控的资源具有差异性。大型国有企业具有较强的规模优势和品牌优势，集聚一大批经验丰富的营销人员，相对较高的市场占有率使其拥有规模庞大的客群和体系完善的渠道，且与政府关系的紧密使其具备更强的关系营销和权利营销能力。而中小企业在市场信息收集和对市场的反应方面更为敏锐、高效，在营销体制机制方面更为灵活和激进，能够根据消费者需求和同业竞争变化，迅速改变其营销策略和营销手段；此外，部分中小企业在专业市场、特定客群和渠道等方面深耕细作，具备较强的竞争实力。基于此差异，不同规模企业能够通过营销资源的合作和共享达到共赢。

混合所有制环境下的协作营销可大概分为以下两种类型：一是行业内部的协作营销，即大型企业借助于中小企业扩大规模与市场占有率，而中小企业借助于大型企业的品牌和渠道优势开展营销。以中国建材集团为例，集团自2002年以来，通过吸纳上千家民营建材企业，构筑起包括海外上市公司在内的混合所有制产业平台，实现由资不抵债到行业领袖和世界500强企业的转变。作为资源整合者，中国建材集团对所整合的中小民营企业准备“三盘牛肉”：第一盘，公平合理定价，按国际惯例的定价原则作资产评估，在整个国企改革过程中，这是个核心问题；第二盘，为民营企业保留30%的股权，这就把中国建材的利

① 当前，国内通常以是否包含国有经济成分将混合所有制经济的内涵进行广义和狭义区分，其中，广义的混合所有制经济并不一定含有国有经济成分，而狭义的混合所有制经济一定含有国有经济成分。

益与民企老板的利益结合起来，双方形成共同体；第三盘，就是把民企老总聘为职业经理人，让他们继续在所热爱的事业中发挥作用”①。在此过程中，被整合的中小民营企业借助于中国建材的品牌和渠道，实现经营的稳定发展和盈利增长。二是不同行业之间的协作营销，核心是实现跨界资源整合。以中石化为例，中石化销售有限公司2014年底引入25家境内外投资者、引资千亿元（占公司股权29.99%）开展混合所有制改革。借助于中小民营企业的业务平台，中石化的跨行业合作有利于加油站板块的经营绩效，如中石化易捷“2014年11月与OK便利店在广东合作运营10座加油站，便利店销售同比增长80%。12月份与顺丰合作在深圳的2座易捷嘿客店中店开业，日均营业额达万元”②。同时，与之合作的中小企业也借助于中石化加油站平台，开拓加油特定客群，促进业绩增长。

第二，混合所有制经济发展有助于不同规模企业的营销模式优化。其突出表现在以下两个方面，一方面，混合所有制经济发展有利于不同规模企业相互学习先进的营销管理经验、营销策略和营销技能，从而能够带来营销资源配置效益的提升。在混合所有制经济体内部，这种知识的扩散相比企业外部而言成本较低；例如，中小企业可以通过与大型企业建立战略合作关系明确未来合作方向、借鉴大型企业营销管理与营销规划思路；中小企业营销人员也可以通过现场交流、专题培训等方式面对面与大型企业的优秀营销人员学习。在此过程中，中小企业营销管理的能力得到提升，能够更为系统、科学地组织各类营销活动，更为合理地配置各类营销资源；而营销人员能够以更为适宜的方式和技能与消费者沟通，提升获客能力，增加客户黏性。另一方面，混合所有制经济发展有利于不同规模企业联合营销，降低营销成本。混合所有制经济参与的各方主体可以通盘考虑其所拥有或掌控的各种资源，通过资源合作和信息共享，共同营销客户，为客户提供一揽子服务方案，从而有效提升企业对目标客户的整体营销实力。在此过程中，中小企业可以以更低的营销费用，满足目标客户群体的多元化需求，即达到“1+1>2”的营销效果。

第三，混合所有制经济发展有助于不同规模企业的营销风险分担。市场经济体制改革的宏观背景下，企业经营发展面临的内外部风险更为复杂，除生产风险、销售风险、财务风险等内部风险外，还面临政治、经济、法律等外部风险。中小企业在运营过程中，知识和能力都相对有限，而通过混合所有制形势与大型企业合作，可以增强其抵御各类风险的能力。例如，中小企业在开拓新市场过程中，需要投入大量人力、物力、财力，而市场开拓本身存在较大的不确定性；混合所有制经济下，中小企业可以通过与大型企业的联合营销，或者借助大型企业的营销渠道进入新市场，从而形成市场盈利共享和市场风险共担的市场开拓机制（张惠敏和孙国强，2014）；在此过程中，大型企业也能够获得市场份额的提升和营业收入的增长。此外，不同规模企业的联合营销也有助于增强对市场波动的抵御

① 引自“探路混合制：中国建材与千家民企的混合实践”，《经济日报》，2014年5月5日，http://finance.sina.com.cn/chanjing/gsnews/20140505/062018998596.shtml。

② 引自“千亿元民资到账 中石化混合所有制改革拉开大幕”，《山西经济日报》，2015年3月10日，http://news.163.com/15/0310/12/AKBIUTOJ00014Q4P.html。

能力、对各类风险的识别能力，进而有效防范营销过程中出现的各类风险，降低风险带来的不确定性及经济损失。

9.3.2 混合所有制经济发展与中小企业新的营销模式运用

混合所有制经济的发展在促进不同规模企业营销资源配置方式优化的同时，也促进企业加大营销模式领域的探索与创新，突出表现在以下两个方面。

第一，混合所有制经济发展带动不同规模企业营销观念的创新。混合所有制改革与经济转型相互交织，促进企业加快公司治理结构改革和生产经营方式转型。作为参与方，中小民营企业的利益诉求将推动不同规模企业转变营销观念，积极适应外部环境变化，创造更多经济价值。

当前，营销观念创新主要沿着以下几条脉络：一是以客户为中心的营销理念得到不断强化。十八届三中全会明确提出要发挥市场在资源配置过程中的基础性作用，能够满足消费者多元化需求成为企业生产经营决策的首要因素。在此背景下，企业纷纷调整其营销思路，以适应客户社会观念、产品或服务需求及偏好的转变，服务营销、体验式营销、绿色营销日益得到重视。如海底捞凭借“变态”式服务获得高达50%以上的客户回头率，小米通过塑造极致体验集聚大量忠实“米粉”。二是以客户综合收益为考量的营销理念正在形成。客户需求多元化使单一产品或服务难以满足其综合化需求。基于此变化，企业纷纷调整其营销策略，通过打包产品和服务组合，或者通过与其他企业合作，为客户提供多样化的服务。在企业营销策略调整的过程中，营销决策的考量基础也正从单一产品收益率向综合收益方向转变，即在某种产品或服务营销过程中采取降价策略，由此集聚大量客户资源和渠道资源；同时通过搭配销售产品或提供相关服务获得收入，由此获得综合收益的增长。同样以小米为例，通过智能手机降价营销集聚广泛客户基础，再通过销售配套关联智能设备或网上增值服务获得其他收入。在此过程中，单一考察某一产品的营销策略已不能充分反映企业决策行为，而考核综合收益则成为企业决策的有效准则。三是信息和知识在营销中的地位日益凸显。市场化环境下，企业既面临来自于同业的竞争，也可能来自于海外市场和国内其他行业的跨界竞争。在营销策略、营销模式相近或相同的竞争态势下，谁能够掌握更多的信息、运用知识对信息进行更深入的挖掘，谁就更容易脱颖而出，获得市场认可。以支付宝为例，其较好地抓住国内消费者理财需求潜力大、投资渠道窄、银行存款收益低的矛盾，借鉴国外利率市场化过程中的产品创新思路，创新余额宝增值服务，利用网络平台开展营销，当前用户超过7000万户，与余额宝合作的天弘基金也靠此一举成为国内最大的基金管理公司。信息创造价值、知识创造价值正逐渐被企业生产决策和营销决策所接受。

第二，混合所有制经济发展带动不同规模企业网络营销模式的创新。互联网极大地改变了人们的生产生活方式，如越来越多的人通过手机阅读、购物、支付。为应对此变化，企业加强网络端（尤其是移动端）与消费者的互动，如通过微信平台开设网店、进行广告营销等。大数据、物联网、云计算等技术的运用改变了企业现有的运营模式和竞争格局。其中，中小企业更易在互联网时代脱颖而出，这是因为其受制于规模和品牌制约，缺乏人力、物力、财力通过传统营销渠道开展各类营销活动；而互联网的低成本、广覆盖为中小企业提供解决此制约的契机，使其借助网络营销渠道跨区域开拓市场与客户。同时，中小企业更为激进的营销策略也使其在网络营销过程中，更加强调新颖性和独特性，更易被消费者接受和认可。

中小企业的网络营销优势，使其在混合所有制经济下与大型企业的营销合作和协同创新成为可能。近两年，网络营销模式创新层出不穷，以微众银行为例，作为首家互联网银行，微众银行注册资本小、抵御风险能力相对偏弱，加之无实体网点，使其在经营和营销过程中存在诸多制约；但相反，背靠大股东腾讯，微众银行具备较为庞大的潜在客户群体、较为完备的“大数据”采掘与运用基础、较强的信息技术开发能力和较为灵活的运营管理体制，其与传统银行具备较强的互补性。基于此，微众银行在成立之初，就获得传统银行青睐，与华夏银行在资源共享、小微贷款、信用卡、理财、同业业务、生态圈业务等多个领域开展深入的合作，如推出虚拟信用卡等创新产品等，通过渠道共享营销客户。再以众安保险为例，作为首家互联网保险公司，众安在线财产保险股份有限公司由阿里（蚂蚁金服）、腾讯、中国平安等机构联合成立，其中民营资本在公司中所占比重居主导地位。凭借不同企业的客户、渠道、资金、业务管理等优势，众安保险为客户提供多种在线互联网财产保险产品，2014 年一年积累服务客户数就突破 2 亿、累计投保件数突破 10 亿。

9.3.3 混合所有制经济发展与中小企业营销的成本收益探讨

混合所有制的本质是股份制，企业基于自愿原则，共同协商股权比例，并按照控股比例行使应有的权利和义务。混合所有制经济下，相比大型国有企业，中小民营企业会更加注重为股东创造最大化价值的利益诉求，这促使混合所有制经济体会更加关注经营管理的绩效与效率和营销模式的成本收益平衡。

企业在市场营销过程中，需要投入多种营销资源；无论该营销资源归由所有股东共有、还是由某股东独有，都需要按照市场情况给予合理定价。当营销收益能够覆盖其成本支出，或者在短期内营销收益虽不能覆盖其支出、但从中长期战略角度能够扭转并盈利或获得综合性收益的，则这种营销模式是经济可行的；否则，则该营销决策并不能满足股东利益诉求，难以在管理层决策中通过执行。因此，在混合所有制经济发展环境中，企业在坚持以客户为中心的营销理念的同时，股份制的本质使企业更要在与客户的互动中达到共赢，通过各方面途径提高营销资源的使用效率，并综合各方面信息及时对营销资源配置方式进行调整，从而在营销模式优化和创新过程中提升投入产出比，达到营销资源配置的帕累托改进。

9.4 混合所有制经济发展与中小企业营销创新的对策建议

混合所有制经济发展有利于不同规模企业营销优势的相互互补、营销能力的相互协作和推进提升。为使中小企业更好地参与混合所有制经济发展，建议重点从以下几方面着手，激发中小企业市场营销创新的活力。

第一，健全的公司治理结构是混合所有制经济发展与中小企业营销创新的基础。重点是要按照现代企业制度要求，完善董事会、监事会、监事会和高级管理层（三会一层）权责。在混合所有制改革过程中，要在所有权和经营权相互分离的基础上，建立科学的激励和监督机制，在确保股东大会的最终实际控制权的前提下，保证董事会的独立决策权和高级管理层的自主经营管理权，从而能够使中小企业最大限度地参与到混合所有制改革和经营管理过程中，并以灵活的体制机制和健全的激励约束机制为中小企业提供宽松积极的市场营销环境。

第二，转变营销观念，强化营销规划，培养营销创新的企业氛围。大量实证研究表明，营销投入与企业经营绩效呈现出显著的正相关关系（如 Griffin 和 Hauser，1996；David 和 Robert，2001；汤清和陈海燕，2015；等）。在激烈的市场竞争环境下，市场营销对企业生存发展至关重要。中小企业应明确市场目标、树立以客户为中心的营销理念，努力塑造创新的营销氛围和激励机制，满足客户全方位需求。重点是要积极运用以网络营销为主导的新营销模式和营销工具，加强营销资源整合，改善营销场景，提高营销体验，努力培育差异化竞争优势，提高混合所有制经济发展中的影响力和决策权。

第三，注重营销反馈，建立营销与生产的正向反馈机制。影响中小企业营销竞争力强弱的因素主要可归结为以下三点：产品因素，即产品的定位、质量、品牌、产品结构等；价格因素，既与生产成本和生产技术有关，也与企业促销活动相关；渠道因素，即联通产品和消费者的通道的便达性。营销活动并不仅仅是将产品或服务更好地出售给客户，更需要的是在营销过程中，将客户满意度、兴趣点等信息反馈到产品生产过程中，进而对生产或服务进行改进，促使企业更好地配置各种资源要素进行生产，满足客户需求。

第四，政府也要加强信息化建设，完善中小企业信用评级机制，为中小企业营销投入和品牌建设提供保障。完善的信息网络有助于提高中小企业经营信息的透明度，降低中小企业融资过程中的信息不对称问题，使企业能够获得更多资金用于生产和营销投入。同时，信息化建设也有助于降低企业与客户的信息不对称，促使中小企业在市场营销过程中更好地将品牌信息传导给客户，使品牌更好地获得消费者认同，以取得更好的市场营销效果。

此外，政府还需要为营销创新提供积极的外部环境，完善多元化教育培训体系，鼓励企业对在职员工的培训和新营销模式、新营销知识、新营销技能的运用，促进中小企业营销创新能力的提升。

执笔：薛白（中信银行总行，经济学博士，研究方向：金融理论与实践、宏观经济理论与政策）

参考文献

[1] 刘迎秋. 混合所有制是生产力取得更大发展的必然要求. 中国经济时报，2014-10-16

[2] 姜文芹. 经济转型与企业营销战略模式转变. 经济与管理，2010（11）

[3] 汤清，陈海燕. 技术创新、营销能力对企业绩效的影响研究. 科技管理研究，2015（9）

[4] 田志龙等. 市场营销理论、实践、教育的创新与融合. 管理学报，2014（10）

[5] 吴继忠. 信息传递障碍与国有企业营销效率研究. 商业经济与管理，2003（7）

[6] 张惠敏，孙国强. 基于战略联盟的协同营销实施路径探讨. 商业时代，2014（33）

[7] 张立，高英智. 公司规模、营销战略风格与家族企业业绩. 经济经纬，2015（5）

[8] David A, Robert J, The value relevance of brand attitude in high technologymarket [J]. Journal of Marketing Research, 2001, 38 (4), pp. 485-493

[9] Griffin A, Hauser J A, Integrating R&D and marketing: a review and analysis of theliterature [J]. Journal of Product Innovation Management, 1996, 13 (3), pp. 191-215

[10] Hult G T, Ketchen D J, Does market orientation matter? A test of the relationship between positional advantage and performance [J]. Strategic Management Journal, 2001, 22 (9), pp. 899-906

[11] Morgan N A, Vorhies D W, Mason C H, Market orientation, marketingcapabilities and firm performance [J]. Strategic Management Journal, 2009, 30 (8), pp. 909-920

[12] Reijonen H, Do all SMEspractice same kind of marketing? [J]. Journal of Small Business and Enterprise Development, 2010, 17 (2), pp. 279-293

第 10 章

混合所有制经济发展与中小企业技术创新

- 引言和相关文献综述
- 中小企业技术创新的现状分析
- 混合所有制经济发展与中小企业技术创新
- 混合所有制经济发展与中小企业技术创新的对策建议

十八届三中全会明确提出，“非公有制经济在支撑增长、促进创新、扩大就业、增加税收等方面具有重要作用”，要“鼓励非公有制企业参与国有企业改革，鼓励发展非公有资本控股的混合所有制企业”。“混合所有制本质上是产权的重新组合、优势的相互补充、能力的相互协作和推进提升”①，而中小企业作为非公有制经济的主体，与大型企业（尤其是大型国有企业）在技术创新的能力和效率方面具备差异化优势，这为不同规模、不同所有制主体在优势互补和能力协作提供基础。本章在回顾相关文献的基础上，首先，结合课题组问卷调查数据库和市场调查数据，展现和剖析了中小企业技术创新的现状；其次，对混合所有制经济发展和中小企业技术创新之间的关系进行深刻剖析；最后，提出了混合所有制经济发展环境下中小企业技术创新的对策建议。

10.1　引言和相关文献综述

规模扩张和技术创新是中小企业成长过程中面临的两大主要问题。中小企业成长可视为企业所控制的有形资源和无形资源的量的增加和生产效率的改善，它是企业内部环境和企业外部环境相互试匹配的动态调整过程。企业成长路径正是在适应宏观经济、制度等外部环境变化的基础上，企业自主优化资源配置方式、调整运营机制的演变过程。其中，控制生产要素的量的变化即表现为企业规模的扩张，生产效率的改善即为企业技术创新的结果；技术创新即企业运用内外部资源，对原有生产方式或要素配置方式进行改善甚至颠覆。

随着经济步入新常态，中小企业经营发展环境发生着深刻变革，传统粗放型生产经营和规模扩张方式难以为继，技术创新在中小企业成长中扮演着的作用日益增强。一方面，要素稀缺性日益凸显，突出表现在房屋和土地等租金成本、人工成本、排污成本等持续攀升，企业传统粗放型生产方式难以持续；中小企业纷纷加大技术创新力度，改进原有生产方式和生产流程，更加强调资源节约、效率改善、环境友好等目标。另一方面，经济增速持续放缓，产能过剩与市场需求不足的矛盾仍然存在，企业市场竞争环境更加严峻；中小企业更需通过技术创新培育产品或服务的差异化竞争能力，满足客户差异化和多样化需求。吕风勇（2014）将中小企业技术创新的特征概括为：中小企业在渐进产品创新、服务

① 刘迎秋：“混合所有制是生产力取得更大发展的必然要求”，《中国经济时报》，2014年10月16日。

创新和工艺创新等方面表现突出；中小企业技术创新更依赖于合作创新；中小企业的企业家在创新活动中作用较强；中小企业的技术创新活动具有广泛性和多样性。

中小企业是非公有制经济的主体，是混合所有制经济的主要参与者之一。在技术创新方面，众多学者对国有企业和中小民营企业进行大量研究。普遍存在一种观点，认为民营企业相对国有企业具备更强的技术创新效率。如吴延兵（2012）构建了涵括创新投入模型、创新函数模型和生产函数模型组成的联立方程分析框架，全面评价国有企业民营企业在创新投入、创新效率和生产效率上的差异；基于1998～2003中国省级工业行业数据研究发现，民营企业在创新投入和专利创新效率上处于领先地位，而国有企业由于委托代理、预算软约束等问题，导致在创新投入、创新效率上均缺乏竞争力。聂辉华等（2008）认为，在中国，国有企业相对民营企业在创新投入方面规模较大，但是其研发效率却低于民营企业，这是由于民营企业行业分布所决定的；民营企业多分布在轻工业和传统服务业领域，对研发投入需求相对较弱。

但同时，也有研究提出相反看法，如李政和陆寅宏（2014）通过对2012年中国制造业上市公司的实证研究发现，国有控股企业的创新绩效明显高于民营企业，国有企业的创新能力并不比其他类型企业低。刘和旺等（2015）采用循环的CDM（结构）模型对2001～2007年中国工业企业数据进行分析时发现，国有企业的研发投入和创新产出都显著高于民营企业，但其商业化绩效（人均销售额和人均利润）却显著低于民营企业；研究认为，国有企业的创新优势并未转化成为市场优势，而民营企业较高的企业绩效并非来自其较高的创新效率。

在技术创新方式方面，吴延兵和米增渝（2011）基于前沿生产函数模型对中国非国有制造业企业的产品开发模式进行分析时发现，合作创新的企业技术效率最高，模仿型企业的技术效率次之，而独立创新型企业的技术效率再次之。这是因为，独立创新面临规模不经济和较大的不确定性，模仿易于受到市场挤压和知识产权威胁，而合作创新能够分散创新风险、缩短创新周期、减少无效投资、降低交易成本，通过取长补短和优势互补提高创新能力和创新效率。朱恒鹏（2006）进一步对技术创新模式选择的因素进行考察；研究认为，对于进入壁垒高且企业具备一定市场垄断力量的行业，民营企业更倾向于选择自主创新；而对于那些发展较为成熟的行业，企业增长空间相对有限，其更倾向于通过引进或模仿等方式改进生产技术。

此外，在企业规模与技术创新的关系方面，当前存在不同的学术假说。如倒U型函数关系，即规模较大的企业相对小企业具有一定创新优势（如Worley，1961；Gayle，2003；Hu等，2005；聂辉华等，2008）；U型函数关系（Siddharthan，1992等）等。这一关系的确立需视不同产业而定，对于市场进入壁垒高、技术相对稳定的产业，企业规模大、市场垄断力量强对技术创新更为有利；相反，则中小型企业在竞争型市场结构中对技术创新更为有利（曲永义，2009）。周黎安和罗凯（2005）采用面板数据进一步发现中小民营企业是导致企业规模与创新正向关系成立的主要因素。

通过上述研究不难发现，中小企业和大型企业（尤其是大型国有企业）在技术创新方面具备差异化优势，均是技术创新过程中不可或缺的重要力量。中小企业和大型企业（尤其是大型国有企业）能够通过优势的相互补充、能力的相互协作提升技术创新的能力和效率。因此，在混合所有制经济发展趋势下，研究中小企业技术创新问题具有较强的现实意义。

10.2　中小企业技术创新的现状分析

结合中国中小企业协会《2015年混合所有制与中小企业发展问卷调查数据库》，本节对中小企业技术创新的现状及存在的问题进行探讨。其中，“混合所有制与中小企业发展问卷调查数据库”从技术创新方式、创新制约因素、政府在创新中的角色等维度对中小企业技术创新活动进行调查；其中，剔除无效问卷后，涉及本章议题的有效问卷共计551份。

10.2.1　中小企业产品的技术含量变化

从课题组的调查数据来看（表10.1），小企业加快生产方式转型步伐，由劳动密集型产品转向资本或技术密集型产品比重由2014年的51.17%上升至58.33%，增加了7.16个百分点；而一直是劳动密集型产品的中小企业比重由上年的30.21%下降至25.37%，减少了4.84个百分点。这表明，受市场竞争环境日益严峻和劳动要素成本日益攀升的影响，大多中小企业主动或者被动对生产模式进行调整，由过多依赖于劳动投入转向更多依赖于资本投入或技术投入的生产方式转变。

表10.1　中小企业产品技术含量变化调查（%）

	2014年占比	2015占比	占比变化
一直是劳动密集型产品	30.21	25.37	-4.84
由劳动密集型产品转向资本或技术密集型产品	51.17	58.33	+7.16
其他	18.62	16.30	-2.32

注：2015年数据根据中国中小企业协会《2015年混合所有制与中小企业发展问卷调查数据库》整理而成，2014年数据根据中国中小企业协会《2015年混合所有制与中小企业发展问卷调查数据库》整理而成。表10.2～表10.6数据来源相同。

分企业类型来看，工程类企业和科技类企业生产方式转变步伐相对较快，而生产加工类企业步伐相对较慢。根据表10.2，2015年，被调查工程类和科技类企业中，由劳动密集型产品转向资本或技术密集型产品的企业份额分别高达75.00%和70.37%；而生产加工类企业该比值仅为58.74%，低于被调研企业的平均水平。该调查数值一方面反映出行业特征的差异，如受人力成本上升影响，工程类企业更有动力进行资本对人工的替代；而服务类企业对资本或技术依赖相对有限，经营活动更多的是依赖劳动要素，该特征表现在调查数据中，即一直是劳动密集型产品的服务类企业比重高达31.23%。另一方面，该调查数值也反映出中小企业部分企业转型意愿或能力不足，以生产加工类企业为例，一直是劳动密集型产品的生产加工类企业的比重达到30.09%，生产经营环境过多依赖于劳动要素制约着企业竞争力的提升。

表10.2　2015年分类型中小企业产品技术含量变化调查（%）

	一直是劳动密集型产品	由劳动密集型产品转向资本或技术密集型产品	其他	加总
科技类企业	11.00	70.37	18.69	100.00
生产加工类企业	30.09	58.74	11.18	100.00
贸易类企业	27.30	62.10	10.59	100.00
服务类企业	31.23	46.87	21.86	100.00
工程类企业	9.95	75.00	15.05	100.00
其他	14.74	48.21	37.05	100.00
全部调查企业	25.37	58.33	16.30	100.00

10.2.2　中小企业技术创新的主要方式

模仿创新、合作创新、独立创新是企业技术创新的主要方式。调查数据显示出以下变化（表10.3）：第一，中小企业采取模仿创新方式的比重在下降。被调查中小企业中，模仿创新企业的比重达到27.98%，较2014年下降17.71个百分点。其中，对市场产品进行简单模仿的中小企业占比达到5.64%，较上年下降5.85个百分点；在模仿的基础上进行简单创新的中小企业占比达到22.34%，大幅下降11.86个百分点。第二，合作创新方式受到越来越多的中小企业的青睐。2015年，采用合作创新方式的中小企业占比由上年的20.68%增加到38.00%，提升17.35个百分点。其中，与其他机构合作开发的技术创新方式占比达到32.78%，较上年大幅增加13.94%；而通过委托科研机构开发进行技术创新的中小企业相对较少，2015年比重仅为5.22%。第三，采取自主创新方式的中小企业仍相对有限。2015年选择独立开发创新的中小企业占比为27.77%，较上年下降2.43个百分点，且份额略低于模仿创新和合作创新方式。独立创新通常需要承担较高的固定成本和沉没成本，且面临较大的不确定性，在市场竞争严峻和财务成本约束的内外部环境下，中小企业通过自主创新的动力或能力相对有限，这使其更易选择模仿创新或合作创新的方式进行技术创新。

表10.3　中小企业技术创新方式调查（%）

	2014年占比	2015占比	占比变化
对市场产品的简单模仿	11.48	5.64	-5.85
在模仿的基础上创新	34.19	22.34	-11.86
自己独立开发	30.19	27.77	-2.43
与其他机构合作开发	18.84	32.78	+13.94
委托科研机构开发	1.81	5.22	+3.41
购买现成技术成果	3.48	6.26	+2.78

分企业类型来看，工程类企业和生产加工类企业更倾向于采取合作创新方式，科技类企业更倾向于采取自主创新和合作创新方式，而服务类企业则倾向于采取模仿创新和自主创新方式。根据调查数据（表10.4），2015年，采取合作创新方式进行技术创新的工程类企业和生产加工类企业的比重分别占到50.13%和44.27%，明显高于其他两种技术创新方式，这可能是由于其生产经营特征所决定的；相比而言，技术创新对科技类企业规模增长和竞争力培育起到的作用更为突出，故而大多科技类企业选择通过自主创新或合作创新提升技术创新的能力和效率，表现在调研数据上，即采取自主创新和合作创新的企业占比分别达到38.76%和37.51%；而对于服务类中小企业，差异化的产品和品牌、更为便捷的组织及流程等因素更有利于增强客户黏性，这使其更倾向于选择自主创新和模仿创新，两者占比分别达到35.47%和34.56%。

表10.4　2015年分类型中小企业技术创新方式调查（%）

	对市场产品的简单模仿	在模仿的基础上创新	自己独立开发	与其他机构合作开发	委托科研机构开发	购买现成技术成果	加总
科技类企业	10.02	10.02	38.76	33.75	3.76	3.76	100.00
生产加工类企业	4.93	20.78	21.87	39.34	4.93	8.19	100.00
贸易类企业	6.46	19.38	25.77	32.23	4.85	11.31	100.00
服务类企业	4.55	30.01	35.47	21.81	4.55	3.64	100.00
工程类企业	0.00	22.28	22.28	50.13	0.00	5.57	100.00
其他	4.17	45.92	12.52	16.70	20.87	0.00	100.00
全部调查企业	5.64	22.34	27.77	32.78	5.22	6.26	100.00

10.2.3　中小企业技术创新的制约因素

中小企业是技术创新的主力军，“改革开放以来，我国65%的发明专利、75%以上的技术创新、80%的新产品是由中小微企业完成的”①。经济转型背景下，为应对外部环境变化，中小企业有动力通过技术创新转变生产经营方式，提升精准能力；然后，受制于企业

① 张来明：“中小企业必须创新发展”，《光明日报》，2015年6月18日。

规模等因素，其在技术创新过程中也面临着一些困难，其突出表现在创新资金稀缺、创新人才匮乏、创新渠道有限、创新制度不健全等方面。

根据调查数据（表10.5），资金、人才、渠道是中小企业技术创新的重要内部制约因素。受调查中小企业中，有高达53.90%的企业认为资金是制约其技术创新的核心因素，该比重较上年略微下降2.01个百分点，这或是受经济增长疲弱环境下宽松的流动性所致。有高达44.83%的企业认为研发力量不足也是制约技术创新的关键要素，该比重较上年略升3.04个百分点；随着劳动稀缺和劳动结构不合理日益凸显，短期内创新人才缺乏的矛盾可能会继续加剧。同时，合作渠道不畅对中小企业技术创新的制约较为明显，2015年认为合作渠道制约其技术创新的企业占比达到39.93%，较上年大幅提升19.17个百分点；其中，与科研机构的合作渠道不畅表现得更为突出。此外，技术交易渠道不畅的问题也逐渐显现，14.52%的中小企业在调查中选择此项，较上年提升4.24个百分点。

政府支持力度不足、信息平台不完善是技术创新主要的外部制约因素。调查数据显示（表10.5），高达39.20%的中小企业认为政府支持力度不足制约了企业的技术创新，该比重较去年提升了7.93个百分点。技术创新的信息平台建设不完善是制约中小企业技术创新的又一因素，有26.86%的企业认为信息传递不畅制约了其技术创新活动，该比重较2014年提升了1.12个百分点。此外，更多的中小企业认识到知识产权保护对技术创新的重要性，选择此项的中小企业比重由2014年的7.59%增加至17.79%，大幅提升了10.20个百分点。

表10.5　　中小企业技术创新的制约因素调查（%）

	2014年占比	2015占比	占比变化
资金	55.91	53.90	-2.01
研发力量	41.79	44.83	+3.04
采购方支持与交流	17.87	16.52	-1.35
技术交易渠道	10.28	14.52	+4.24
与科研机构合作渠道	11.62	22.87	+11.24
与其他企业合作渠道	9.13	17.06	+7.93
政府扶持力度	27.47	39.20	+11.73
技术信息	25.74	26.86	+1.12
知识产权保护	7.59	17.79	+10.20
其他	3.36	2.36	-1.00

10.2.4　政府在中小企业技术创新中的作用

政府支持力度不足是中小企业技术创新的主要外部制约因素。为更好地考察政府作用，课题组对财政政策和货币政策支持中小企业创新的效果进行调查。调查结果显示（表10.6），在财政政策方面，为企业提供信用担保、设立专项支持经费等更有助于推动中小企业创新，分别有30.82%、23.27%、22.45%的中小企业认为为企业的创新投入提供信用担保、设立专利申请资助专项经费、设立高新技术产业专项补助资金对技术创新的支持效果相对更好；而实施科技产业引导性投资、在政府采购合同中增加对中小企业的采购比重等方式所能起到的作用相对较小。在货币政策方面，为技术创新项目提供低息贷款或贷款贴息、为企业自主创新贷款提供担保对中小企业技术创新所能起到的推动效果相对更大，分别有32.88%和29.77%的中小企业选择此两项；此外，种子期项目科技发展资金匹配投入、支持引进外资、设立科技发展银行等方式也受到部分中小企业认可。

表10.6　　政府对中小企业技术创新的支持效果调查（%）

财政政策支持		货币政策支持	
2015占比		2015占比	
为企业的创新投入提供信用担保	30.82	为技术创新项目提供低息贷款或贷款贴息	32.88
设立专利申请资助专项经费	23.27	为企业自主创新贷款提供担保	29.77
设立高新技术产业专项补助资金	22.45	种子期项目科技发展资金匹配投入	16.54
科技发展资金资助企业科研开发	18.16	支持引进外资	10.31
实施科技产业引导性投资	4.90	设立科技发展银行，为自主创新企业提供贷款	8.37
帮助中小企业增加在政府采购合同中所占比重	0.20	建立企业信用担保机构风险补偿机制	2.14

10.3　混合所有制经济发展与中小企业技术创新

混合所有制的本质是股份制，当前混合所有制改革的形式主要是大型国有企业吸收部分民营中小企业入股或员工持股、国有企业与民营企业合作成立相关有限责任公司或股份制有限公司等。在此过程中，通过产权的重新组合，优势的相互补充、能力的相互协作，促使各种生产要素得到更有效的配置，从而达到帕累托改进。从技术创新角度来看，混合所有制经济发展有利于企业创新能力的提升和创新效率的改善。

10.3.1　混合所有制经济下的技术创新驱动力

技术创新是企业通过整合内外部各种资源，改善甚至颠覆原有生产方式或经营模式的过程。综合来看，可将企业技术创新的驱动力主要归结为企业家精神、企业经营管理方式和外部市场压力；而其中，混合所有制经济的不同参与主体在此三大驱动力方面呈现出不同的特征。

第一，企业家精神的差异性是导致不同企业技术创新差异的核心驱动因素。企业家精神的核心是创新，其包括不断追求技术创新的精神、不断追求产品创新的精神、不断开拓和创新市场的精神、敢于和善于进行组织和制度创新的精神、团队合作与不断进取的精神（周志强和孟庆红，2004）；而其中，善于发现新技术、勇于引入新技术、不断创新改善生产方式，是企业家精神的核心。而产权安排的方式决定了不同类型企业的企业家精神发挥；产权结构决定了企业资源分配方式、所有者控制方式、所有者与经营者合作方式等一系列治理结构问题（Jensen 和 Meckling，1976）。对于国有企业，从所有者角度来看，国有资产由国家代表全民行使所有权职能，但需依托于政府行政体系的力量来实现，这使委托人存在层级多、定位不清晰、权限模糊等现象。从经营者角度来看，国有企业管理者多直接附属于或间接依附于政府体制，激励和考核机制存在非市场因素，这使企业经营管理者的决策行为存在短期化可能，“不求有功、但求无过”成为部分国企管理者推崇的经营理念。这使其决策行为相对保守，缺乏足够动力进行创新，或者是技术创新的效率相对偏低。而对于中小企业，大多是民营企业，企业经营绩效好坏与所有者戚戚相关，这使其有更强的动力去推动生产方式的优化与创新，进而表现出相对较高的创新效率。

第二，企业经营管理方式的差异性是导致不同企业技术创新差异的内在驱动因素。资源控制、决策机制、激励机制等都会对企业技术创新产生影响。从资源控制来看，相比民营企业而言，大中型国有企业所能掌控的资源相对较多，突出表现在以下几个方面：资金雄厚，能够较为便捷地从银行等金融机构获得持续性资金进行独立研发或引进先进技术；人员齐备，具备独立的研发部门，且拥有较强的集聚能力，能够吸引或引入各种技术人才加盟；社会资源丰富，能够较为容易地获得政府、高校等机构的创新支持；风险承受力强，能够承担技术创新带来的不确定性。这些优势使国有企业能够投入大量资源开展各种技术创新活动，甚至造成部分资源的过度投入、使用效率偏低等现象。而中小民营企业在资金、人才、信息等投入要素方面面临相对较强的约束，这使其难以承受规模大、周期长的技术创新，而更多地采取跟随式策略。从决策机制来看，中小企业决策流程相对较短，能够根据市场需求和同业竞争变化，迅速调整其经营方式和技术创新方向。而大型企业（尤其是国有企业）由于机构设置层级相对复杂，从项目立项、到评审、到执行往往需要经历较长的时间周期，这不利于市场响应能力和技术创新效率的提升。从激励机制来看，大型企业通常在行业中占据主体地位，基于经营的稳定性和连贯性，更易采取相对保守的经营风格。而中小企业通常在行业中处于追赶角色，为获得相对更大的市场份额、相对较快的收入增长，或仅仅是为了企业生存下去，更易采取相对激进的激励机制，这使其更有动力进行技术创新。

第三，市场压力的差异性是导致不同企业技术创新差异的外部驱动因素，其突出表现在市场需求、行业竞争、政策环境等方面。从市场需求来看，随着消费者对产品或服务的数量、偏好发生变化，企业在利润目标下需要相应的或提前对生产经营活动进行调整，如是否采用新的生产技术、是否开拓新的市场或产品等。在此过程中，部分大型国有企业可能存在决策过程偏长，市场反应不敏感等问题，从而制约其技术创新的速度；而中小企业相对更接近市场，能够更快地对市场反应做出决策。从行业竞争来看，垄断性行业和竞争性行业环境下，企业技术创新的能动性存在差异。李长青（2014）通过微观企业数据研究发现，在竞争性行业中，中小民营企业相比国有企业具有更强的技术创新倾向；而在垄断性行业，国有企业技术创新投入实力更强。此外，从政策环境来看，相比中小企业，大型国有企业更易获得政府支持，例如更易得到财政专项资金支持，更易获得为技术创新项目提供低息贷款或贷款贴息等。

10.3.2　混合所有制经济发展与企业技术创新合作

驱动力的差异为混合所有制经济不同参与主体的技术创新合作提供空间。混合所有制经济下，企业通过产权的重新组合、优势的相互补充以及能力的相互协作，促进不同所有制参与主体创新能力的提升和创新效率的改善。

首先，混合所有制经济有利于中小企业获得其所缺乏的各种资源，提高技术创新的能力。中小企业受制于规模等因素，缺乏足够的资金投入创新活动，研发设备、研发人员等都相对不足。而与大型国有企业的合作恰可弥补此劣势，能够使中小企业以相对较低的成本获得相关资源和信息，进而提高其技术创新的能力。以中色科技为例，作为一家集产学研为一体的国有企业，其在工程设计、有色金融制造等领域具有大量科技成果，但在科技成果转化、产品营销等方面不算有专长，这使其以专有技术等无形资产、厂房车间等固定资产作为资本，与多家中小民营企业合作建立混合所有制产业化公司[①]。在此过程中，中小企业可以直接获取或通过近距离学习掌握新技术和新知识，进而获得生产能力的提升。

其次，混合所有制经济有利于激发企业创新活力，缓解大型国有企业技术研发的“产能过剩”问题，提高技术创新的效率。相比大型国有企业，中小企业在企业家精神、决策机制、激励机制等方面更具活力或优势，利润追逐的动机使其在技术创新的决策过程中更加注重投入产出比；仅有当技术创新活动的产出预计能够覆盖成本并产生利润的同时，该项决策才会被制定与执行。而国有企业在技术创新过程中，技术创新的决策活动除考虑利润目的外，可能会涵盖政治及社会责任的因素；而且，缺乏足够的激励机制制约着国有企业创新的投入产出效率。孙晓华和王昀（2013）将国有企业创新效率低归结为较为严重的研发人员和研发经费投入冗余。而通过混合所有制改革，国有企业能够引进中小民营企业相对灵活的决策机制和激励机制，对技术创新活动进行更为科学的绩效考核，从而能够缓解技术创新投入的“产能过剩”问题，提高投入产出的效率。

---

① 洛阳网：《中色科技：引入民营资本 释放企业活力》，2014年9月5日，http://news.lyd.com.cn/system/2014/09/05/010342744.shtml。

此外，混合所有制经济有利于分散技术创新的风险，缩短技术创新的时间和新技术产业化的周期，从而使大型国有企业、中小民营企业达到共赢的格局。

10.4 混合所有制经济发展与中小企业技术创新的对策建议

混合所有制有利于各类参与主体的优势相互补充以及能力相互协作，促使社会资源达到帕累托改进。在混合所有制经济发展环境下，促进中小企业技术创新意愿、能力和效率提升，对新常态下经济转型具有重要意义。针对中小企业技术创新中存在的问题，政府应采取有效措施，为中小企业技术创新营造良好的政策氛围和创新环境。

第一，进一步提升财税政策对中小企业技术创新的支持。根据调研数据，为企业提供信用担保、设立专项支持经费对中小企业技术创新的效果更好，这需要政府完善对中小企业的信用担保体系，构建完善的融资不畅机制；同时，明晰技术创新专项支持经费的申请流程和条件，提高经费申请的透明度和经营管理的效率。此外，可通过专项补贴、贷款贴息、税收减免、提高折旧等方式对中小企业技术创新进行补贴。

第二，加大对中小企业技术创新的金融支持。融资约束是中小企业经营发展和技术创新的主要掣肘。调研数据显示，为技术创新项目提供低息贷款或贷款贴息、为企业自主创新贷款提供担保对中小企业技术创新所能起到的推动效果相对更大。这需要政府加快金融体系改革，股利银行等金融机构开展对中小企业的金融产品创新，对中小企业技术创新给予资金支持。同时，积极推进多层次信用担保体系建设，降低中小企业融资过程中的信息不对称。

第三，完善多元化人才培育和技术创新体系。强化以市场为导向的职业教育，培训各种类型技术人才，降低劳动供给与岗位需求之间的不匹配。同时，鼓励科研院所与企业的技术合作，促进科研人员流动，加速科研成果产业化。加快新技术的推广和技术信息的交流，建立产学研之间、企业之间的信息沟通与交流机制。同时，政府应鼓励企业对在职员工的培训和新知识、技术的运用，对部分人力资源培育投入较大的企业给予加速固定资产折旧、税费减免等优惠。

此外，还要深入实施知识产权战略行动计划，切实保护中小企业技术创新，维护市场秩序，提高中小企业技术创新的积极性。

执笔：薛白（中信银行总行，经济学博士，研究方向：金融理论与实践、宏观经济理论与政策）

参考文献

[1] 吴延兵，米增渝．创新、模仿与企业效率——来自制造业非国有企业的经验证据．中国社会科学，2011（4）

[2] 吴延兵．中国哪种所有制类型企业最具创新性．世界经济，2012（6）

[3] 聂辉华，谭松涛，王宇峰．创新、企业规模和市场竞争．世界经济，2008（7）

[4] 曲永义．不同规模企业的技术创新绩效与政府的政策导向．求索，2009（2）

[5] 周黎安，罗凯．企业规模与创新：来自中国省级水平的经验证据．经济学（季刊），2014（7）

[6] 李长青，周伟铎，姚星．我国不同所有制企业技术创新能力的行业比较．科研管理，2005（3）

[7] 李政，陆寅宏．国有企业正的缺乏创新能力吗——基于上市公司所有权性质与创新绩效的实证分析与比较．经济理论与经济管理，2014（2）

[8] 孙晓华，王昀．企业所有制与技术创新效率．管理学报，2013（7）

[9] 刘和旺，郑世林，王宇锋．所有制类型、技术创新与企业绩效．中国软科学，2015（3）

[10] 朱恒鹏．企业规模、市场力量与民营企业创新行为．世界经济，2006（12）

[11] 吕风勇．经济转型：经济技术结构与中小企业发展．李子彬，刘迎秋主编．中国中小企业2014蓝皮书——经济转型与中小企业发展．北京：中国发展出版社，2014

[12] 周志强，孟庆红．产权安排与企业家精神．云南财贸学院学报，2004（6）

[13] Jensen MC，Meckling WH，Theory of the firm：managerial behavior，agency costs and ownership structure，Journal of Financial Economics，1976，Vol3（4），pp. 305 – 360

[14] Worley JS.，Industrial Research and the New Competition，The Journal of Political Economy，1961，Vol. 69，No. 2，pp. 183 – 186

[15] Gayle PG.，Market concentration and Innovation：New Empirical Evidence on the Schumpeterian Hypothesis，Kansas State University，Department of Economics Working Paper，2003

[16] Hu AGZ.，Jefferson GH.，Jingchang Q.，R&D and Technology Transfer：Firm – lever Evidence from Chinese Industry，The Review of Economics' and Statistics，2005，Vol. 87，No. 4，pp. 780 – 786

[17] Siddharthan NS.，Transaction Costs，Technology transfer，and In – House R&D：a study of the Indian private corporate sector，Journal of Economic Behavior & Organization，1992，Vol. 18，Issue 2，pp. 265 – 271

第 11 章

混合所有制经济发展与中小企业“走出去”

- 引言和文献综述
- 中小企业走出去的现状
- 中小企业对混合所有制改革的态度分析：“走出去” vs 非“走出去”
- 推进混合所有制经济发展过程中中小企业“走出去”亟待解决的问题
- 推动混合所有制经济发展、鼓励中小企业“走出去”的对策建议

11.1　引言和文献综述

党的十八届三中全会将继续深化国资国企改革，积极发展混合所有制经济作为新一轮国有企业改革的方向。目前，上海、广东、安徽、山东等省市先后发布了改革路线和时间表，中央和地方国资和国企的混合所有制改革探索和实践也在积极推进。混合所有制改革既是为更好地处理政府与市场的关系，充分发挥市场在资源配置中的决定性作用，也是为了完善各类企业的治理结构，更好地推进全面深化改革和深度参与全球经济竞争。

虽然有学者认为，短期内中小企业参与混合所有制改革途径有限，也很难在混合所有制改革后的公司治理中发挥关键作用①。但从长期看，混合所有制改革有利于创造国企在市场上“竞争中立”环境，促进国企治理结构和机制的完善。这为中小企业利用国有企业在“走出去”方面的相对优势、协同走出去提供了契机。因此，深入研究改革带来的新机遇对指导中小企业更好地与改革后的国有企业协同“走出去”具有重要的理论和现实意义。

11.1.1　混合所有制理论发展历程、现状和发展趋势

从宏观层次看，混合所有制就是混合所有制经济，即在经济结构中既有国有、集体等公有制成分，也有个体、私营、外资等非公有制成分。从微观层次看，混合所有制表现为不同所有制性质的投资主体共同出资组建合资和合作企业。

1997年，党的十五大提出“混合所有制经济”以来，各种形式的混合所有制企业不断增加，尤其是国企公司化改造股票上市后，混合所有制经济的探索和实践不断规范，我国的社会主义市场经济的“混合经济”特征开始显现（洪联英，2014）。然而，目前我国许多企业的混合所有制仍处于在资本层面进行不同所有制性质的股权混合这一相对初级的阶段，在微观主体的制度构建和公司治理机构及机制优化上则刚刚起步，尚未实现虚拟利益主体同实质利益主体的有机结合，因此需要精心进行制度设计，构建有效的治理结构和决策机制（金碚，2015）。

党的十八届三中全会《决定》提出积极发展混合所有制经济，并强调国有资本、集体资本、非公有资本等交叉持股、相互融合的混合所有制经济是基本经济制度的重要实现形

---

① 姚冬琴：“国企、民企老总对话混合所有制改革”，《中国经济周刊》，2014年3月10日。

式。由此可见，股份制尤其是混合所有制是我国企业产权制度改革的最具代表性的发展方向，将成为中小企业参与国有企业混合所有制改革和公司治理的便捷通道。

11.1.2 发展混合所有制对中小企业“走出去”的作用

发展混合所有制的主要目标是深化国企改革，优化国有经济布局，建立健全现代企业制度和公司法人治理结构，壮大国有经济（何自力，2014）。但客观上混合所有制改革通过改善市场竞争和公司治理环境有利于中小企业克服国内各种政策、技术和融资限制，培育和提高走出去的能力，对中小企业“走出去”具有间接和直接的促进作用。

第一，通过改革使国有企业成为市场主体，以“竞争中立”的状态参与市场竞争和资源配置，这有利于降低中小企业面临的融资歧视、进入壁垒以及其他政策歧视，为中小企业转型升级和国际化发展提供良好的发展环境（OECD，2012；李子彬、刘迎秋，2014）。第二，混合所有制改革的深化为中小企业发展壮大提供了新机遇，而国内市场的发展往往是“走出去”的基础。国有经济主要分布在战略性支柱性产业、国民经济命脉产业、涉及人民生产生活保障的产业等领域，但依靠国有经济和国有企业自身的积累以及财政支持、政策金融无法满足产业发展的实际需要，需要鼓励社会资本参与混合所有制改革，这为国有企业和中小企业双赢发展提供了新的空间（中共中央党校经济学部课题组，2014）。第三，混合所有制改革有利于改善中小企业的公司治理。由于种种原因，中小企业往往没有完善的治理框架，在管理上不够规范，往往存在一股独大和决策家长作风。通过兼并、控股、参股或收购等形式推进混合所有制改革，必然要按照《公司法》要求建立规范的治理框架，并按《公司法》的要求运行，这为中小企业“走出去”提供了治理制度支撑。

上述是混合所有制改革促进中小企业走出去的间接作用。实际上，通过混合所有制改革实现大中型国有企业、私营企业和中小企业深度融合和紧密合作，将会直接推动中小企业“走出去”。第一，通过以供应链为核心的混合所有制改革，可以增强大型企业帮助中小企业“走出去”的经济激励。近年我国企业国际化取得了长足的发展，但大型企业仍是“走出去”的主体。例如，2014 发展中和转轨国家排名前 100 位的非金融类跨国公司中，入选 12 家全部为国有大型企业（中华人民共和国商务部，2014）。混合所有制改革旨在促进各种所有制、不同规模的企业取长补短，通过合作增强所有企业的活力和竞争力。国内市场的互补关系也可以扩展到国有大型企业与中小企业的协同“走出去”。第二，混合所有制改革有利于拓展中小企业“走出去”的渠道和发展空间。近年来，发达国家通过“竞争中立”规则限制我国企业跨国投资的案例不断增加，主要理由是国有企业受政府控制，违反该规则。混合所有制改革中小企业和国有企业建立了紧密联系后，国有企业将这些业务转移给关联中小企业化解“竞争中立”规则带来的不利影响。这为中小企业在“走出去”过程中切实获得具有资金、技术和国际化发展优势和经验的国有企业的扶持提供了机遇。

11.2　中小企业走出去的现状

11.2.1　中小企业“走出去”的宏观背景

1999 年，实施“走出去”战略以后，我国企业抓住加入 WTO 和国内外产业结构调整的战略机遇，走出去事业取得了巨大成就。以国际投资为例，自 2002 年公布对外投资统计以来，我国的对外投资流量已经 12 年连续增长。2012 年我国对外投资首次位列全球第三位并继续保持。从横向对比看，与前两位的美国和日本的差距进一步缩小。2013 年分别为美国和日本同期的 31.9% 和 79.5%，而 2003 年，仅相当于美国的 2.42% 和日本的 9.35%。2014 年达 1160 亿美元，其中，非金融类投资 1028.9 亿美元，同比增长 14.1%（见图 11.1）。

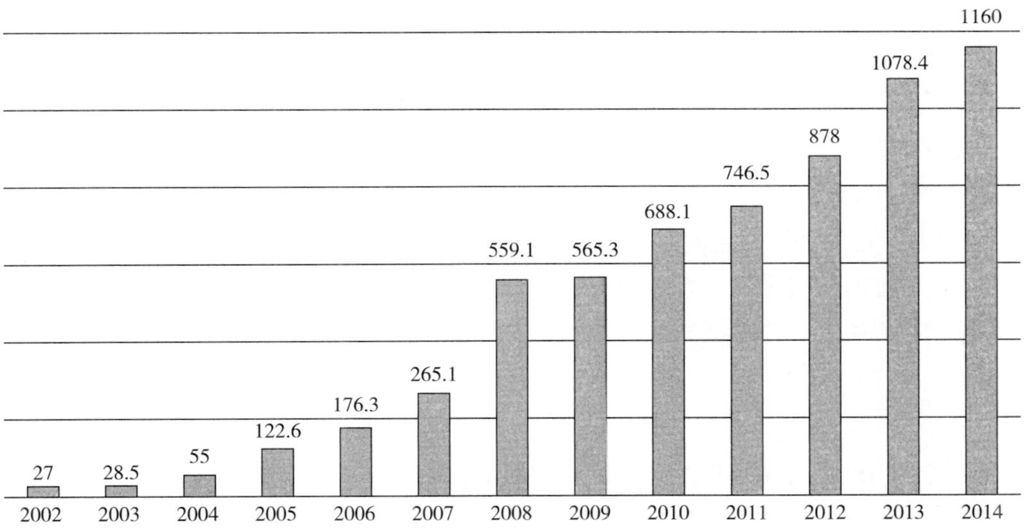

图 11.1　2002～2014 年中国对外投资流量（亿美元）

注：2014 年数据来源于中国对外投资和经济合作网：http：//fec. mofcom. gov. cn/article/xwdt/gn/201501/1852748_1. html。

数据来源：中华人民共和国商务部，《中国对外投资合作发展报告 2014》，http：//fec. mofcom. gov. cn/article/xwdt/gn/201501/1852748_ 1. html。

然而，从对外投资的行业结构看，对外投资主要集中在租赁和商业服务业、采矿业、金融业、房地产等大型企业集中的行业。2013 年，流向租赁和商务服务业 270.6 亿美元，占25.1%，同比增长1.2%；采矿业248.1亿美元，占23%，同比增长83.2%，主要是石油天然气开采、有色金属开采业、煤炭开采和洗选业、黑色金属矿采选业。中小企业占较大比例的制造业对外投资流量为72亿美元，占流量总额的6.7%，同比下降17%。从对外投资流量看也呈现类似的特征（表11.1）。从企业结构看，非国有企业占比有所扩大，但国有企业依然占据半壁江山。2013年，在非金融类对外直接投资543亿美元存量中，国有企业占55.2%，非国有企业占比44.8%，较上年提升4.6个百分点。从对外投资企业数目看，2013年我国1.53万家境内投资者在国（境）外共设立对外直接投资企业2.54万家。国内母公司中，国有企业和股份有限公司分别占8%和7.1%，有限责任公司、私营企业、股份合作企业、个体经营和集体企业分别占66.1%、8.4%、3.1%、0.7%、0.6%[①]。

表11.1　　2013年中国企业国际投资行业分布　　单位：亿美元

行业	流量	存量	行业	流量	存量
商业服务	271	1957	科学技术	18	87
采矿	248	1062	农业	18	72
金融	151	1170	信息服务	14	74
批发零售业	147	877	居民服务	11	77
制造业	72	420	电热气	7	112
建筑	44	195	文化体育	3	11
房地产	40	154	其他	3	6
交通运输	33	332	住宿餐饮	1	9.5

数据来源：商务部、国家统计局、国家外汇管理局，《2013年度中国对外直接投资统计公报》。

上述背景分析可以看出，一方面我国对外投资合作的经济实力日益壮大，为中小企业通过与大型企业协同合作“走出去”提供了条件，另一方面，由于种种原因，我国中小企业“走出去”的潜力尚未较好地发挥。随着混合所有制改革的推进，对国有和民营企业“竞争中立”的市场环境有望形成，中小企业转型升级和“走出去”限制因素将大幅降低，而政策支持力度有望增加，与企业的实际需求可能将更加匹配，“一带一路”战略的实施也为“走出去”提供了新的需求引擎。这将为中国企业开展国际投资合作带来历史性的新契机。

11.2.2　中小企业“走出去”现状调查结果分析

近年来，虽然中小企业“走出去”的数量和投资额不断增加，但主管部门并没有统计1000万美元以下的项目，因此商务部等主管部门公布的数据一定程度上低估了中小企业“走出去”的数量和投资额。2015年初，中国社科院民营经济研究中心对北京、天津、广东、浙江、宁夏等16个省市区的中小企业做了问卷调查。本文据此分析我国中小企业“走出去”的现状。

① 商务部、国家统计局、国家外汇管理局：《2013年度中国对外直接投资统计公报》。

(1) 中小企业“走出去”的方式

目前“走出去”已经成为中小企业谋求发展的重要途径。从回收的588份有效问卷看，只有30家尚未“走出去”，响应占比不足4%；采取国际贸易间接“走出去”的企业为213家，响应占比27.5%；231家企业选择股权并购途径“走出去”，响应占比17.1%；采取对外直接投资建立企业是“走出去”的主要方式，399家企业选择该形式，其中，建立合资合作企业又是对外直接投资建立企业的主要形式，超过1/3的企业采取该方式（见表11.2）。

表11.2　我国中小企业“走出去”的方式

	响应①		个案百分比②（%）
	数目（家）	百分比（%）	
建立独资企业	142	18.3	24.2
建立合资合作企业	257	33.2	43.9
股权并购	132	17.1	22.5
国际贸易	213	27.5	36.3
非走出去	30	3.9	5.1
总计	774	100.0	132.1
样本数	588		

注：①响应：在调查问卷中多项选择题中，如果答题者选择某个答案成为响应。如果将对所有答案的响应记为N，对某个答案的响应记为t，则t/N×100%称为这个答案的响应百分比。所有答案的响应百分比之和为100%，不同答案的响应百分比的大小反映出所有应答者对该答案的重视或关注程度。

②个案百分比=某个答案的响应样本个数/样本总数。在多项选择的情况下，所有答案的个案百分比之和一般大于100%，数值越大反映出应答者对该问题越重视。

数据来源：根据中国中小企业协会《2015年混合所有制与中小企业发展问卷调查数据库》数据计算。

此外，从调查中还可以看出，个案百分比为132.1%，说明许多企业不止采取一种方式“走出去”。表11.3显示，588家企业中158家采取两种以上方式“走出去”，约占27%，其中，采取国际贸易和投资组合“走出去”的企业为95家，只采取国际投资形式的企业63家；采取国际贸易和建立合资合作企业方式“走出去”的企业最多，为55家，其次是采取建立合资合作企业和股权并购方式的企业，为40家。

表11.3　采取多种方式“走出去”的中小企业

	方式组合	数目	在588个样本中占比（%）
投资	1+2	15	2.6
	1+3	4	0.7
	2+3	40	6.8
	1+2+3	4	0.7

续表

	方式组合	数目	在 588 个样本中占比（%）
贸易 + 投资	1 +4	10	1.7
	2 +4	55	9.4
	3 +4	11	1.9
	1 +2 +4	2	0.3
	1 +3 +4	3	0.5
	2 +3 +4	9	1.5
	1 +2 +3 +4	5	0.9

注："1" 表示建立独资企业、"2" 表示建立合资合作企业、"3" 表示股权并购、"4" 表示国际贸易。
数据来源：根据中国中小企业协会《2015 年混合所有制与中小企业发展问卷调查数据库》数据计算。

（2）中小企业"走出去"的（相对）规模

我国中小企业面广量大，参差不齐，总量超过 1000 万户，占企业总数的 99% 以上，但 50 人以下的小微企业就占到 33%（张春生，2012）①。由于先天因素和客观条件限制，其获得信息、技术、人才、资金的能力不足，即使在国内市场竞争中也处于弱势地位。因此在竞争更激烈、风险更大的国际市场上，虽然许多企业已经开始走出去，但海外经营在总经营规模中的比例仍然相对较小。从调查的海外收入的 544 家中小企业的情况可以看出，近 70% 的企业海外营业收入占总营业收入的比例在 10% 以下，仅有 21 家（占 3.8%）企业海外经营收入占比超过 50%。

表 11.4　中小海外经营收入占全部收入的比例（%）

	频率	百分比	有效百分比	累积百分比
0 ~ 10%	383	69.1	69.1	69.1
11% ~20%	95	17.1	17.1	86.3
21% ~30%	27	4.9	4.9	91.2
41% ~50%	28	5.1	5.1	96.2
51% 以上	21	3.8	3.8	100.0
合计	554	100.0	100.0	

数据来源：根据中国中小企业协会《2015 年混合所有制与中小企业发展问卷调查数据库》数据计算。

11.3　中小企业对混合所有制改革的态度分析："走出去" vs 非"走出去"

虽然混合所有制改革在我国已经实行多年，但进展不是很顺利，大多数中小企业并无

① 张春生：《中国中小企业发展蓝皮书 2012》，中央文献出版社 2012 年版，第 128 页。

实际行动和实践经验。因此，本文以“走出去”和非“走出去”中小企业对混合所有制改革和与国有企业合作等相关问题看法的差异反映混合所有制改革的潜在作用①。

11.3.1　对于混合所有制改革的作用的认识

多数中小企业认为混合所有制改革对提升企业绩效不止一种作用，“走出去”的企业认为作用更多。表 11.5 的个案百分比显示，多数中小企业认为混合所有制改革的作用超过两项，其中，“走出去”企业为 249.6%，高出非“走出去”企业 12.4 个百分点。

“走出去”的中小企业更重视引入国有资本进行混合所有制改革在提高管理水平、增强企业活力、获取资金技术人才支持和获取竞争优势等方面的作用，但对提高公司治理作用认可度低于非“走出去”企业。表 11.5 的响应百分比显示，“走出去”中小企业对 q2 ~ q5 的响应百分比都略高于非“走出去”的企业，但对“改善公司治理结构”的响应百分比，“走出去”的企业仅为 18%，较非“走出去”企业低 3.6 个百分点。这与目前“走出去”与中小企业家族控股呈正相关关系的现实有关，股权集中有利于中小企业作出“走出去”这样的高风险、高收益决策，但与健全法人治理结构有一定矛盾（李子彬、刘迎秋，2014）。

表 11.5　按是否“走出去”划分中小企业对混合所有制改革作用的认识频数分布

非走出去企业（117 家）							
选项		q1	q2	q3	q4	q5	合计
响应	N	58	51	45	61	53	268
	百分比（%）	21.6	19.0	16.8	22.8	19.8	100.0
个案百分比（%）		51.3	45.1	39.8	54.0	46.9	237.2
走出去企业（441 家）							
选项		q1	q2	q3	q4	q5	合计
响应	N	191	207	180	258	225	1061
	百分比（%）	18.0	19.5	17.0	24.3	21.2	100.0
个案百分比（%）		44.9	48.7	42.4	60.7	52.9	249.6

注：q1 ~ q5 分别表示：改善公司治理结构；提升企业管理水平；增强企业的内生动力和活力；吸纳获取所需要的资金、技术和人才等要素资源；有利于企业扩大经营优势，提高竞争力。

数据来源：根据中国中小企业协会《2015 年混合所有制与中小企业发展问卷调查数据库》数据计算。

11.3.2　中小企业与国有企业合作的意愿和动因

目前，由于种种原因中小企业参与国有企业进行混合所有制改革的意愿普遍较低，“走出去”和非“走出去”的中小企业持观望态度或没有考虑的比率分别为 52.6% 和

① 由于绝大多数中小企业已经采取贸易方式间接走出去，这一部分的走出去专指采取对外投资方式直接走出去的中小企业。

65%。但“走出去”的中小企业合作意愿相对较高，约为33.2%，比非“走出去”企业高4.8个百分点，而明确回答不愿意与国有企业合作的“走出去”和非“走出去”中小企业的比例分别为14.5%和16.2%（见表11.6）。

表11.6　按是否“走出去”划分中小企业与国有企业合作意愿频数分布

	非走出去企业（117家）		走出去企业（441家）	
选项	频数	百分比（%）	频数	百分比（%）
是	32	27.4	142	32.2
否	19	16.2	64	14.5
观望或未考虑	65	55.6	232	52.6
缺失	1	0.9	3	0.7

数据来源：根据中国中小企业协会《2015年混合所有制与中小企业发展问卷调查数据库》数据计算。

混合所有制改革为不同企业深度合作、优势互补提供了机遇，但“走出去”和非“走出去”中小企业参与国有企业混合所有制改革的动因（理由）存在显著差异。从表11.7可以看，无论走出去与否，多数中小企业参与国有企业改革的动因不止一项，“走出去”和非“走出去”的个案百分比合计分别为268.1%和256%，前者较后者对改革的诉求或者说期望略高。从响应百分比看，非“走出去”企业参与混合所有制改革在获得更便捷的融资渠道、拓展投资领域、延长产业链等动因上高于“走出去”企业，而在强化与政府关系、提升人才能力、扩大市场份额上，非“走出去”企业高于“走出去”企业。合作动因差异的原因可能是“走出去”的中小企业在国内市场上已经有一定的基础，更倾向于通过混合所有制改革借用国有企业便利克服融资、投资准入和经验缺乏限制以及产业链延伸优势（见表11.8）。

表11.7　按是否“走出去”划分中小企业参与国有企业混合所有制改革动因频数分布

非“走出去”企业（（117家）								
选项		q1	q2	q3	q4	q5	q6	合计
响应	N	50	44	51	61	46	45	297
	百分比（%）	16.8	14.8	17.2	20.5	15.5	15.2	100.0
个案百分比（%）		43.1	37.9	44.0	52.6	39.7	38.8	256.0
“走出去”企业（441家）								
选项		q1	q2	q3	q4	q5	q6	合计
响应	N	249	182	238	199	137	172	1177
	百分比（%）	21.2	15.5	20.2	16.9	11.6	14.6	100
个案百分比（%）		56.7	41.5	54.2	45.3	31.2	39.2	268.1

注：q1～q6分别表示：获得更便捷的融资渠道；找到新的投资领域；完善和延长本企业产业链条；强化与政府间的更密切合作关系；提升集聚优秀人才的能力；促进本企业扩大市场份额。

数据来源：根据中国中小企业协会《2015年混合所有制与中小企业发展问卷调查数据库》数据计算。

11.3.3　中小企业参与混合所有制改革的主要顾虑

由于体制、政策、企业文化以及中小企业实力较弱等多种原因，目前中小企业参与国有企业混合所有制改革的案例很少。现阶段虽然国家大力支持，但中小企业普遍存在顾虑。从调查问卷看，主要是担心企业的控制权和话语权、企业的性质和类型与国有企业不匹配和国家相关法律法规不完善，而且多数企业的顾虑不止一项，但“走出去”的中小企业的顾虑程度较低。从表 11.8 个案百分比合计看，“走出去”中小企业为 196.1%，非“走出去”的中小企业为 221.4%。

“走出去”与非“走出去”中小企业对参与混合所有制改革的顾虑项目也存在一定差异。从表 11.8 响应百分比看，“走出去”的中小企业在企业行业性质和企业类型、企业领导人的身份、企业实力上顾虑程度高于非“走出去”企业，在法律法规制度与配套政策措施体系不完善、企业治理结构以及经验决策权和企业文化冲突上的顾虑程度低于非“走出去”企业。

表 11.8　按是否走出去划分中小企业参与国有企业混合所有制改革的顾虑频数分布

无对外投资企业（117 家）									
选项		g1	g2	g3	g4	g5	g6	g7	合计
响应	N	60	39	18	35	37	68	2	259
	百分比（%）	23.2	15.1	6.9	13.5	14.3	26.3	0.8	100.0
个案百分比（%）		51.3	33.3	15.4	29.9	31.6	58.1	1.7	221.4
有对外投资企业（441 家）									
选项		g1	g2	g3	g4	g5	g6	g7	合计
响应	N	152	197	107	136	66	175	28	861
	百分比（%）	17.7	22.9	12.4	15.8	7.7	20.3	3.3	100.0
个案百分比（%）		34.6	44.9	24.4	31.0	15.0	39.9	6.4	196.1

注：q1 ~ q7 分别表示：法律法规制度与配套政策措施体系不完善；本企业行业性质和企业类型；本企业领导人的身份障碍；本企业不具备足够实力；本企业治理结构不规范；自身的顾虑与担心；其他。

数据来源：根据中国中小企业协会《2015 年混合所有制与中小企业发展问卷调查数据库》数据计算。

11.4　推进混合所有制经济发展过程中中小企业“走出去”亟待解决的问题

11.4.1　治理结构中权益保障问题

公司治理机制和治理结构不完善是目前国有企业和中小企业都面临的问题。国有企业一般都承担一定的非商业社会责任，其领导层的选择也不可能完全基于商业目的，而且存在公众、国资管理机构和管理层的三方复杂的委托代理关系，在治理上存在软约束、行政治理、过分冒险投资等问题（Capobianco and Christiansen，2011）。中小企业治理结构更不完善，抽样调查显示，46%的中小企业仅仅设立单一治理机构，设立两个以上治理机构的中小企业比重仅为16%，治理机构不完整就很难形成完善的治理结构①；从股权结构看，样本企业中，企业主及其亲属持股超过51%的比重为62%，股权结构开放性多元化不足，家族控股和一股独大现象仍然比较普遍（李子彬、刘迎秋，2014）。由于目前国有企业和中小企业治理结构都不完善，相关法律法规也有待进一步优化，在与资产规模和企业文化差异巨大的国有企业资本合作时，中小企业普遍关注在新的混合所有制企业治理结构中如何保障中小资本的权益和决策权。

11.4.2 “走出去”后中小企业的固有优势发挥问题

中小企业通常具有试错成本低、机制灵活、决策迅速等固有优势。中小企业与国有企业混合所有制改革后必须实行发展战略的整合和统一，这一过程可能会限制中小企业固有优势的发挥。随着“一带一路”战略的推进，我国企业“走出去”进入2.0时代，高铁、电力、通信、工程机械、汽车、航空航天以及其他装备制造企业“走出去”步伐加快，这些行业涉及的配套服务产业链较长，为带动中小企业“走出去”提供了机遇。然而，目前“走出去”的中小企业和国有企业在产业上关联性较低，实现企业间供应链匹配十分必要，但通过股权和治理高度融合后，中小企业面临因转型而丧失原有产品技术优势并产生与国有企业类似的掉头难的问题。

11.4.3 新优势塑造问题

混合所有制改革和“一带一路”战略的实施只是为中小企业通过兼并、控股、参股或收购方式以及供应链协同、技术支持等方式形成新的内部化优势提供了市场机遇，中小企业也要在国际市场上和国外企业竞争向我国国有企业提供中间产品和服务的机会。由于国内外宏观经济趋于收紧、国家扶持政策不到位以及成本过高等原因，中小企业“转型”和“升级”效果并不理想，中小企业传统的低成本优势逐步降低，但新的管理、技术、品牌优势尚未形成。中小企业需要塑造新的技术和产品竞争优势，才能实现和国有企业、大型企业协同走出去的目标。

11.4.4 “走出去”过程中如何“借力”国有企业问题

国有企业具有较强的海外投资经营和应对能力，这恰恰是中小企业“走出去”的劣

① 根据公司治理理论和我国的相关法律法规，完善的治理结构应包括股东（大）会、董事会、监事会、党组织、职代会、工会和企业主。

势。从国际经验看，企业集群和建立战略联盟是不同企业发展壮大的重要途径，德国、日本等国家一般将中小企业与大型企业的联盟和合作关系扩张到国际市场。在我国，大型企业多数为国有或国有控股企业，这些企业往往处于产业链的上游且具有一定的垄断性，混合所有制改革同时包含国有与私营企业合作及大型企业与中小企业合作，缺乏可以借鉴的国际经验。当前新的混合所有制改革刚刚启动，可借鉴的经验也不多。因此，中小企业如何借力国有企业“走出去”仍需继续探索。

11.4.5　政策支持供需矛盾问题

中小企业“走出去”亟须在资金、（涉外）人才、技术和产业升级战略指导、国外市场法律法规、市场情况和风俗文化的信息获得支持和帮助。我国制定了多项支持中小企业“走出去”的优惠政策和措施，但调查发现存在支持政策难以满足企业实际需求和政策供求不匹配问题。这些问题的产生固然与政策措施不完善有关，但也应该看到这也与国家宏观政策的扶持本身固有的局限性有关。“走出去”的企业和国际市场情况千差万别，有经验的先导性企业给予具体有针对性的指导和帮助更有效。但目前混合所有制改革启动时间较短，如何通过混合所有制改革，创建促进具有丰富海外经营和风险管理经验的国有企业支持中小企业成功“走出去”的激励机制尚未建立。

11.5　推动混合所有制经济发展、鼓励中小企业“走出去”的对策建议

从前文调研结果可以看出，走出去的中小企业对混合所有制改革潜在的改善公司治理、促进公平竞争、克服融资、人才和技术限制、突破市场准入限制、实现优势互补作用等方面较非“走出去”企业更认同，因此，积极混合所有制改革有利于促进中小企业“走出去”。同时，由于新的混合所有制改革实施时间较短，中小企业对参与国有企业混合所有制改革普遍存在较多顾虑，相当多企业持观望态度。为此，提出以下政策建议。

11.5.1　深化国有企业分类改革，提升公司治理水平

虽然混合所有制改革客观上会对中小（民营）企业开放更多的产业领域，有利于所有结构的优化，并为中小企业转型升级提供新的机遇，但直接目标是增强国有企业活力、保持国有经济控制力。改革能否达到预期目标取决于是否能按国有企业功能和定位分类改

革，在竞争性领域的国有企业中建立规范的治理结构和机制，这样才能消除国有企业管理层的政治人行为激励，建立经理人行为激励和约束机制。在这样的“竞争中立”的市场环境下，才有利于国有企业与中小企业基于经济利益进行公平竞争和合作，才可能将不同所有制企业的良性竞争和合作关系扩展到国际市场。

11.5.2 扶持中小企业转型升级，增强其与国有企业协同“走出去”的能力

根据国际经验，在扶持中小企业发展和“走出去”过程中除需要政府政策扶持外，建立大中小企业集群，通过集群中大企业的制度转型、技术进步、产品升级、服务改进带动产业链各环节和产业集群中配套中小企业转型升级也是一种有效的扶持方式。但受国内外严峻的经济形势和三期叠加的持续影响，目前我国中小企业制度转型和技术产品升级进程较慢，在产业和产品及服务上与国有企业关联度较低，很难形成以大企业为中心的集聚协同生存发展模式。因此，国家应该进一步加大对中小企业转型升级的资金、技术、人才和制度指导支持力度，培育其与国有企业协同走出去的能力。

11.5.3 尽快出台鼓励国有企业与中小企业合作政策措施，实现不同所有制企业深度合作，优势互补

中小企业和大型企业实现优势互补和深度合作的基础之一是不断提升专业化程度，走“高精专”之路。目前我国无论大企业，还是中小企业都有追求“大而全”的倾向。在混合所有制改革中应该制定鼓励不同企业根据全球产业链布局需要，按照比较优势实现大中小企业优势互补，走集聚协同生存发展之路。

11.5.4 优化“走出去”战略优惠和扶持政策，提高政策供求的匹配度

根据中国中小企业协会的《2014年经济转型与中小企业发展问卷》分析中小企业对政府政策支持的评价情况可以看出，虽然政府的服务体系建设取得了一定成效，改善和优化了中小企业的生存和发展环境，但总体看作用有限，中小企业急需的扶持政策仍有待完善和强化。尤其是服务和引导中小企业转型升级和“走出去”、促进中小企业组织和治理结构创新、扶持中小企业产品和技术创新等问题。客观讲，这些问题都有一定的微观性，政府不宜也无力深度干预和扶持。大型国有企业较政府更能帮助中小企业解决上述具有微观属性的问题，但前提是促使大型国有企业与中小企业深度合作，混合所有制改革是实现途径之一。

11.5.5 防止为获取政策优惠盲目参与混合所有制改革的情形

国家积极推进混合所有制改革，必然带来一定的政策利好，目前虽然很多中小企业持

观望态度，但也应该未雨绸缪，防止出现中小企业为获得政策优惠盲目参与国有企业混合所有制改革和国有企业借改革之名控制中小企业的倾向。这两种倾向都可能使中小企业失去固有的试错成本低、机制灵活、敢于冒险、敢于在新技术、新产品中担任探路者的优势。为此，需要在鼓励中小企业参与混合所有制改革的同时，引导中小企业基于发展战略理性决定是否参与、如何参与以及参与程度。

执笔：张亮（国务院发展研究中心副研究员）

参考文献

[1] 何自力．混合所有制经济：性质、目的与根本方向．学术前沿，2014（5）

[2] 金碚．发展混合所有制复杂性不可低估．人民日报，2015－03－30

[3] 洪联英．混合经济中的公共产权边界及其实现机制．经济学家，2014（10）

[4] 李子彬，刘迎秋．中国中小企业 2014 蓝皮书．北京：中国发展出版社，2014

[5] 商务部，国家统计局，国家外汇管理局．2013 年度中国对外直接投资统计公报

[6] 商务部，国家统计局，国家外汇管理局．2014 年度中国对外直接投资统计公报

[7] 商务部．中国对外投资合作发展报告 2014

[8] 姚冬琴．国企、民企老总对话混合所有制改革．中国经济周刊，2014－03－10

[9] 张春生．中国中小企业发展蓝皮书 2012. 北京：中央文献出版社，2012

[10] 中共中央党校经济学部课题组．发展混合所有制经济政策的现实意义．学习时报，2014－02－24

[11] Capobianco A. and H. Christiansen (2011), “Competitive Neutrality and State－Owned Enterprises: Challenges and Policy Options”, OECD Corporate Governance Working Papers, No. 1, OECD Publishing. http://dx. doi. org/10. 1787/5kg9xfgjdhg6－en

[12] OECD (2012). Competitive Neutrality: Maintaining a Level Playing Field between Public and Private Business, OECD. http://dx. doi. org/10. 1787/9789264178953－en

第 12 章

混合所有制经济发展与法治中国建设

- 引言
- 混合所有制经济发展的制度基础是法治
- 混合所有制经济发展与法治建设不健全的矛盾分析
- 加强法治建设，促进混合所有制经济健康发展

12.1　引言

发展混合所有制是实现各种所有制资本共同发展的有效途径。

自 20 世纪 90 年代，我国国有企业就开展了整体改制上市、职工持股、引入民资或外资设立合资企业等多种形式的混合所有制的实践，对提升企业活力，促进各种所有制资本的快速发展发挥了重要的作用。

党的十八届三中全会提出，“积极发展混合所有制经济。国有资本、集体资本、非公有资本等交叉持股、相互融合的混合所有制经济，是基本经济制度的重要实现形式，有利于国有资本放大功能、保值增值、提高竞争力，有利于各种所有制资本取长补短、相互促进、共同发展。允许更多国有经济和其他所有制经济发展成为混合所有制经济。国有资本投资项目允许非国有资本参股。允许混合所有制经济实行企业员工持股，形成资本所有者和劳动者利益共同体。”但是，推进混合所有制的实践中，仍然面临着很多问题，制约着这一制度功能的发挥。其中，法治建设不健全就是其中重要的因素之一。由于历史等多方面的原因，我国政府与企业总体的法治意识较为淡薄，遵法守法执法意识也有待加强，使得法治建设相对滞后，具体到混合所有制经济发展，则在推进混合所有制改革过程中面临着多种法制问题，如参与主体权益的如何保障，以及治理结构的改善的相关法律规定相对缺乏，加之法律规章执行不严格不规范等，已经严重影响到现实中混合所有制改革的实质性推进，突破面临的法制瓶颈已经成为刻不容缓的任务。党的十八届四中全会通过了《中共中央关于全面推进依法治国若干重大问题的决定》，未来推进依法治国，法治建设将成为重要的任务，我国的法治水平必然会有一个较快的提升。当前如何针对混合所有制经济发展中存在的一些主要问题，通过法治建设，强化法律支持，建立较为完善的法律体系，提升法治的水平，保障混合所有制经济健康发展是关乎混合所有制改革顺利推进的根本因素之一。

12.2 混合所有制经济发展的制度基础是法治

12.2.1 法治中国建设的主要内涵、基本要求及其重要意义

通俗而言，法治中国是指法治是中国整个国家运行的基础，是从事各项活动的基本准则，国家、政府和社会各项事务均在法治框架之下运行。建设法治中国，是自党的十五大确立依法治国基本方略以来，总结长期以来，特别是党的十一届三中全会以来我国社会主义法治建设的实践的基础上，在中国特色社会主义发展的新时期，习近平总书记代表党中央提出的一个新的法治建设目标。它是集依法治国、依法执政、依法行政和法治国家、法治政府和法治社会于一体的新要求。2013年11月，党的十八届三中全会通过的《中共中央关于全面深化改革若干重大问题的决定》，明确将“推进法治中国建设”确立为我国新时期法治建设的新目标，进一步提出，建设法治中国，必须坚持依法治国、依法执政、依法行政共同推进，坚持法治国家、法治政府和法治社会一体建设。深化司法体制改革，加快建设公正高效权威的社会主义司法制度，维护人民权益，让人民群众在每一个司法案件中都感受到公平正义。2014年10月，党的十八届四中全会通过的《中共中央关于全面推进依法治国若干重大问题的决定》，对社会主义法治建设做出了更为具体的部署，提出了“科学立法、严格执法、公正司法、全民守法”的新十六字方针，科学立法是法治中国建设的前提，严格执法是法治中国建设的关键，公正司法是法治中国建设的保障，全民守法是法治中国建设的基础。

一是推进法治中国建设是实现全面建成小康社会的重要内容。党的十八报告提出了到2020年实现全面建成小康社会宏伟目标，在对这一目标的具体要求中，明确提出了依法治国基本方略全面落实，法治政府基本建成，司法公信力不断提高，人权得到切实尊重和保障。因此，推进法治中国建设是全面建成小康社会的应有之义。

二是推进法治中国建设是全面深化各方面改革的基本方向和法治保障。党的十八届三中全会对全面深化改革的重大问题进行了详细的部署，提出了全面深化改革的总目标是完善和发展中国特色社会主义制度，推进国家治理体系和治理能力现代化，而推进法治中国建设，提升依法治国能力，是实现国家治理体系和治理能力现代化的必然要求，由此十八届三中全会在部署全面深化改革的若干重大问题时，独立成篇地提出了推进法治中国建设任务，并做了明确部署。

三是推进法治中国建设是全面提升党的执政能力和执政水平的必然要求。《中共中央关于加强党的执政能力建设的决定》指出，“党的执政能力，就是党提出和运用正确的理论、路线、方针、政策和策略，领导制定和实施宪法和法律，采取科学的领导制度和领导方式，动员和组织人民依法管理国家和社会事务、经济和文化事业，有效治党治国治军，建设社会主义现代化国家的本领。”可以看出，培养和提高党员干部尤其是领导干部运用法治思维、法治方式治国理政的能力，是关系加强党的执政能力建设和领导干部执政水平的一项极为关键的重要工作。同时，如前所述，推进法治中国建设，必须坚持依法治国、依法执政、依法行政共同推进，坚持法治国家、法治政府和法治社会一体建设，而这正是提升党的执政能力和执政水平的重要要求。

12.2.2　法治建设对混合所有制经济发展的重要意义

一是法治建设要求的科学立法为混合所有制经济改革提供法律基础。习近平总书记曾指出，凡属重大改革都要于法有据。要推进混合所有制改革，必须有与之相适应的法律和政策支持。到2010年底，中国已制定现行有效法律236件、行政法规690多件、地方性法规8600多件，一个立足中国国情和实际、适应改革开放和社会主义现代化建设需要、集中体现党和人民意志的，以宪法为统帅，以宪法相关法、民法商法等多个法律部门的法律为主干，由法律、行政法规、地方性法规等多个层次的法律规范构成的中国特色社会主义法律体系已经形成。但是，混合所有经济发展的仍然面临着规则不完善的问题，仍然需要加强相关的法律建设，为公有资本与非公有资本的融合发展提供法律基础。

二是法治建设要求的法治政府与依法行政以及公正司法将为混合所有制经济发展提供重要保障。法律的制定与完善是第一步，法律的落实将更为重要，法的生命在于被赋予真正意义上的实施。2010年10月10日，国务院《关于加强法治政府建设的意见》（国发〔2010〕33号）指出：“切实提高运用法治思维和法律手段解决经济社会发展中突出矛盾和问题的能力。”混合所有制经济是“公有资本与非公有资本的融合”，既有国有资本流失的担心，同时非公资本也有资本被吃的顾虑，混合所有制的发展不仅仅在于有无法律，也决定于这些法律能否得以真正意义上的实施，取决于这些法律能否通过执法和司法过程真正发挥作用。当前在一定范围内一定程度上存在的“全面立法、普遍违法、选择执法”的现状，即使法律建设较为健全的情况下，非公资本的忧虑仍然难以消除，通过法治中国建设，真正消除“权大于法、言大于法、领导大于法”的现象，根本上消除非公资本参与混合所有制的顾虑，将是混合所有制经济发展的重要环节。

三是法治中国建设所要求的法治思维和全民守法将为混合所有制经济发展奠定社会基础。公有资本与非公资本的混合，主要是在法律的框架下，通过一定的契约形式来体现，双方都对另一方的履约预期大打折扣，特别是非公资本由于历史原因，处于相对弱势的地位，对履约的担心更为严重，影响最终的谈判协议的达成。通过法治中国建设，形成全民守法的社会氛围，养成遵纪守法、依法办事、依法维权的习惯，推动全社会树立法治意识，将为混合所有制经济发展奠定更为坚实的社会基础。

12.3 混合所有制经济发展与法治建设不健全的矛盾分析

12.3.1 保障资本公平竞争的法律法规制度不完善，影响各种资本参与的积极性

在推进混合所有制经济发展中，面临的一个重要问题便是民营资本参与的积极性不高。在现有的制度框架下，民营企业和民营资本的忧虑便是，民营经济是否能在现有法律框架的保护下，和国有经济享有真正平等的权利？如果民营资本对参与混合经济的未来没有一个较为准确的把握，民营资本面临的问题主要表现为：一是随时处于资本被吃的担心，自己的产权得不到有效保护，二是担心限制准入的问题。民营企业在市场准入方面从禁止到“被允许”，从“被允许”到逐步扩大，投资环境有了较大改善，投资领域也得到逐步开放，但是从实际发展现状来看，某些行业、产业和市场对民营经济开放的制度性障碍并未从根本上消除。针对民间资本投资的壁垒仍然大量存在，即使在已经开放领域，地方或者部门保护主义、行政审批难、出口商品难获得经营配额许可证等非制度性因素为民营企业市场准入设置了诸多障碍。根据中国中小企业协会2015年对754家民营企业的调查显示，620家认为民企在市场准入方面存在不公平待遇，约占82.23%。三是担心政策朝令夕改，今天准许进入，明天可能面临随时被踢出局的危险，资本的收益权得不到充分保障，无法与国有资本公平分享投资的收益。

12.3.2 混合所有制经济发展直接相关的法律尚需统一设计与细化

法律的实施细则直接关乎混合所有制推进的效果。在以前推进混合所有制经济发展过程中，在宪法的指导下，不同部门确立了一些相关的制度，但较为零散，并且很多混合所有制经济的具体制度安排主要散布于一系列立法解释、司法解释，以及部门规章、地方法规之中。目前存在的问题，既有法律实施规则尚需细化和统一设计的问题，也有一些法律存在过时，或相互间冲突矛盾的情况，需要及时清理的问题。根据中国中小企业协会2015年的调查显示，在针对“在混合所有制改革中面临的最严峻法律挑战”的问题，回收的569份有效问卷中，88%将“法律规则不明确”作为选择之一。

12.3.3　如何在法制规则的前提下，构建合理的治理机制，激励民间资本参与混合所有制经济发展

国有企业和民营企业具有不同的治理机制和决策模式，在成立混合所有制企业以后，势必面临着治理方面的冲突，如果混合之后的企业没有相应的实质性管理，构建的董事会、监事会仅仅是名义上的，只是走走过场，参股进来的民间资本只有分红权、没有话语权，甚至还是政企不分，那么民间资本的注入就不可能成为激发潜能的“活水”，并且民营资本的参与积极性也势必会受到影响，混合所有制的推行就不可能顺利。根据中国中小企业协会2015年的调查显示，在针对“从企业层面，在选择参与混合所有制改革前，最关注的是哪方面的法律”的问题，回收的569份有效问卷中，52.4%选择了治理结构方面的法律。

12.3.4　法治思维不强，全社会遵法、守法、严格执法意识缺乏，影响法律规则的严格执行，从而影响到混合所有制的规范推进

法治思维就是将法治的诸种要求运用于认识、分析、处理问题的思维方式，是一种以法律规范为基准的逻辑化的理性思考方式。中国有着几千年的封建“人治”传统，积累了丰富的管理理念和管理方法，至今仍有巨大惯性，致使长期以来普遍缺乏法治思维，各个环节不尊重法律的形象相当普遍。具体来看，混合所有制的推进，主要是国有资本与民间资本以合法契约的形式，在法律的框架下，确立合作关系，明确相应的权利与责任义务，双方必须具有严格的履行契约精神，遵守相关的法制规则。但是现实情况中，一方面，国有资本担心民间资本长期以来的规范管理不够，存在法治意识淡薄，不遵循法律规则，出现不履约的潜在风险，影响到混合所有制的顺利推进；另一方面，民间资本担心国有资本由于长期以来形成的政企不分，国有企业管理者的权力没有受到严格制约与公开监督，出现不按规定办事，越权管理，并且滋生贪污腐败现象的情形，从而影响资本的运营效率。另外，监督执法部门的执法不公正情况仍大量存在；法制政府建设仍然较为滞后，存在审批手续过多；政府官员行为有待规范，“吃拿卡要”现象仍然较多；“乱收费、乱罚款、乱摊派”等依然存在等不合理现象，都会影响到混合所有制的规范推进。

12.3.5　企业法治队伍建设相对滞后

当前一些企业，特别是民营中小企业，对法制规则不熟悉，对法律的知识了解得较少，了解的渠道也较少。根据中国中小企业协会2015年的调查显示，回收的569份有效问卷中，在针对“企业了解相关法律规则的主要渠道”中在面临“网络、报纸等媒体”“专业律师事务所”“法律顾问”“其他”的多项选择中，仅仅选择通过网络、报纸等媒体的占到18.8%。另外，民营中小企业对法律不够重视，法治队伍建设较为滞后。根据上述同样

样本的调查显示，其中28.8%的企业没有专门的法律相关部门或聘请法律顾问。

12.4 加强法治建设，促进混合所有制经济健康发展

为了促进混合所有制经济发展，必须以保护产权、维护契约、平等交换、公平竞争、有效监管为基本的导向，加强法治建设。

12.4.1 不断完善混合所有制经济发展的相关法律，建立促进各种资本公平竞争合作的制度保障

要想顺利推进混合所有制经济发展，必须提升民营资本参与的积极性。问题的关键便是，在完善法律保障民营经济发展的同时，能够保证现有的法律能够真正地保护民营企业和民营企业的利益，让民营资本放心进入，并享有和国有经济平等的权利。第一，完善产权保护制度。产权是所有制的核心。应根据十八届四中全会通过的《中共中央关于全面推进依法治国若干重大问题的决定》精神，进一步完善以公平为核心原则的产权保护制度，建立健全归属清晰、权责明确、保护严格、流转顺畅的现代产权制度，加强对各种所有制经济组织和自然人的财产权保护。公有制经济财产权不可侵犯，非公有制经济财产权同样不可侵犯。国家保护各种所有制经济产权和合法利益，保证各种所有制经济依法平等使用生产要素、公开公平公正参与市场竞争、同等受到法律保护，依法监管各种所有制经济。第二，清理和修订影响民间投资活力的行政法规、部门规章及制度，制定清晰透明、公平公正的规则。比如在一些竞争类领域的民营企业的股权比例限制问题，即民营企业涉及的比例不能超过多少等，应该对这些限制予以取缔，为各类所有制主体平等参与混合所有经济发展提供法律基础和保障。另外，允许并鼓励社会资本按照“非禁即入”“法无禁止皆可为”的原则参与到各个行业的投资中。

12.4.2 注重混合所有制经济发展的法制规则的统筹与细化设计

为了更好地推进混合所有制规范发展，根据新变化、新问题，制定、完善与混合所有制经济有关的法律法规，以法治精神与法律规范保障混合所有制经济健康发展，既要注意统筹设计，又要注重细化设计，解决法制规则不明确的问题。具体来看，系统设计混合所有制经济发展所需的相关规则，一方面要清理不适应混合所有制经济发展的陈规旧法，化解法律冲突，另外，要有针对性地完善细化相关的法制，使得混合所有制的具

体操作有章可循，避免产生不必要的纠纷。如在法律层面必须对混合所有制经济进行明确界定，明确有关各方的地位与权责。针对不同的企业类型，如公益、非公益，服务类、功能类、竞争类等，究竟如何划分便于监管、更能激发企业活力等，都应在法律层面确定下来。不同的企业类型中，国有资本与民间资本的结构如何确定等，同时员工持股等管理办法，都应该通过法律规范进一步确定下来。在条件成熟时，考虑制定专门的混合所有制经济促进法律。

12.4.3　以《公司法》为基础，建立合理的混合所有制的管理治理机制

为了加强混合后公司的管理，提升公司治理的水平，最为核心的是真正按照《公司法》的规范，建立现代企业制度，完善法人治理结构，靠制度来公开透明地管好人、管好事、管好资，让各种所有制资本取长补短、相互促进、共同发展。具体来看，必须特别强调《公司法》的严肃性，混合所有制企业是法人财产权的公司，国有股权和非公股权都是平等股东，股东合法权益都应受到公平的法律保护，防范“国资流失”或“民企被吃”，同时在司法实践中对相关案例做出公正判决，维护双方的平等地位和相关方正当的合法权益。另外，还要根据混合所有制推进中面临的问题，不断完善《公司法》，提供更好地规范指导。

12.4.4　各方相关主体要树立法治思维，善用法治方式，防止相关法律随意被践踏，建立全社会良好的法制环境

法治思维是规则思维，法治方式是运用法治思维处理和解决问题的行为方式。针对目前存在的法治思维缺失的问题，必须培育相关主体建立依法办事、照章办事的行为方式。具体来看，对于国有资本与民间资本合作的双方，应该强化遵守契约的精神，以合同约定办事。对于公司的管理人员而言，要提升按照《公司法》的规定办事，按照法律规定明确自身的权利和义务，遵守相关的合法程序，避免过度用权，产生权大于法的现象而造成腐败问题。对于相关的监督执法部门，要求严格公正执法，规范自身的行为，真正做到把权力关进制度的笼子里，杜绝权力寻租现象。

12.4.5　构建企业的法治队伍，拓宽获取法律支持的渠道，提升企业法治水平

针对我国企业普遍存在法治队伍建设滞后的问题，特别是对于民营中小企业更是如此，从企业成长的历程来看，一般在企业成立初期，可能对法律的重视程度不够，缺乏专门的法律人才，应该按照十八届四中全会的要求，在企业内部强化法律意识，应重视企业的法律人才的培育与引进，要加强法律知识的培训，鼓励有条件的企业组建专门的法律部门，对公司的相关合约等进行合规性检验，条件不允许的也应该聘请专业的法律顾问，防

止出现不懂法而产生不必要的损失。

执笔：张亮（国务院发展研究中心副研究员）

参考文献

[1] 中共中央关于全面深化改革若干重大问题的决定，2013－11
[2] 中共中央关于全面推进依法治国若干重大问题的决定，2014－10
[3] 李建伟，等．我国发展混合所有制经济面临的主要问题与对策建议．国务院发展研究中心《调查研究报告》，2015（第 48 号）
[4] 范保群．进一步发展混合所有制．国务院发展研究中心《调查研究报告》，2015（第 6 号）
[5] 张亮．我国民营企业转型升级面临的主要问题与对策建议．发展研究，2013（1）
[6] 周人杰．在法治轨道上推进混合所有制经济发展．市场观察，2014（9）
[7] 杨伟东．推进法治中国建设．时事报告，2014（6）
[8] 胡建淼．新目标 新路径 新方针 新方法——学习习近平总书记关于“法治中国”的系列讲话．学习时报，2015－02－24

2014年大事记

1月

7日　工业和信息化部在北京召开促进非公有制经济发展专家座谈会，就学习贯彻落实十八届三中全会精神，促进非公有制经济健康发展工作进行座谈研讨，听取专家意见和建议。部党组成员、总工程师朱宏任出席座谈会并讲话。来自民建中央、全国工商联、国家发展改革委宏观研究院、中国社科院工业经济研究所、中国国际经济交流中心、中华民营企业联合会、中国民（私）营经济研究会、工业和信息化部中小企业发展促进中心的专家学者应邀出席座谈会。

7日　中国中小企业协会各部门主任进行2013年度工作述职，并进行了工作互评。

8～11日，工业和信息化部党组成员、总工程师朱宏任同志带队赴浙江省、江苏省和上海市调研第八届APEC中小企业技术交流暨展览会、第21次APEC中小企业部长会筹备工作情况以及中小企业公共服务平台建设情况。

14日　工业和信息化部总工程师朱宏任在韩国大田市与韩国中小企业厅厅长宋宗镐共同主持了中韩中小企业政策交流委员会第一次会议，就两国中小企业创业兴业政策及发展合作等议题交换了意见。

14日　中国中小企业协会召开全体员工大会，总结2013年各部门绩效考评情况并对优秀员工进行表彰，布置2014年有关工作。

15日　中国中小企业协会通过新闻媒体发布2013年四季度中国中小企业发展指数。

20日　工业和信息化部中小企业司在广州召开部分省市促进中小企业和非公有制经济发展座谈会。来自14个省市中小企业主管部门的同志参加了座谈，工业和信息化部中小企业司司长郑昕同志出席座谈会并讲话。会议由工业和信息化部中小企业司副司长吴义国同志主持。

22日　第八届APEC中小企业技术交流暨展览会新闻发布会在京举行。会议宣布第八届APEC中小企业技术交流暨展览会将于2014年6月19日至22日在浙江省义乌市国际博览中心举行。组委会秘书长、工业和信息化部中小企业司司长郑昕，工业和信息化部中小企业发展促进中心主任秦志辉，组委会副秘书长、浙江省经济和信息化委员会副主任岳阳，浙江省义乌市人民政府副市长洪建文，分别发布介绍有关情况并回答记者提问。组委会副秘书长、工业和信息化部中小企业司副司长田川主持新闻发布会。

24日　工业和信息化部总工程师朱宏任在比利时布鲁塞尔与欧盟企业和工业总司中小企业司司长德瑞克女士共同主持召开了第五次中欧中小企业政策对话会议，就中小企业最新政策、中小企业国际化发展的实践、欧洲企业在中国、中欧中小企业合作等交换了意见。

2月

13日　中国中小企业协会党支部组织党员及员工30余人参观中关村国家自主创新示范区展示中心。

14日　中国中小企业协会李子彬会长、金德本秘书长会见以美国城市联盟东马萨诸塞州分会主席兼首席执行官达内尔·威廉姆斯为团长的美国城市联盟代表团。

25日　“第二届中国中小企业投融资交易会”（简称“投融会”）新闻发布会在北京唐拉雅秀大酒店召开。工业和信息化部总工程师朱宏任、中国中小企业协会会长李子彬、国家发展改革委办公厅副主任吴亚峰、工业和信息化部中小企业司副司长吴义国、人民银行金融市场处处长司马贱阳、银监会小微企业金融服务办公室处长张媛媛、证监会市场监管部处长何勤、中国银行业协会副秘书长张芳、中国融资担保业协会专职副会长文政、中国开发区协会会长师荣耀、中国投资协会会长张汉亚等领导，以及新闻媒体记者出席。新闻发布会由中国中小企业协会常务副会长张竞强主持。

28日　由工业和信息化部、山西省中小企业局和清华大学共同举办的“工业和信息化部中小企业经营管理领军人才清华大学（山西班）”在清华大学隆重开学。工业和信息化部中小企业司司长郑昕、人事教育司副巡视员刘素文、人才交流中心副书记张晓峰，山西省中小企业局副局长闫龙江、清华大学继续教育学院院长高策理等领导代表以及70多位来自山西省的企业家学员出席了本次开学典礼，开学典礼由工业和信息化部人才交流中心副书记张晓峰主持。

3月

3日　工业和信息化部党组成员、总工程师朱宏任前往天津海鸥表业集团股份公司、天津沃德传动有限公司、天津中重科技工程有限公司、天津塑力线缆集团等企业，现场了解企业自主品牌建设、加快科技创新，促进转型发展的有关情况，并与天津市政府、市经信委、北辰区政府、天津市中小企业发展促进局座谈。

7日　中国中小企业协会金德本秘书长会见来访的意大利米兰商会投资促进署代表安妮女士和凯德先生。

10日　为进一步做好2014届高校毕业生就业工作，搭建广大中小企业和毕业生双向交流平台，工业和信息化部、教育部联合举办2014年全国中小企业网上百日招聘高校毕业生活动。

15日上午　工业和信息化部中小企业司郑昕司长、叶定达处长赴厦门调研中小企业公共服务平台网络建设项目进展情况，厦门市经发局负责同志陪同。

20日　2014年APEC第21次中小企业部长会议筹备委员会秘书处第一次全体会议在江苏省南京市召开。筹委会领导小组副组长兼秘书长、工业和信息化部总工程师朱宏任出席会议并作重要讲话。

21日下午　国务院研究室副司长张泰、工业和信息化部中小企业司副司长吴义国及相关人员组成的联合调研组莅临武汉中小企业公共服务平台考察调研。武汉市经信委副主任党蓁，市中小企业服务中心主任朱文杰介绍了武汉市中小企业发展与服务情况。

29日　由中国中小企业协会、德和精品律师事务所联盟（ECLA）共同主办的第一届“全国中小企业法律风险管理高峰论坛”在天津举办。来自全国31个省区市律师代表、150余家中小企业代表参加了本次论坛。

4月

3日　全国中小企业工作暨扶助小微企业专项行动电视电话会议在京召开，工业和信息化部部长苗圩出席主会场会议并作重要讲话，部党组成员、总工程师朱宏任主持会议。会议在全面总结2013年工作基础上，对2014年中小企业工作和扶助小微企业专项行动作出全面部署。

8～12日　中国中小企业协会李子彬会长应邀出席2014年博鳌亚洲论坛，并在民营企业家圆桌论坛上，发表“放松管制与民企机遇”主题演讲。

14日　中国中小企业协会通过相关媒体发布2014年一季度中国中小企业发展指数。

15日　中国中小企业协会李子彬会长赴深圳出席广东中盟投资控股有限公司组织的“中国中小企业金融工作委员会”的揭牌仪式。

16日　中国中小企业协会金德本秘书长在协会会见以麦尔旺·阿里·沙凯尔先生为团长的沙迦投资发展局代表团来访。

17日　中国中小企业协会李子彬会长会见安徽省经济和信息化委员会牛弩韬主任、张德山副主任和省中小企业局陈冬克局长等一行来访。

22日　中国中小企业协会李子彬会长带队，金德本秘书长、齐力然副秘书长及政策研究部同志陪同拜访国家工商总局张茅局长，双方就促进工商登记制度改革和中小企业诚信体系建设等方面进行交流。

23日　中国中小企业协会与中国进出口银行举行了合作签约仪式，张竞强常务副会长，刘连舸副行长等出席签约仪式。马彬副秘书长和勒晓阳副总经理代表双方签约。

23～27日　由国务院办公厅、国家发改委、工业和信息化部、农业部、工商总局、银监会、海关总署等部门联合组成的国务院督查组，对浙江省贯彻《国务院关于进一步支持小型微型企业健康发展的意见》（国发〔2012〕14号）落实情况进行督查。国务院督查组听取了浙江省贯彻落实国发〔2012〕14号文件的情况，并赴金华市、湖州市听取当地市政府贯彻落实小微企业健康发展政策落实情的工作汇报，实地调研了6家企业，召开座谈会。4月27日，国务院督查组在杭州召开督查情况反馈会，提出了督查情况反馈意见。

24日　2014年中国中小企业信息网工作座谈会在京召开，工业和信息化部中小企业司、中小企业信息网总网及全国一级分站，以及网络舆情方面的相关负责人等出席了会议。会议总结了2013年全网信息服务及网站建设工作，以及活动开展和市场开拓的相关情况，并对当前中国中小企业信息网发展面临的形势与任务进行研讨。

25日　中国中小企业协会李子彬会长应邀出席深圳市中小企业发展促进会第五届第三次会员代表大会。

29日　中国中小企业信息产业园和中国中小企业（京口）总部基地分别在京口区大禹山创意新社区和新民洲港口产业园正式启动。中国中小企业协会会长李子彬、常务副会长张竞强、工业和信息化部中小企业司副巡视员韦向群、江苏省经信委副主任周毅彪、镇江市市长朱晓明、镇江市副市长王常生参加了启动仪式。

5月

5日　工业和信息化部在北京举办“2014中小企业信息化服务信息发布会暨中小企业信息化培训启动会”。工业和信息化部党组成员、总工程师朱宏任出席并讲话。来自地方政府部门、信息化服务商和服务机构、行业协会，以及在京部分新闻媒体的代表参加发布会。

5日下午　2014年APEC第21次中小企业部长会议筹备委员会领导小组第一次全体会议在北京召开，会议总结了前一阶段的筹备工作，并对下一步的工作进行了动员和部署。筹委会领导小组组长、工业和信息化部苗圩部长和江苏省人民政府史和平副省长出席会议并作重要讲话。会议由筹委会领导小组副组长兼秘书长、工业和信息化部党组成员、总工程师朱宏任主持。

9日 第八届全国中小企业协会联席会议在合肥市召开。中国中小企业协会会长李子彬、工业和信息化部中小企业司副司长许科敏出席会议并发表重要讲话。安徽省人民政府副省长杨振超出席会议并致辞。来自全国28个省、自治区、直辖市的中小企业主管部门、中小企业协会（促进会、联合会）的负责同志共120余人参加会议。会议由协会秘书长金德本主持。

19日 工业和信息化部中小企业司司长郑昕会见了来访的俄罗斯亚洲工业企业家联盟主席刘丽达一行，双方围绕促进中小企业发展的政策、中小企业融资与创新等方面的议题进行了深入交流。

20日 中国中小企业协会金德本秘书长会见以刘丽达女士为团长的俄罗斯亚洲工业企业家联盟代表团。

23日 中国中小企业协会金德本秘书长会见巴林王国驻华大使安瓦尔·尤素福·艾勒阿卜杜拉博士以及巴林王国经济发展委员代表。

27日 中国中小企业协会李子彬会长应国家民政部邀请，出席地方党政领导干部社会组织管理工作专题研究班，并发表《充分发挥行业协会商会在服务经济发展中的重要作用，努力探索建设社会主义市场经济体制下的新型协会商会》演讲。

28～29日 中国中小企业协会和南通市人民政府在南通共同举办“全国中小企业南通行活动”，协会邀请51家副会长单位、常务理事单位赴南通市进行考察交流，中国中小企业协会会长李子彬、常务副会长张竞强和南通市副市长黄爱军出席此次活动。

6月

10日 中国中小企业协会金德本秘书长出席了中国中小企业南通服务中心的启动仪式。南通市市长张国华及市经信委、市财政局、市国土资源局、市商务局等部门负责人出席了启动仪式。

10日 中国中小企业协会、大连市中小企业联合会、IBM联合在大连市万达希尔顿饭店举办“中小企业CEO智慧沙龙”活动，中国中小企业协会会长李子彬，常务副会长张竞强、大连市副市长刘岩和IBM大中华区总裁钱大群等出席，来自大连市和辽宁省其他地区共70多家中小企业CEO参加了本次活动。

13日 为做好第21次APEC中小企业部长会议筹备工作，筹委会副秘书长、工业和信息化部中小企业司司长郑昕，江苏省政府副秘书长王志忠，江苏省经信委主任徐一平，南京市政府副秘书长叶荣生，工业和信息化部国际司副司长赵永红代表屠森林同志，在江苏南京共同主持召开协调会，检查、落实相关工作进展情况，明确下一步工作任务。工业和信息化部办公厅、国际司、企业司，江苏省和南京市相关部门负责同志40余人参加会议。

16日 中国中小企业协会金德本秘书长会见以土耳其迪兹杰省省长阿里·伊哈苏先生为团长的东马尔马拉发展署代表团。

18日 第八届APEC中小企业技术交流暨展览会新闻发布会在浙江省义乌市举行，组委会副秘书长、工业和信息化部中小企业司副司长田川、工业和信息化部中小企业发展促进中心副主任陈新、浙江省义乌市委副书记葛国庆出席发布会。组委会副秘书长、浙江省经济和信息化委员会副主任岳阳主持新闻发布会。

19日 全国中小企业厅局长圆桌会议在浙江省义乌市召开。工业和信息化部党组成员、总工程师朱宏任出席会议并作重要讲话。朱宏任分析了当前中小企业和非公有制经济发展面临的形势，并对下一步中小企业和非公有制经济发展做出了重要部署。

19 日　第八届 APEC 技展会中小企业技术交流大会在浙江省义乌市开幕。本次活动由工业和信息化部、浙江省人民政府共同主办，工业和信息化部中小企业发展促进中心、浙江省经济和信息化委员会、义乌市人民政府、中国中小企业国际合作协会承办。十一届全国人大常委会副委员长、中国科学院院士、中国工程院院士、中国产学研合作促进会会长路甬祥，全国政协常委、经济委员会副主任、中国工业经济联合会会长李毅中，浙江省副省长梁黎明，工业和信息化部党组成员、总工程师朱宏任，韩中协会会长李盛雨，科技部国际合作司参赞莫鸿钧及工业和信息化部相关司局、浙江省人民政府相关委办局、义乌市委市政府的负责同志、APEC 经济体代表、企业家代表 300 余人参加了大会开幕式。开幕式由工业和信息化部中小企业司司长郑昕主持。

20 日上午　第八届 APEC 技展会中小企业技术交流大会重要活动之一“APEC 中小企业技术转移论坛”正式举行。工业和信息化部中小企业司司长郑昕、浙江省经信委副主任岳阳、工业和信息化部中小企业发展促进中心主任秦志辉、山东省邹城市人民政府市长谢成海等中小企业政府管理部门的负责人出席了论坛。120 余家中小企业及多家新闻媒体的代表参加了会议。

19 ~ 21 日　中国中小企业协会李子彬会长、张竞强常务副会长一行应邀赴徐州市及丰县调研考察中小企业情况。

21 日　APEC 中小企业融资创新研讨会在浙江省义乌市召开，此次研讨会旨在促进 APEC 成员经济体在中小企业融资创新领域的经验交流和案例共享，探讨改善中小企业融资环境、促进中小企业可持续发展的路径和方法。

25 日　中国中小企业协会举行新入会副会长单位座谈会和授牌仪式，新入会的副会长单位吉林省差旅天下网络技术股份有限公司董事长张云松、华夏麒麟国际投资控股集团总裁胡陇琳、中起重工（大连）有限公司董事长宁福鑫、唐山乾泰实业有限公司董事长张力军、金电联行信息技术有限公司副总裁艾小缤、冠群驰骋投资管理有限公司董事长刘广东参加了座谈会和授牌仪式。李子彬会长、张竞强常务副会长、金德本秘书长出席座谈会，并为新入会的副会长单位授牌。

26 日　中国中小企业协会张竞强常务副会长应邀做客人民网，围绕搭建金融服务公共平台，推动产融结合，促进中小企业健康发展等议题，与网友在线交流。

26 日　工业和信息化部在上海召开座谈会，就进一步落实《工业和信息化部关于促进中小企业“专精特新”发展的指导意见》，加大促进中小企业“专精特新”发展的工作力度，交流经验，听取建议。天津、山西、辽宁、上海、江苏、浙江、安徽、山东、贵州、云南、青岛等 11 个省市中小企业主管部门相关负责同志出席并介绍了相关情况。

26 ~ 28 日　由工业和信息化部指导，上海市经济和信息化委员会等单位主办的第二届上海（国际）中小企业精品展，在上海世贸商城举办。工业和信息化部中小企业司和天津、山西、辽宁等 11 个省市中小企业主管部门的代表参观展会，并出席“专精特新企业发展论坛”。工业和信息化部中小企业司郑昕司长在论坛上致辞。

7 月

7 ~ 9 日　第二届中国中小企业投融资交易会在北京国家会议中心举办。第九届和十届全国人大副委员长成思危、工业和信息化部总工程师朱宏任、中国人民银行副行长刘士余、中国中小企业协会会长李子彬以及主办单位和参展金融机构的负责人出席开幕式，开幕式由中国中小企业协会常务副会长张竞强主持。本届投融会，由国家发展改革委、工业和信息化部、中国人民银行、银监会、证监会作为指导单位，由中国中小企业协会、中国银行业协会、中国融资担保业协会、中国开发区协会和中国投资协会联合主办。投融会期间，举办了以“小企业·大梦想”为主题的系列论坛，邀请成思危、李子彬、魏建国、刘克崮、保育钧、石齐平、杨再平等数十位政、学、银、企重量级嘉宾莅临论坛现场。据统计，本届投融会共有4万多人次参加，提供了近5500个融资项目，投融会期间成交金额达210亿元。中央电视台、新华社等数家媒体重点报道了本届投融会盛况。

8日　中国中小企业协会第二届常务理事会第三次会议在北京召开，李子彬会长代表协会做工作报告，金德本秘书长和马彬副秘书长及相关部门负责人出席会议。

10日上午　第十一届中国国际中小企业博览会（以下简称“中博会”）新闻发布会在北京举行。组委会副主任、工业和信息化部党组成员、总工程师朱宏任，组委会副主任兼执行主任、广东省人民政府副省长刘志庚，组委会秘书长、广东省人民政府副秘书长林英，墨西哥驻中国特命全权大使胡利安·本图拉出席发布会，会议由林英主持。

14日　中国中小企业协会通过新闻媒体发布2014年二季度中国中小企业发展指数。

15日　中国中小企业协会会长李子彬出席由中国关心下一代工作委员会事业发展中心发起，中国中小企业协会副会长单位沃德文化硅谷资产运营有限公司承办的“百城万婴成长信息卡”项目启动仪式。

16日　中国中小企业协会李子彬会长会见以秘鲁外贸和旅游部长马佳丽席尔瓦女士为首的代表团。

17日　为落实好苗圩部长、史和平副省长在第21次APEC中小企业部长会议筹委会领导小组第一次会议上的讲话要求，确保各项工作按计划推进，筹委会秘书处在南京市召开第三次协调会，工业和信息化部党组成员、总工程师朱宏任和江苏省人民政府副秘书长王志忠出席会议并讲话，工业和信息化部办公厅、国际司、中小企业司和江苏省、南京市有关部门负责同志30余人参加了会议。会议由中小企业司副司长田川主持。

17~18日　全国中小企业主管部门信息化局长培训班在上海举办。工业和信息化部党组成员、总工程师朱宏任以《大力推动信息化促进中小企业创新发展》为题为学员授课。在深刻分析国内外经济形势的基础上，介绍了促进中小企业创新发展的国际经验，并提出了进一步促进中小企业创新发展的工作任务和要求。

23日　工业和信息化部总工程师朱宏任与美国商务部副部长帮办肯·海亚特在华盛顿共同主持召开了第二次中美中小企业政策对话会议，双方就促进中小企业创新与发展、支持中小企业的政策措施、国际贸易中的中小企业等议题进行了交流。

23日　中国中小企业协会李子彬会长会见天津市红桥区人民政府蔡云鹏区长、华长虹副区长以及人民政府办公室何斌主任、商务委员会张建主任、科学技术委员会郑丹棣主任、商务委员会张国良副主任一行。

29~30日　中国中小企业协会李子彬会长、金德本秘书长等一行应邀赴天津市红桥区考察调研。

30日至8月1日，全国中小企业主管部门信息化处长培训班在上海举办。工业和信息化部中小企业司副司长许科敏做了《实施中小企业信息化推进工程，提高中小企业信息化应用水平和公共服务能力》的专题报告。

8月

14~15日，工业和信息化部党组成员、总工程师朱宏任同志赴山东考察中小企业和民营企业发展情况。朱宏任实地考察了威海市小微企业创业服务中心、钓具产业集群、迪沙药业海洋药物与功能食品研究中心、威高集团有限公司、南山集团等企业，并就举办第九届 APEC 技术交流暨展览会有关事宜，与山东省烟台市政府负责同志交换了意见。

19 日上午　由文化部主办的“小微文化企业政策发布暨交流研讨活动”在北京召开，活动以发布和解读《文化部 工业和信息化部 财政部关于大力支持小微文化企业发展的实施意见》为主题，交流当前我国小微文化企业现状和发展趋势，研讨进一步贯彻落实《实施意见》的意见和建议。工业和信息化部党组成员、总工程师朱宏任出席活动并讲话。

25 ~ 27 日　中国中小企业协会李子彬会长、张竞强常务副会长赴长春市调研考察，会见了吉林省副省长马俊卿、长春市市委书记高广滨、长春市市长姜治莹及有关部门负责人，并与长春市人民政府签署了战略合作协议，确定 2015 年下半年在长春市共同举办第九届中国中小企业节。

28 日　中国中小企业协会张竞强常务副会长会见了由韩国河东郡郡守尹相基率领的代表团。尹郡守希望与协会建立紧密的合作关系，并邀请协会领导率领中小企业到韩国河东郡参观考察投资。

9 月

1 日　APEC 中小企业融资创新研讨会第二次会议在南京举行。来自美国、菲律宾、秘鲁、泰国、马来西亚、印度尼西亚、中国香港、巴布亚新几内亚等 APEC 成员经济体的专家、学者与各 APEC 成员经济体的百余位代表共聚一堂，围绕中小企业融资便利化和中小企业产融结合发展两个议题进行了坦诚和富有建设性的探讨。

2 日　2014 年 APEC 中小企业工商论坛在南京召开。本次论坛是 APEC 第 21 次中小企业部长会议重要配套活动之一。工业和信息化部总工程师朱宏任和中华全国归国华侨联合会副主席李卓彬出席开幕式并致辞。来自 APEC 各成员经济体的工商界领袖、专家、学者等共 200 余名代表参加了论坛。

2 ~ 5 日　中国中小企业协会李子彬会长应邀赴濮阳出席“2014 中国石油石化技术装备大会暨首届中国（濮阳）石油装备展销会”开幕式。期间，李子彬会长出席由濮阳市工信局组织召开中小企业座谈会，走访了协会副会长单位宏业生化股份有限公司。

3 ~ 4 日　中国中小企业协会金德本秘书长应邀出席济宁市中小企业服务大厦开业仪式。

10 ~ 13 日　中国中小企业协会李子彬会长、张竞强常务副会长应邀赴湖南郴州市调研考察，会见了郴州市市委书记向力、市长瞿海及有关部门领导。期间，李子彬会长出席了市政府举办的“郴州中小企业发展论坛”并做主题演讲，与市经信委及中小企业座谈交流。

11 ~ 13 日　中国中小企业协会金德本秘书长应邀赴广州出席副会长单位中盟集团广州公司成立大会暨资本联盟研讨班活动。

15 日上午　2014 年第一期国家赛飞创业辅导师培训班在安徽池州青阳开班。工业和信息化部中小企业司许科敏副司长出席了开班仪式并作重要讲话。

18 日　由中国民主建国会中央委员会、工业和信息化部、宁夏回族自治区人民政府共同主办的 2014 中国（宁夏）非公有制经济发展论坛在宁夏银川市隆重开幕。本届论坛的主题是：全面深化改革，激发非公经济活力，促进西部经济转型升级。全国人大常委会副委员长、民建中央主席陈昌智出席论坛并发表主旨演讲。工业和信息化部党组成员、总工程师朱宏任出席论坛并发表主题演讲。

19 日　中国中小企业协会金德本秘书长会见了由中俄国际经贸关系发展协会会长杰米好奥列格率领的代表团。

23日　中国中小企业协会张竞强常务副会长会见山东省聊城市民政局党组书记韩更大和莘县、东阿县领导及企业代表。

25日　中国中小企业协会李子彬会长出席第三届中国国际循环经济成果交易博览会。

10月

8日　第十一届中国国际中小企业博览会组委会新闻发布会及全国联络员会议在广州相继举行。新闻发布会上，中博会组委会秘书长、广东省人民政府副秘书长林英通报了第十一届中博会的筹备情况；墨西哥驻广州总领事馆总领事大卫·纳赫拉介绍了墨西哥方面的筹备情况并回答了记者提问。

8~10日　中国中小企业协会李子彬会长、张竞强常务副会长赴山东济宁市调研考察，并参加了济宁市民营经济论坛，考察了济宁市中小企业服务中心。

10日　工业和信息化部总工程师朱宏任在广州会见了出席第十一届中国国际中小企业博览会的墨西哥国家企业家局局长恩里克·雅各布·罗察一行。朱宏任总工程师简要介绍了本届中博会概况，对墨方组织15个州的117名政府官员和177家企业和商会代表参展参会表示赞赏。双方就中小企业领域增进交流、加强合作、密切往来等交换了意见。

11日上午　工业和信息化部党组成员、总工程师朱宏任陪同中共中央政治局委员、广东省委书记胡春华参观了第十一届中国国际中小企业博览会。广东省省长朱小丹、广东省委副书记马兴瑞等广东省领导和各省区市领导共同参观了展会。

11日下午　第十一届中博会中国中小企业高峰论坛在广州花园酒店举行。工业和信息化部党组成员、总工程师朱宏任，国家工商总局党组成员、副局长孙鸿志，广东省政府副省长刘志庚出席论坛并发表演讲。联合主办方墨西哥国家企业家局局长恩里克·雅各布·罗察率团出席论坛并发表演讲。国家质检总局总工程师刘兆彬等中方各主办单位领导、各国驻穗总领事馆代表、有关专家学者等出席论坛。

12日　第十一届中博会高成长中小企业投融资论坛暨项目对接会在广州花园酒店举行。本场活动以“整合金融资源，支持中小企业创新发展”为主题，包括高成长中小企业投融资论坛和投融资项目对接会两个部分。

12日　第十一届中国中小企业博览会主论坛之中国职业经理人发展论坛在广州召开，此次论坛以“制度、诚信、未来”为主题，围绕党的十八届三中全会提出的“建立职业经理人制度，更好发挥企业家作用”这一重要指导思想，旨在通过社会的不同视角，针对职业经理人的制度建设内涵、践行职业经理人的诚信理念以及中小企业深化改革发展的新动力等问题进行广泛的深刻解读。工业和信息化部中小企业司司长郑昕出席论坛并发表了题为《深化改革，促进中小企业和非公有制经济健康发展》的演讲。

12日下午　中小企业发展国际研讨会暨2014驻穗总领事圆桌会议在广州花园酒店成功举办。工业和信息化部党组成员、总工程师朱宏任，广东省人民政府副秘书长林英，墨西哥投资贸易促进局副局长赫苏·马里奥·查科，墨西哥国家企业家局总协调长亚历山大·冈萨雷斯·埃南德出席会议。

13日上午　工业和信息化部党组成员、总工程师朱宏任出席了2013~2014年度中小企业经营管理领军人才高级研修班结业式并致辞。部中小企业司副司长田川、电子五所所长谢少锋、中小企业发展促进中心主任秦志辉、副主任郑红以及70多位企业家学员参加了结业式。

13日　第十一届中国国际中小企业博览会“中小企业信息化应用推广活动暨中小企业信息化论坛”在广州隆重举行。论坛由第十一届中博会组委会主办，中国中小企业信息网承办。工业和信息化部中小企业司司长郑昕、广东省经济和信息化委员会副巡视员叶元龄以及各省市中小企业管理部门、行业协会、信息化服务厂商、中小企业代表等200多人参加了本次活动。

13日　中国中小企业协会通过新闻媒体发布2014年三季度中国中小企业发展指数。

13日　作为第十一届中国国际中小企业博览会的重要配套活动，中小企业管理培训专题活动在广州举行。工业和信息化部中小企业司司长郑昕出席活动并致辞。

13~15日　中国中小企业协会金德本秘书长应邀出席在温州举行的“2014浙江·台湾合作周”开幕式和第四届海峡两岸中小企业论坛暨海峡两岸民营经济创新发展论坛，并做了“海峡两岸经贸合作思考”的主题演讲。

15日　“融资担保机构业务提升及电子政务系统应用培训班”第一期在北京开班，培训班为期三天，全国近40余家单位，约60余人参加了此次培训班。课上，学员们认真听讲，积极提问；课下，学员们相互交流，互通有无。

16~17日　中国中小企业协会李子彬会长应邀出席中小企业协会、全国工商联、天津市人民政府和中国个体劳动者协会在天津滨海新区共同主办的第二届全国民企贸易投资洽谈会。

17日　工业和信息化部在重庆市召开中小企业融资和担保座谈会，部党组成员、总工程师朱宏任出席会议并发表重要讲话。各地区中小企业主管部门参加会议，北京、山西、吉林、上海、江苏、广东、广西、贵州和宁波等省（区、市）做重点发言。

17日　工业和信息化部与中国建设银行在重庆市联合召开深化中小企业金融服务战略合作座谈会。工业和信息化部党组成员、总工程师朱宏任和建设银行章更生副行长出席会议并发表重要讲话。8个地区中小企业主管部门和建行分行分别介绍了落实合作协议，加强基层合作，共同推进缓解中小企业融资困难的经验和做法。来自全国各地的中小企业主管部门和建行一级分行参加了会议。

23日上午　工业和信息化部中小企业司司长郑昕一行在陕西省中小企业局党组书记、局长丁义安，副局长党红忠，总经济师尤战存，省中小企业服务中心负责人陪同下，专程到陕西省中小企业产品技术展示中心和陕西省中小企业服务平台调研指导工作。

25日　中国中小企业协会李子彬会长应邀出席《人民政协报》主办的“破解小微企业融资难融资贵建言献策恳谈会”，并发表主旨演讲。

26日　工业和信息化部党组成员、总工程师朱宏任赴江苏省太仓市考察中德中小企业合作情况。实地考察了中德（太仓）中小企业合作示范区、太仓中科信息研究院、舍弗勒（中国）有限公司、苏州托克斯冲压技术有限公司，并听取示范区建设情况。

28日　中国中小企业协会李子彬会长会见大成律师事务所及葡萄牙PLMJ律师事务所代表。

28日　工业和信息化部在武汉召开全国创办小企业工作座谈会。工业和信息化部党组成员、总工程师朱宏任同志出席会议并做重要讲话。

30日晚　2014中国（郑州）产业转移系列对接活动客商见面会在郑州举行。工业和信息化部部长苗圩、河南省委书记郭庚茂出席见面会并致辞。

31日下午　工业和信息化部党组成员、总工程师朱宏任出席2014中国（郑州）产业转移系列对接活动院士中原行座谈会并讲话。中国工程院院长周济、河南省省长谢伏瞻等领导出席会议，会议由河南省政府秘书长郭洪昌主持。

31日，2014中国（郑州）产业转移系列对接活动在郑东新区国际会展中心举行。河南省省长谢伏瞻、工业和信息化部部长苗圩、中国工程院院长周济一起启动开幕装置。

11月

2日　中国中小企业协会金德本秘书长赴河南郑州参加工业和信息化部、河南省人民政府主办的“2014中国（郑州）产业转移系列对接活动”。

3~4日　以“改革激发活力 创新驱动转型”为主题的第八届中国中小企业节在江苏南通市成功举办。本届中小企业节由中国中小企业协会和江苏省南通市人民政府共同主办，得到了国家发展改革委、工业和信息化部、商务部和江苏省人民政府的大力支持。期间，还举办了2014中国中小企业发展高峰论坛、中国中小企业协会第二届理事会第四次会议、中国建设银行与中小企业合作洽谈会、“打造产业共享供应链金融服务平台”论坛等一系列的专题活动。各省市中小企业主管部门领导、协会（促进会、联合会）的负责人和中小企业代表，中国中小企业协会会员，以及新闻媒体记者参加了本届中小企业节。

14日　中国中小企业协会李子彬会长应邀接受香港《大公报》（北京）大公网专访。

15日　中国中小企业协会张竞强常务副会长应邀出席在成都举行的“2014中国成都金融法律高峰论坛”，以及中国中小企业协会与德和精品律所联盟（ECLA）合作推出的“百名法律讲师依法治企大讲堂”暨“百个法律产品”项目启动仪式。

20日　第三期德国中小企业经理人来华交流班结业式在四川蒲江举行。

20~21日，中小企业公共服务平台网络建设工作座谈会在北京职工之家成功举行，工业和信息化部中小企业司副司长许科敏及相关负责同志出席了会议，来自全国35个省、自治区、直辖市及计划单列市中小企业主管部门负责平台网络建设工作的约140位代表参加了本次座谈会。会后，进行中小企业平台网络提升服务能力培训及北京云计算基地参观活动。

21日　中国中小企业协会李子彬会长应邀出席“浙江舟山群岛新区2014互联网高峰论坛”并发表主旨演讲。

21日下午　工业和信息化部总工程师朱宏任陪同全国政协副主席、科学技术部部长万钢参观第12届广州国际车展新能源汽车馆，并同有关参展单位就新能源汽车、自主品牌汽车发展问题进行了交谈。

21~24日　中国中小企业协会金德本秘书长赴新疆参加以“融资创新与中小企业发展”为主题的中国中小企业金融大讲堂公益活动，考察了新疆中小企业服务中心。

25日　中国中小企业协会、邯郸市人民政府共同在深圳证券交易所举行“2014年邯郸市中小企业集合债券”上市仪式，张竞强常务副会长与邯郸市委书记高宏志为开市敲钟。

25日　第四届全国非公有制经济人士优秀中国特色社会主义事业建设者表彰大会在北京举行。中共中央政治局常委、全国政协主席俞正声出席大会并讲话。

28日　中国中小企业协会李子彬会长在北京接受郴州市电视台专题采访。

28日　全国工业和信息化系统科技工作座谈会在安徽合肥召开。工业和信息化部副部长毛伟明出席会议并做了题为《深入实施创新驱动发展战略 努力抢占新一轮产业竞争制高点》的工作报告，安徽省副省长杨振超到会并发表热情洋溢的会议致辞。

30日至12月2日　工业和信息化部总工程师朱宏任一行在广东揭阳、汕头、广州等地开展调研。朱宏任调研了揭阳市中德中小企业合作情况，出席了中国国际中小企业博览会改革创新研讨会，与广东省经信委进行了座谈，听取了广东省工业经济运行情况，以及产业政策、中小企业、消费品工业和两化融合等领域主要工作进展情况、存在问题和下一步工作安排。

12 月

1 日　中国中小企业协会李子彬会长、张竞强常务副会长出席在北京昆泰嘉华酒店举行的中国中小企业协会与金电联行（北京）信息技术有限公司、中微小企业投资集团、杭州丰联金融服务外包集团有限公司战略合作签约授牌仪式暨协会副会长（北京地区）联谊会。

8～11 日　受韩国河东郡政府的邀请，中国中小企业协会王远枝副秘书长、马彬副秘书长一行赴韩国河东郡进行了考察访问。

12 日　中国中小企业协会李子彬会长出席天津信星国际产业园开园仪式。

17～22 日　中国中小企业协会李子彬会长、马彬副秘书长应邀出席清远市中小企业协会第二届会员代表大会，并调研清远市中小企业发展情况。

18 日上午　国务院召开全国促进融资性担保行业发展经验交流电视电话会议，工业和信息化部苗圩部长出席并就加大扶持引导力度、促进担保健康发展发言。

22 日下午　工业和信息化部中小企业司司长郑昕会见了印度乡村发展部辛格谢卡教授一行。郑昕司长介绍了中国中小企业的基本情况以及促进中小企业发展的政策措施，并就双方中小企业务实合作与印方交换了意见。

24 日　中国中小企业协会李子彬会长出席中国中小企业协会（唐山）服务中心成立大会暨授牌仪式。

28 日　工业和信息化部党组成员、总工程师朱宏任一行赴大连市调研中小企业服务体系建设情况。调研期间，听取了大连市经济和信息化委员会（中小企业局）服务体系建设情况汇报，实地考察了中小企业“走出去”公共服务平台和大连工业大学食品工程技术转移中心。

后　记

积极发展混合所有制经济“有利于各种所有制资本取长补短、相互促进、共同发展”。研究混合所有制经济背景下中小企业发展的机会与选择，既是更好促进我国中小企业发展的客观要求，也是我国国民经济持续健康发展的必然要求。

中小企业是我国国民经济运行的重要微观主体，不仅创造了越来越多的经济产出、提供了越来越多的税收，而且承载了越来越多的就业责任和义务。中小企业的持续健康发展，对于我国国民经济的持续健康发展具有不可替代的重要作用。然而，随着我国经济增长速度换档期、经济结构调整期、经济发展方式转型期的到来，受国内经济收缩和国际经济衰退的影响和冲击，我国中小企业发展同样遇到了一系列前所未有的挑战和困难。面对经济增长速度持续下滑和结构调整压力不断加大的挑战，面对大量存在的不平等竞争及其带来的发展瓶颈约束的不断上升，中小企业如何抓住混合所有制经济改革提供的历史机遇，通过深入参与达到有效消除自身发展的资源瓶颈、人才瓶颈、技术瓶颈和市场瓶颈的目的，大幅度提升自身的市场拓展力和竞争力，不仅是迫切需要广大中小企业积极面对和正确回答的问题，也是迫切需要理论给出科学论证与深刻说明的基本理论和重要实践问题。

深刻分析和揭示混合所有制经济的本质，深入厘清和说明混合所有制经济改革背景下中小企业发展面临的机遇与挑战、困难与选择，不仅有助于为中小企业发展营造更加公平有效的市场竞争环境，而且有助于推动中小企业实现更加持续健康的发展。为深入研究中小企业发展与混合所有制经济改革的关系，引导和促进中小企业持续健康发展，提升中小企业竞争力，拓展中小企业发展空间，中国中小企业协会商请中国社会科学院民营经济研究中心承担了“2015 年中国中小企业蓝皮书”的调查研究与写作任务。“2015 年中国中小企业蓝皮书”的研究与写作工作，始终坚持以“混合所有制经济与中小企业发展”为主题，以推进混合所有制经济改革背景下各类企业平等竞争、生产要素自由流动、经济资源有效配置为主线，以问卷调查和实地考察取得的一手资料为主要立论基础，运用规范分析和实证分析相结合、逻辑与历史相统一的方法，通过深入分析和实证研究，得出了一系列旨在更好促进中小企业持续健康发展的逻辑结论。

为开展好这项调研工作，受李子彬会长委托，我负责组建了课题组。课题组由我和中国中小企业协会副秘书长李鲁阳担任组长，协会政策研究部主任董涛和中国社会科学院财经战略研究院吕风勇博士担任副组长。课题组成员由华夏幸福集团研究院副教授赵三英博士、中国中冶集团办公厅政研室张从丽博士、中信银行总行研究部薛白博士、中小企业协会政策研究室张少苹等人组成。课题组成立后，根据李子彬会长提出的指导意见，我首先提出了一个包括基本思路、逻辑主线和主要问题的基本研究架构。课题组据此做出了分工，通过分头查阅有关资料和初步研究，分别提出了研究大纲。在此基础上，课题组又多次组织专题讨论，直至最后形成较为一致的意见和认识，然后开始着手调查研究、案例分析和理论阐释等工作。在各专题负责人提出需要调查的主要问题和主要内容基础上，课题组副组长吕风勇牵头负责开展了“2015年混合所有制经济与中小企业发展调查问卷”设计工作。调查问卷得到课题组认可并报李子彬会长同意后，由中小企业协会副秘书长李鲁阳和协会政策研究部董涛牵头，协会会员工作部、地方合作部、网商分会、培训部均积极参与和配合，开展了一次大范围的调查问卷发放与回收工作。调查问卷采取非正态分布随机抽样发放方式，大体同时在北京、天津、河北、山西、内蒙古、辽宁、吉林、黑龙江、上海、江苏、浙江、安徽、福建、江西、山东、河南、湖北、湖南、广东、广西、海南、重庆、四川、贵州、云南、西藏、陕西、甘肃、宁夏和新疆等30个省市进行。经过将近三个月的精心组织，最终回收调查问卷610份，其中基本有效问卷569份，达到了问卷调查基本合格要求。经问卷数据录入，最终形成了“2015年混合所有制经济与中小企业企业发展调查问卷库数据库”。这个数据库连同课题组开展实地考察取得的一手资料，构成本报告展开研究的主要实证基础。

《2015年中小企业蓝皮书》由李子彬会长和我担任主编，李鲁阳和吕风勇、董涛担任副主编。本书的绪论由吕风勇和我共同撰写，第一章由董涛撰写，第二章由张少苹撰写，第三章和第五章由吕风勇撰写，第四章和第八章由张从丽撰写，第六章和第七章由赵三英撰写，第九章和第十章由薛白撰写，第十一章、第十二章由张亮撰写。本书附录收录了2014年度中国中小企业发展大事记，由董涛收集整理。本项课题的调查研究学术秘书由中国社科院研究生院政府政策与公共管理系博士生王新玲担任。课题组成员在调查研究与蓝皮书写作中均花费了大量精力，付出了辛勤劳动。王新玲承担了课题组的大量日常行政组织与管理、协调与沟通以及课题组会议记录及其纪要的编纂工作以及本次书稿的技术处理与文字核校等工作，同时还担负了问卷调查成果管理及数据录入的组织管理工作，保证了本项研究工作的顺利展开和高质量完成。中国社科院研究生院硕士研究生胡莎莎及博士研究生卢文华参加了调查问卷数据整理和录入工作。作者完成所承揽的本书初稿后，先由吕风勇负责统编总纂，然后由我做核定，最后报李子彬会长确认定稿。

经过将近一年的调查研究与写作、补充与完善、统编与总纂，本项调查研究的最终成果终于撂笔定稿。在本项成果即将付梓出版正式对外发行、公开问世之际，我谨代表课题组全体成员向以上所提及的所有部门和个人表示衷心感谢，向给予本次问卷调查以热情指导、帮助和支持的各级政府部门、机构、领导和有关人士表示衷心感谢，向理解和支持本次问卷调查和实地考察的广大中小企业表示诚挚谢意，向负责编辑出版本项研究成果的中国发展出版社表示衷心感谢！

最后需要指出，尽管在本课题的调查研究与写作过程中，课题组全体成员多次就一些重大理论和实践问题展开过讨论，并认真听取和吸收了来自基层企业以及其他有关方面的意见和建议，但仍因水平、能力以及时间等主客观因素的限制，书中还仍难免存在这样那样的缺点、不足甚至错误。我们诚恳地希望海内外各界朋友与同仁给予批评指正。

祝我国中小企业在混合所有制经济改革与发展的大背景下成长发展得更快更好！

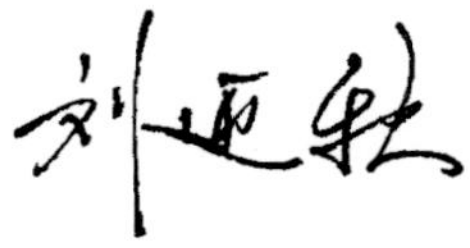

2015年8月25日于北京小倦游斋